U0759757

山東省圖書館藏

古籍縮微文獻舉要

周兵 著

學苑出版社

圖書在版編目（CIP）數據

山東省圖書館藏古籍縮微文獻舉要/周兵著．—北京：學苑出版社，2016.11

ISBN 978-7-5077-5121-5

Ⅰ.①山…　Ⅱ.①周…　Ⅲ.①省級圖書館-古籍-縮微圖書-圖書目録-山東　Ⅳ.①Z839.3

中國版本圖書館 CIP 數據核字（2016）第 251083 號

出 版 人：孟　白
責任編輯：戰葆紅
封面設計：徐道會
出版發行：學苑出版社
社　　址：北京市豐臺區南方莊 2 號院 1 號樓
郵政編碼：100079
網　　址：www.book001.com
電子信箱：xueyuanpress@163.com
聯繫電話：010-67601101（銷售部）　67603091（總編室）
印 刷 廠：北京京華虎彩印刷有限公司
開本尺寸：880×1230　1/32
印　　張：11.5
字　　數：260 千字
版　　次：2017 年 9 月北京第 1 版
印　　次：2017 年 9 月北京第 1 次印刷
定　　價：200.00 圓

編寫說明

山東省圖書館藏縮微文獻有一千餘種，多是稿本、抄本、批校本，具有極其重要的學術價值。這些古籍或因兵火水蟲而有損壞，或因遠委他處、秘藏深閣而不便利用。本書旨在爲这些古籍縮微文獻編寫詳細的書志，舉凡書名之著錄、卷數之大略、著者之時代及行歷，版刻之先後，題跋之內容等，儘量詳錄而不遺，真實反映這類文獻的客觀形態和主要內容。

通常，目錄編纂，即在於客觀反映館藏古籍之形態。在無圖片、影印件等條件下，使人得以睹目錄而知大略之形態。前人著錄率皆簡略，殊不知學術研究日漸細密，研究者對古籍所承載之內容的需求越來越詳細。然而，在目錄編纂過程中所需的考鏡源流之解題，卻非現代人所長。那麼，認真地著錄一書的客觀形態，若《中央圖書館善本書志》、《哈佛大學燕京圖書館善本書志》之類，便已非常有用。此次編寫，我們在解題能力欠缺的情況下，就尽量使客觀著錄准确。

縮微文献的編目和整理工作，具有極其重要的學術意義。这项工作應該注意如下問題：

關於書名項，一書在流傳的過程中，因版本之別、著錄標準不一，題名或據卷端，或據内封，或據書口，或據序跋，或據題簽，或據簡稱等，各圖書館不能完全按照統一之標準，容易造成同書異名、同名異書的情況。所以，著錄儘量依據正文卷端題名，卷端未有題名時，則需要說明題名依據，是依據目錄卷端題名，還是根據前後序跋，或是版心、書衣等處。

關於作者籍貫，前人有居移無常者，或宦遊不歸，或遊幕久滯，或科考占籍等，皆須辨明。著錄籍貫不止誇耀里居人文之盛，乃是考察一人交遊學術淵源之捷徑。籍貫之重要，是因为其有兩個極大的功能：可以用來研究地域文獻、可以區分同姓名者。新中国成立以後的古籍書目多不著錄籍貫，這是極大的損失。

關於作者姓名，有初名改名之别，有名稱字號之分。或著述存而作者難考，或署作筆名、堂號不知真名等，亦須詳考。

關於著作方式，有撰、校、注、輯、補等。題署不同，則撰著方式不一。清代實學大興，故校勘學家盧文弨、顧廣圻的校勘成果反映在清人的著述中，則以“校”字明之。又馬國翰、王仁俊等鉤沉索隱，輯佚蒐亡，使舊籍重光，故其人輯佚之功須表彰之，其編輯方式一般作“輯”。而因襲舊文創作新著者，如家譜因舊以續新，推耆老碩德者爲長以總其事，分纂之役散在族中小輩，成於衆手，難以縷述。方志，多襲用前志，因舊文而續補者多，纂者多由長官署名，修者乃實任其事者，任事之人不確則時代難明，纂者修者編輯方式不明則名實不符。戲曲小說因舊文而點竄、因故事而敷衍，或歷數朝而始定，或經衆手而文彰，創者難考，續者不明，則紛紜衆說，已成公案，故撰著者是續編，還是新創，須加鑒裁。

關於古籍目錄，其編纂一般要準確的著錄書名、卷數、作者年代、作者、著作方式、版本、册數、板框尺寸和書的開本大小。除此之外，對序跋、鈐印、刻書題記、牌記、批點、題跋、卷端題名等的著錄也必不可少。著錄之時，儘量照錄原文。

關於序跋，儘量保留原始序跋的篇題及文末作者所書年代、職官、年齡、堂號、籍貫、重要的刻工、補板特征等信息。

本書在編寫過程中，主要遵循以下體例：

一、本書採用傳統“四部”體系分類，設經、史、子、集、叢五類。

二、收錄文獻時，優先選取稿本、抄本、批校本以及地方文獻、館藏特色的古籍。

三、無論稿本、抄本、批校本或其他，其目錄所包括之著錄项目及順序均為：書名（本書著錄儘量依據正文卷端題名。卷端未有題名時，則明題名依據）、卷數、著者時代、姓名、著述方式、版本、批校題跋及現存狀態；其舉要內容包括書名、著者、內容、題跋者、題跋內容、序跋以及其他需要說明的文字等。

四、除按照原書所題著錄方式著錄外，原書不題或所題有誤者，根據實際情況著錄之，有他人所作批校、注釋、圈點、題跋者，附在著錄項末端，據實補充。

五、著錄文字一律使用繁體漢字。著錄用字皆依原著所題，若原書用的是簡體字、俗寫字、異體字，據實照錄。如“抄”和“鈔”，“啓”和“啟”等。

六、凡原書文字中原有空缺處，或卷數不詳，無可稽者，或著者時代無可考者，等等，為保持原著原貌，舉要引用時均以“□□”表示。

七、本書正文附有一些書影，以供讀者參閱。

本書編寫古籍縮微文獻舉要，力求客觀地反映馆藏古籍之形態，突出館藏古籍之價值，不足之處，還懇請讀者鑒之！

目 錄

經 部

鄭學十八種七十二卷附叙録一卷,(漢)鄭玄撰,(清)孔廣林輯證,清抄本 …………………………… 2
禮樂合編三十卷,(明)黄廣撰,明崇禎六年玉磬齋刻本(缺卷三十) …………………………………… 3
十三經古注二百九十七卷,(明)金蟠、葛鼒編,明崇禎十二年永懷堂刻本 …………………………… 3
玉映樓多識録四種十七卷,(清)王維言撰,清抄本 …………………………………………………… 4
李氏易解十卷,(唐)李鼎祚撰,明天啓元年鮑山刻本 …………………………………………………… 4
周易傳義大全二十四卷綱領一卷朱子圖説一卷,(明)胡廣等輯,明刻本 ………………………… 7
玩易意見二卷,(明)王恕撰,明正德元年刻本 ……………………………………………………… 8
周易辯録四卷,(明)楊爵撰,清抄本(四庫底本,清

李文藻批校並跋) …………………………………… 8
周易古本集注十二卷首一卷末一卷續編一卷,(清)姜其垓撰,清抄本 …………………………… 12
讀易便解二卷,(清)盧見曾撰,稿本 ………… 12
歐陽文忠公毛詩本義十六卷,(宋)歐陽修撰,明抄本……………………………………………… 16
毛詩鄭箋纂疏補協二十卷附詩譜一卷,(明)屠本畯撰,明萬曆二十二年玄鑒室刻本 …………… 18
毛詩稽古編三十卷,(清)陳啟源撰,清康熙四十年趙嘉稷抄本(清趙嘉稷跋) …………………… 18
詩經古韻四卷,(清)孔繼堂撰,稿本 ………… 23
書傳會選六卷,(明)劉三吾等撰,明嘉靖味經堂刻本……………………………………………… 25
貞固齋書義四卷,(清)傅以漸撰,清初抄本(清劉鳳誥跋) ……………………………………… 27
周禮句解十二卷,(宋)朱申撰,明嘉靖三十五年蔡揚金刻本……………………………………… 27
周禮俗説六卷,(清)閻學尹撰,稿本(清張之洞跋)……………………………………………… 28
禮記集説三十卷,(元)陳澔撰,明末二酉堂刻本(清汪由敦批校並跋) ………………………… 28
禮記輯覽八卷,(明)徐養相撰,明隆慶五年刻本……………………………………………… 32
禮記集中八卷,(明)樊玉衡撰,明抄本(清雙清草

廬主人跋） ………………………………………… 32

新刻月林丘先生家傳禮記摘訓十卷，（明）丘橓撰，明萬曆三年劉應節刻本 ………………………… 34

鄉射禮儀節一卷，（明）林烈撰，明萬曆十七年陳夢斗等刻本 ………………………………………… 34

大戴禮記補注十三卷，（清）孔廣森撰，清乾隆五十九年孔廣廉刻顨軒孔氏所著書本（民國龔橙校並跋） ………………………………………… 35

樂律全書十五種四十八卷，（明）朱載堉撰，明萬曆二十四年鄭藩刻本 ……………………………… 35

春秋左傳評林三十卷，（明）穆文熙撰，明刻本 …………………………………………… 38

春秋左翼四十三卷首一卷，（明）王震輯，明萬曆三十一年刻本 ………………………………………… 38

春秋左傳典略十二卷，（明）陳許廷撰，明崇禎刻本（王獻唐跋） ………………………………………… 41

春秋管見八十五卷，（清）楊天禄撰，稿本（民國三十六年趙級三跋） ………………………………… 41

四書摘訓二十卷，（明）丘橓輯，明萬曆十至十一年周裔先等刻本（瑩雪批注） ………………………… 43

新刻七十二朝四書人物考注釋四十卷，（明）薛應旂輯，（明）焦竑注，明萬曆三十六年書林舒承溪刻本 ………………………………………… 45

四書傳習心譚不分卷，（明）劉必紹撰，（明）劉濡恩

輯,明萬曆崔承祀刻清修本 …………………………… 46
新鐫顧九疇四書詳説十卷,(明)顧錫疇撰,明天啓二年顧錫疇刻本………………………………………… 46
重廣陳用之學士真本八經論語全解義十卷,(宋)陳祥道撰,清乾隆抄本(清朱筠批校) ……………… 47
論語講義一卷,(明)周如砥撰,明抄本(清周志謙跋) ……………………………………………… 47
七篇指略七卷,(清)王訓撰,清康熙十二年自刻本 ………………………………………………… 47
中庸瞽談一卷,(清)張士保撰,稿本 ………… 48
洪武正韻十六卷,(明)樂韶鳳、宋濂等撰,明萬曆三年司禮監刻本………………………………………… 48
新刊增補古今名家韻學淵海大成十二卷,(明)李攀龍輯,明刻本(佚名批校) ……………………… 53
古音獵要五卷古音略例一卷古音叢目五卷轉注古音略五卷古音余五卷古音附錄一卷奇字韻一卷,(明)楊慎撰,明嘉靖李元陽刻本 …………………………… 55
古今韻會舉要小補三十卷,(明)方日升撰,明萬曆三十四年周士顯建陽刻本……………………………… 59
韻略匯通二卷,(明)蘭茂撰,明崇禎十五年畢拱辰刻本…………………………………………………… 59
五雅四十一卷,(明)郎奎金輯,明天啓六年郎氏堂策檻刻本…………………………………………………… 64
釋名疏證八卷補遺一卷續釋名一卷,(清)畢沅撰,

清乾隆五十五年畢氏靈岩山館刻經訓堂叢書本(清許瀚、王筠批校並跋) …………………………… 64
方言釋義十三卷,(清)王維言撰,稿本 ……… 67
説文解字繫傳四十卷附録一卷,(南唐)徐鍇撰,清乾隆四十七年汪啟淑刻本(清王筠批校並録朱文藻跋) …………………………………………… 67
漢隸字源五卷碑目一卷附字一卷,(宋)婁機撰,明崇禎毛氏汲古閣刻本(清袁棠跋) ………………… 68
六書正譌五卷,(元)周伯琦撰,明傳鑒影元抄本 …………………………………………… 71
同文備考八卷首三卷聲韻會通一卷韵要粗釋四卷,(明)王應電撰,明嘉靖三十六年王敬所刻萬曆三十年重修本………………………………………… 71
説文校議十五卷,(清)姚文田、嚴可均撰,清道光十九年王筠抄本(清王筠批校並跋) ……………… 72
文字蒙求四卷,(清)王筠撰,稿本(清陳山嵋跋) …………………………………………… 73
釋例補正二十卷,(清)王筠撰,稿本 ………… 73
説文繫傳校録三十卷,(清)王筠撰,稿本 …… 77
説文諧聲後案二卷,(清)翟云昇撰,稿本(清周樂清跋) ………………………………………… 77

史　部

史記評林一百三十卷難字直音一卷,(明)凌稚隆輯,(明)陳仁錫評,明崇禎程正揆刻清懷德堂重修本(清李文藻、沈廷芳録,方苞、沈淑園批校) ………… 83

史記校不分卷,(清)王筠撰,稿本(清孫葆田、胡培翬跋) ………………………………… 83

鍾伯敬先生批評漢書一百卷,(漢)班固撰,(明)鍾惺評,明崇禎刻本(清張恩荃批校並跋) ………… 86

弘簡録二百五十四卷,(明)邵經邦撰,明嘉靖三十六至四十年自刻本………………………… 86

李氏藏書六十八卷續藏書二十七卷,(明)李贄撰,明萬曆刻本………………………………… 88

稽古録二十卷,(宋)司馬光撰,明正德二年陳晦刻本……………………………………… 88

歷代紀年十卷,(宋)晁公邁撰,清初抄本(缺卷一) ……………………………………………… 89

續資治通鑑六十四卷,(明)王宗沐編,明隆慶五年刻本……………………………………… 91

三元通紀一卷,(清)王馭超撰,稿本(清王筠批校) ……………………………………………… 91

尚友集一百九十七卷首三卷目録一卷續集二十卷,(清)韓茂椿輯,稿本(清俞浩跋) ………… 91

通鑑紀事本末四十二卷，(宋)袁樞撰，明萬曆二年李栻刻本(清吴翯批校) …………………………… 94

鴻猷錄十六卷，(明)高岱撰，明嘉靖四十四年高思誠刻本……………………………………… 95

宋史紀事本末一百九卷，(明)馮琦撰，(明)陳邦瞻補，(明)張溥論正，明末張溥刻本 ……………… 95

元史紀事本末二十七卷，(明)陳邦瞻撰，(明)臧懋循補輯，(明)張溥論正，明末張溥刻本(佚名批校) ……………………………………………………… 96

逸周書十卷附錄一卷校正補遺一卷，(晉)孔晁注，附錄，(宋)丁黼撰，校正補遺，(清)盧文弨撰，清乾隆五十一年盧文弨刻抱經堂叢書本(清劉氏移盒批校) ……………………………………………………… 97

越絕書十五卷，(漢)袁康撰，(宋)劉辰翁評，明末閻光表刻本 ………………………………… 100

國語二十一卷，(吴)韋昭注，(宋)宋庠補音，明新建刻本 ……………………………………… 101

戰國策三十三卷，(漢)高誘注，(宋)姚宏校正，清乾隆二十一年盧見曾刻雅雨堂叢書本(清朱鬱甫校跋並錄汪中批校、王宋廷跋) ……………………… 102

國策補遺不分卷，(清)馬星翼撰，清抄本(民國王獻唐校並跋) ……………………………… 102

五代史補五卷五代史闕文一卷，(宋)陶岳、王禹偁撰，明末毛氏汲古閣刻本…………………… 105

南爐紀聞一卷竊憤錄一卷續錄一卷，題（宋）辛棄疾撰，清葉名澧寶芸齋抄本（民國王獻唐校跋並過録傳是樓徐乾學批校） …………………………………… 106
記吳逆始末一卷，（清）許鴻磐撰，清抄本 …… 106
漢雋十卷，（宋）林鉞輯，明萬曆十二年呂元刻本 ……………………………………………… 110
三事忠告四卷，（元）張養浩撰，明隆慶元年貢安國刻本 ……………………………………………… 110
二十一史文抄三百三十二卷，（明）戴羲輯，明崇禎刻本 ……………………………………………… 112
讀史管見三十卷目錄二卷，（宋）胡寅撰，明崇禎八年張溥刻張氏後人重印本 …………………… 113
史裁二十六卷，（明）吳士奇輯，明萬曆三十年吳勉學刻本 ……………………………………………… 115
古今人物論三十六卷，（明）鄭賢輯，明萬曆三十六年餘彰德刻本 ………………………………………… 115
五朝宋名臣言行錄前集十卷，（宋）朱熹輯。後集十四卷續集八卷別集二十六卷外集十七卷，（宋）李幼武輯，明萬曆三十五年黃起士等刻本……………… 117
宋朝道學名臣言行錄外集十七卷，（宋）李幼武輯，明萬曆三十五年刻本（清張謙宜批校，周菊伍跋）…… …………………………………………………… 118
鏡古錄八卷，（明）毛調元撰，明萬曆紫陽書院刻本 ……………………………………………… 119

嘉靖以來首輔傳八卷，(明)王世貞撰，明萬曆四十五年茅元儀刻本 …………………………… 119
歷仕錄一卷，(明)王之垣撰，清康熙四十一年王氏家塾刻本 …………………………………… 120
宋遺民錄不分卷，(明)程敏政輯。廣宋遺民錄不分卷，(明)李長科輯，清嘉慶五年譚學敏抄本 …… 120
宋三大臣匯志三種十九卷，(明)鄭鄤撰，明崇禎元年大觀堂刻本 ………………………………… 121
北海耆舊傳十二卷，(清)張昭潛撰，稿本 …… 121
明能書人名二卷，(清)李堯臣輯，清抄本 …… 121
東郡雷氏族譜二卷，(明)雷金聲纂修，明萬曆九年刻本 ………………………………………… 124
淄西畢氏世德家傳一卷，(明)畢自嚴撰，明崇禎刻本 ………………………………………… 124
黃氏家乘二十卷，(清)黃守平纂修，稿本 …… 125
郭氏族譜一卷，(清)郭通磐纂修，稿本 ……… 125
鼎甲征信錄二卷，(清)閻湘蕙輯，清抄本 …… 125
司徒恩遇日紀二卷，(明)畢自嚴撰，清康熙五十七年畢盛鑒抄本 ……………………………… 126
歸圍日記(崇禎五年)一卷，(清)張忻撰，清初刻本(有校點) ………………………………… 126
西征記(康熙五十四年)一卷，(清)張寅撰，稿本 ………………………………………… 129
般陽高中謀先生日誌(道光二十九年至三十年)不

分卷，(清)高中謀撰，稿本 …………………………… 129
鏡鏡詅癡五卷，(清)鄭復光撰，清道光二十七年靈石楊氏刻連筠簃叢書本(清王筠批校) …………… 129
歷代名臣奏議三百五十卷，(明)黃淮、楊士奇等輯，明永樂刻本…………………………………………… 132
司農奏議十卷，(明)趙世卿撰，明萬曆刻本(缺一卷:卷二) ………………………………………………… 132
諸城劉氏三世奏稿一卷，(清)劉統勛、劉墉、劉鐶之撰，稿本(清沈梧跋，呂景端題識) ………………… 133
大明一統志九十卷，(明)李賢、萬安等纂修，明弘治十八年慎獨齋刻本 ……………………………… 134
西湖遊覽志餘二十六卷，(明)田汝成撰，明萬曆四十七年商維濬刻本(缺四卷:卷十九至二十二) … 135
天下郡國利病書一百二十卷，(清)顧炎武撰，清錢氏萃古齋抄本 …………………………………… 136
太平三書十二卷，(清)張萬選輯，清順治五年刻本
…………………………………………………………… 136
齊乘六卷附音釋一卷，(元)于欽撰，(元)于潛音釋，清乾隆四十六年胡德琳登州刻本……………… 137
[嘉靖]山東通志四十卷，(明)袁宗儒修，陳沂、陸釴等纂，明嘉靖十二年刻本…………………………… 137
[崇禎]歷城縣志十六卷，(明)宋祖法修，(明)葉承宗纂，明崇禎十三年濼源葉氏友聲堂刻本………… 138
[順治]平陰縣志八卷目錄一卷，(清)陳秉直修，

(清)趙貫台、張宗旭纂,清康熙十三年刻本(存五卷:卷四至八) …………………………………… 139
[康熙]齊河縣志八卷首一卷,(清)藍奮興修,(清)王道光纂,清康熙十二年刻本………………………… 139
[萬曆]商河縣志十卷,(明)曾一侗修,(明)唐文光等纂,明萬曆十四年刻崇禎十年增刻本……………… 140
[康熙]臨淄縣志十六卷,(清)鄧性修,(清)李煥章纂,清抄本………………………………………… 140
[康熙]重修德州志十卷,(清)金祖彭修,(清)程先貞纂,清康熙十二年刻本…………………………… 140
[康熙]高苑縣志八卷,(清)宋弼纂修,清康熙十一年刻本 ……………………………………………… 141
[康熙]利津縣新志十卷,(清)韓文焜纂修,清康熙十二年刻本 ……………………………………… 141
[康熙]樂安縣續志二卷,(清)歐陽焯修,(清)李含章、李煥章纂,清抄本 ………………………… 142
濰縣古城考一卷,(清)郭麐撰,稿本 ………… 142
[萬曆]青州府志二十卷,(明)王家賓修,(明)鍾羽正纂,明萬曆四十三年刻本……………………… 142
[康熙]續安丘縣志二十六卷,(清)任周鼎修,(清)王訓纂,清康熙二年刻本(存卷十二至二十六) … 143
[道光]安丘新志乘韋二十八卷,(清)馬世珍撰,張伯桓增訂,清稿本……………………………… 144
[康熙]諸城縣志十二卷,(清)卞穎修,(清)王勸

纂,清康熙十二年刻本 ………………………………… 147
[光緒]增修諸城縣續志二十二卷,(清)劉嘉樹修,(清)苑棻池、邱濬恪纂,清光緒十八年刻本 ……… 147
[嘉靖]寧海州志二卷,(明)李光先、焦希程纂修,清抄本 ……………………………………………… 148
[康熙]寧海州志十卷,(清)楊引祚修,(清)王樞纂,清康熙十一年刻本 ………………………………… 148
[萬曆]福山縣志八卷,(明)宋大奎修,(明)郭如泰纂,抄本 ……………………………………………… 148
[嘉慶]續掖縣志四卷,(清)張彤修,(清)張詡纂,清嘉慶十二年刻本 ………………………………… 150
[康熙]蓬萊縣志八卷,(清)高崗修,(清)蔡永華等纂,清康熙二十年刻本(存六卷:卷1-2,5-8) …… 150
[康熙]棲霞縣志八卷,(清)胡璘修,(清)牟國玠纂,清康熙十一年刻本(存卷三至八) ……………… 151
[康熙]沂水縣志六卷,(清)黃臚登纂修,清康熙十一年刻本。存三卷:卷4-6 ……………… 151
[康熙]莒州志二卷,(清)張文範修,(清)段章纂,清康熙十一年刻本(存卷二) ………………… 152
[光緒]萊蕪縣志四十二卷,(清)張梅亭修,(清)王希曾纂,清光緒三十四年稿本(清王筠批校) …… 152
[康熙]肥城縣志二卷,(清)尹任修,(清)尹足法纂,清康熙十一年刻本 ……………………………… 152
[道光]濟寧直隸州志十卷首一卷末一卷,(清)徐

宗幹、許瀚纂修，清道光二十年濟甯修志稿本（民國趙愚軒跋） …………………………………………… 154

［康熙］金鄉縣志十六卷首一卷，（清）沈淵纂修，清康熙五十一年刻本 …………………………………… 156

［順治］嘉祥縣志六卷，（清）張太升修，（清）董方大纂，清順治九年刻本（存四卷：卷三至六） ………… 156

［萬曆］兗州府志五十二卷，（明）易登瀛修、盧學禮、于慎行纂，明萬曆二十四年刻本 ……………… 157

［道光］觀城縣志十卷首一卷，（清）孫觀纂修，清道光十八年刻本 ………………………………………… 157

［光緒］東阿縣鄉土志八卷，（清）姜漢章等纂修，清光緒三十二年鉛印本 ………………………………… 159

嶗山志八卷，（明）黄宗昌撰，嶗山藝文志二十四卷，（清）黄肇顎撰，清抄本 ……………………………… 159

泰山紀事三卷，（明）宋燾撰，明萬曆刻本 …… 160

泰山志四卷，（明）汪子卿撰，明嘉靖三十三年項守禮刻本 ……………………………………………… 160

會稽三賦四卷，（宋）王十朋撰，（明）南逢吉注，（明）尹壇補注，（明）陶望齡評，明萬曆山陰丁氏致遠堂刻本 ……………………………………………… 160

帝京景物略八卷，（明）劉侗、于奕正撰，（明）方逢年定，明崇禎八年刻本……………………………… 161

宋存書室宋元秘本書目四卷，（清）楊紹和藏並撰，清楊氏海源閣抄本 …………………………………… 162

海源閣書目不分卷,(清)楊保彝藏並輯,稿本 ……………………………………………………………………… 162
池北書目一卷碑目一卷,(清)王士禛藏,清道光十二年劉氏味經書屋劉如海抄本(清劉喜海跋) …… 165
佳山堂書目一卷,(清)馮溥藏,清道光十二年味經書屋劉如海抄本(清劉喜海跋) …………………… 165
借書園書目五卷,(清)周永年藏並撰,清道光六年劉氏味經書屋抄本(清劉喜海跋) ……………… 168
海豐吴氏藏書目不分卷,(清)吴重憙編,清抄本 ……………………………………………………………………… 168
雪泥屋遺書目録一卷補遺一卷,(清)牟房輯,清道光二十三年棲霞牟氏自刻本(清周悦讓跋) ……… 170
禁書總目不分卷,不著撰者,清刻本(民國韓連珍跋) ……………………………………………… 170
益都金石記四卷益都金石略二卷,(清)段松苓撰,清抄本 ……………………………………………… 172
金石摘録十卷,(清)華文亭輯,稿本(缺卷五) ……………………………………………………………………… 172
金薤琳琅二十卷,(明)都穆撰,明刻本 ……… 172
李竹朋先生古泉匯首集四卷元集十四卷亨集十四卷利集十八卷貞集十四卷,(清)李佐賢撰,稿本(存二卷) ……………………………………………… 173

子　部

荀子二十卷，（周）荀況撰，（唐）楊倞注，明刻本 …………………………………………………… 176

新書十卷，（漢）賈誼撰，明正德十年吉府刻本 …………………………………………………… 177

新纂門目五臣音注揚子法言十卷，（漢）揚雄撰，（晉）李軌，（唐）柳宗元，（宋）宋咸、吳秘、司馬光注，明嘉靖十二年顧春世德堂刻六子書本（清莫友之跋） …………………………………………………… 179

中説十卷，題，（隋）王通撰，（宋）阮逸注，明敬忍居刻本（民國王獻唐跋並録清方功惠校跋） ………… 182

大學衍義補一百六十卷前書一卷表一卷，（明）丘濬撰，明弘治元年建寧府刻本（民國王貢忱跋） … 184

正學編二卷，（明）陳琛撰，明嘉靖刻本 ……… 185

士翼三卷，（明）崔銑撰，（明）崔汲編，明萬曆九年崔氏家塾刻本（民國王獻唐跋） …………………… 187

古今治平略三十三卷，（明）朱健撰，明崇禎十二年刻本 …………………………………………… 189

南華經六卷，（明）楊起元注，明刻本 ………… 189

南華真經旁註五卷，（明）方虛名撰，明金陵唐氏世德堂刻本 ………………………………………… 191

武經直解十二卷，（明）劉寅撰，（明）張居正增補，

明崇禎十年翁鴻業刻本 ………………………………… 191
孫子明解八卷附師卦解一卷,(明)鄭二陽撰,明崇禎胡正言刻本 ………………………………………………… 194
管子通一卷,(清)周悦讓撰,稿本 …………… 196
學山堂印譜五卷首一卷,(明)張灝輯並藏,明崇禎鈐印本 ………………………………………………………… 196
墨子十六卷,(周)墨翟撰,(清)畢沅校,清乾隆四十九年畢氏靈巖山館刻經訓堂叢書本(清黄丕烈跋並錄惠士奇批校) ………………………………………… 198
意林五卷,(唐)馬總輯,明嘉靖八年于敖刻本 ……………………………………………………………… 199
能改齋漫錄十八卷,(宋)吳曾撰,明抄本(存卷一至十五) …………………………………………………… 201
殿閣詞林記二十二卷,(明)廖道南撰,明嘉靖刻本(清汪文柏批校,存卷一至十三) ………………… 203
穀山筆麈十八卷,(明)于慎行撰,明萬曆四十一年于緯刻本 …………………………………………………… 203
筆叢三十二卷續集十六卷,(明)胡應麟撰,明萬曆四十二年趙世寵刻本 ……………………………………… 204
呂氏春秋二十六卷,(明)李鳴春評,明天啓七年自刻本 ………………………………………………………… 204
古源山人二論八卷,(明)李呈祥撰,明李敬之、李謙然刻本 ………………………………………………… 204
廣東新語二十六卷,(清)屈大均撰,清康熙三十九

年木天閣刻本 …………………………………………… 205
篘園日札八卷,(清)成瓘撰,稿本(存卷一至四)
…………………………………………………………… 205
雪巖翁集八卷,(清)成芸撰,清抄本 ………… 207
野客叢書考證三十卷附錄一卷,(清)蕭應椿撰,稿本(佚名批校) ……………………………………… 207
花隱庵隨筆一卷,(清)牛坤撰,稿本 ………… 210
初學記三十卷,(唐)徐堅等輯,明萬曆十五年徐守銘寧壽堂刻本 …………………………………………… 210
事物紀原集類十卷,(宋)高承輯,明弘治十八年魏氏仁實堂刻本(民國佚名跋) ……………………… 213
二酉滙删二十四卷,(清)王訓撰,清康熙三年王氏擇雅堂自刻本 ………………………………………… 214
評訂紅樓夢六卷一百二十回,(清)張縱恒撰,稿本
…………………………………………………………… 214
佛祖歷代通載二十二卷,(元)釋念常撰,元刻本(民國王獻唐跋,存卷四至六,卷十四,卷二十九)……
…………………………………………………………… 214

集　部

曹子建集十卷叙錄一卷年譜一卷,(魏)曹植撰,(清)朱緒曾輯,清道光朱緒曾抄本 ……………… 218

陶淵明集八卷總論一卷和陶詩一卷律陶一卷律陶纂一卷,(晉)陶潛撰,(明)張自烈評。和陶詩,(宋)蘇軾撰。律陶,(明)王思任輯次。律陶纂,(明)黃槐開編纂,明崇禎樂愚堂刻本 …………………………… 219

分類補注李太白詩二十五卷,(唐)李白撰,(宋)楊齊賢集注,(元)蕭士贇補注。唐翰林李太白年譜一卷,(宋)薛仲邕撰,明嘉靖二十五年玉几山人刻本(李延之跋) ……………………………………………… 223

杜工部集二十卷年譜一卷諸家詩話一卷唱酬題咏附錄一卷附錄一卷,(唐)杜甫撰,(清)錢謙益箋注,清康熙六年季氏靜思堂刻本(佚名錄清王士禛、何焯、查慎行批校) ………………………………………… 226

讀杜心解六卷首二卷,(清)浦起龍撰,清雍正二年浦氏寧我齋刻本(清李尚美批校並錄李徵批校) …… …………………………………………………… 228

孟東野先生詩集十卷,(唐)孟郊撰,(宋)國材評,明刻本 ……………………………………………… 233

唐歐陽先生文集八卷附錄一卷,(唐)歐陽詹撰,(明)徐𤊹輯,明萬曆三十四年葉向高等金陵刻本 …… …………………………………………………… 235

唐李元賓文集五卷,(唐)李觀撰,清西圃蔣氏抄本(清王貢忱錄吴翌鳳批校) ………………………… 236

新刊五百家註音辯昌黎先生文集四十卷,(唐)韓愈撰,(宋)魏仲舉輯注,清乾隆四十九年觀樓氏刻本

(清吴汝倫批校) …………………………… 239
增廣注釋音辯唐柳先生集四十三卷别集二卷外集二卷附録一卷,(唐)柳宗元撰,(宋)童宗説注釋,(宋)張敦頤音辯,(宋)潘緯音義,明刻本 ……………… 240
香奩集一卷韓内翰别集一卷,(唐)韓偓撰,清初宋琬抄本(清李觀軾跋) …………………… 241
河東先生集十五卷行狀一卷,(宋)柳開撰,(宋)張景編,清初抄本(何焯批校並跋) ……………… 243
徂徠石先生全集二十卷,(宋)石介撰,(清)丁詠淇校訂,清康熙五十六年石鍵刻本(清徐子晉校) … 244
歐陽先生文粹二十卷遺粹十卷,(宋)歐陽修撰,(宋)陳亮輯。遺粹,(明)郭雲鵬輯,明嘉靖二十六年郭雲鵬寶善堂刻本 …………………………… 247
公是集五十四卷,(宋)劉敞撰,清乾隆四十六年王友亮抄本(王寀廷跋) …………………… 247
臨川先生文集一百卷目録二卷,(宋)王安石撰,明嘉靖三十九年何迁刻本 …………………… 249
鄖溪集二十八卷,(宋)鄭獬撰,清抄本(清徐時棟跋) ………………………………… 250
洪龜父集二卷,(宋)洪朋撰,清抄本(鮑廷博批校) ………………………………… 253
老圃集二卷遺文一卷,(宋)洪芻撰,清長洲顧氏抄本(佚名批校) …………………………… 254
胡澹庵先生文集六卷傳一卷,(宋)胡銓撰,清乾隆

抄本(四庫底本) …………………………………… 256

盤洲文集八卷,(宋)洪適撰,清乾隆李平仲抄本(清李文藻批校) …………………………………… 257

石湖居士文集三十四卷,(宋)范成大撰,明抄本 …………………………………… 259

誠齋集一百三十三卷,(宋)楊萬里撰,(宋)楊長孺編,明末抄本(缺卷一至一百六) …………………… 260

陂門山人集八卷,(明)馮惟健撰,明嘉靖三十五年馮惟訥刻本 …………………………………… 261

馮光禄詩集十卷,(明)馮惟訥撰,明萬曆十四年馮琦、馮珣刻本 …………………………………… 263

葛端肅公文集十八卷,(明)葛守禮撰,明萬曆十年刻清乾隆五十六年鐘大受重修本 …………………… 264

滄溟先生集三十卷附錄一卷,(明)李攀龍撰,明萬曆三十四年陳升刻本 …………………………… 265

歷下十六景十六卷,(明)劉敕、陳升輯,明萬曆三十六年陳升刻本(存卷一至六) ……………………… 267

濟南百詠一卷,(明)王象春撰,明萬曆四十四年自刻本 …………………………………… 267

長馨軒集□□卷,(明)王雅量撰,清初刻本(民國唐仰杜跋)(存一卷) …………………………… 269

泲園集一卷,(明)邢侗撰,明刻本 …………… 269

金輿山房稿十四卷,(明)殷士儋撰,(明)于慎行編,明萬曆十七年邵陛刻本 ……………………… 269

冊川先生集六卷，(明)于玭撰，明萬曆二十六年于慎行刻本 …………………………………… 271
穀城山館詩集二十卷文集四十二卷，(明)于慎行撰，明萬曆刻本 ……………………………………… 273
峨山集十二卷，(明)趙秉忠撰，明刻本(清丁丙跋) …………………………………………………… 274
松濤詩稿四卷，(明)周文漪撰，稿本(清孫象森、趙士隸跋，民國周幹庭跋) …………………… 274
石隱園藏稿八卷首一卷，(明)畢自嚴撰，清康熙二十五年刻本 …………………………………… 275
瓊臺詩文會稿重編二十四卷，(明)邱濬撰，明天啓元年邱氏家刻清康熙二十二年佟湘年補刻本 …… 276
馮琢庵先生北海集五十八卷，(明)馮琦撰，明萬曆三十七年刻本 …………………………………… 277
交綉閣詩草四卷文一卷，(明)張夢鯉撰，清抄本 …………………………………………………… 277
紅雨樓題跋一卷，(明)徐𤊹撰，清乾隆五十八年林佶蘭語堂抄本(清劉喜海跋) ………………… 277
周季平先生青藜館集四卷，(明)周如砥撰，明崇禎十五年周燝刻本 ……………………………… 281
四素山房集十九卷皇華集一卷，(明)劉鴻訓撰，明崇禎十三年劉孔中刻清印本(缺：卷十九《皇華集》)……………………………………………………… 281
臥象山房詩集三十二卷文集二卷艮齋筆記八卷雜

傳一卷,(清)李澄中撰,清抄本(王士禛批點) …… 282
南阜山人詩集類稿二十八卷斆文存稿十五卷,(清)高鳳翰撰,清抄本(南阜山人詩集類稿存二十二卷,佚卷2-7) …………………………………… 282
申椒集二卷繪心集二卷盟鷗草一卷炊香詞三卷紅萼詞二卷,(清)孔傳鐸撰,清康熙刻本 …………… 284
東村集十卷附刊一卷,(清)李呈祥撰,清康熙刻本 ………………………………………………… 284
南疑詩集十一卷,(清)王奪標撰,清康熙刻本 … ………………………………………………… 285
楓香集二卷,(清)朱緗撰,清康熙刻本 ……… 285
敬亭集十卷,(清)姜埰撰,清康熙刻本(卷一至二、卷六至十配清王懿榮抄本,清張鵬程跋) ………… 288
楚村詩集六卷文集六卷,(清)丘石常撰,丘日隆編,清康熙刻本(清李文藻跋) …………………… 291
取此居文集二卷,(清)周正撰,(清)李應薦評,清康熙刻本(清張謙宜批校並跋) …………………… 292
志壑堂詩集十二卷文集十二卷後集□□卷,(清)唐夢賚撰,清康熙刻本(存二十一卷:詩集卷一至八,文集卷一至十二,後集卷一) ………………………… 292
湖海集十三卷,(清)孔尚任撰,清康熙孔氏介安堂刻本 ………………………………………… 292
柯邨遺稿八卷,(清)邱元武撰,清康熙自刻本 … ………………………………………………… 294

壯悔堂文集十卷,(清)侯方域撰,清乾隆十四年陳履中、陳履平刻本(清李文藻批校) ………………… 294
遠秀堂集八卷,(清)孔毓埏撰,清乾隆八年孔傳鏞刻本 ………………………………………………… 297
絸齋詩選二卷補遺一卷詩談八卷論文六卷,(清)張謙宜撰,清乾隆二十三至二十四年刻本………… 297
蓼溪詩略二卷,(清)王中孚撰,清乾隆刻本 …… …………………………………………………… 297
海右堂集抄一卷,(清)劉伍寬撰,清乾隆三十二年劉之垣抄本 ……………………………………… 299
凝緒堂詩稿八卷,(清)孔憲培撰,清嘉慶刻本 … …………………………………………………… 299
晚學集八卷未谷詩集四卷,(清)桂馥撰,清道光二十一年刻本 ……………………………………… 300
攀古小廬文一卷補遺一卷,(清)許瀚撰,(清)楊鐸輯,清光緒元年商城楊氏函青閣刻本(民國周雲青跋) …………………………………………………… 300
挹翠堂詩稿不分卷,(清)畢所讜撰,稿本 …… 301
靖侯詩草一卷,(清)郭綏之撰,稿本 ………… 301
藤梧館詩草一卷,(清)孔廣栻撰,稿本 ……… 305
紅櫚書屋詩集九卷,(清)孔繼涵撰,(清)孔繼涵改定,清抄本……………………………………… 305
述耐堂詩集八卷,(清)孔繼熥撰,稿本 ……… 307
韓齋稿四卷,(清)孔憲彝撰,稿本 …………… 307

杞園吟稿八卷,(清)孔昭珩撰,稿本 ………… 307
春及園蟲鳴草四卷,(清)孔昭恢撰,稿本 …… 310
春及園蟲鳴草選抄一卷(清)孔昭恢撰,稿本(清慕宗慤跋並題詩,方世振題詩) ……………………… 310
李南澗先生古文三卷,(清)李文藻撰,(清)閻湘蕙輯,稿本(民國王獻唐跋) ……………………… 310
惜陰書屋詩集四集,(清)李毓恒撰,(清)李繼章輯,稿本…………………………………………… 311
東武高士劉翼明詩稿一卷,(清)劉翼明撰,稿本 ………………………………………………… 313
鑄雪齋集十四卷年譜一卷,(清)張希傑撰,稿本 ………………………………………………… 313
求是齋文集一卷,(清)劉暉撰,清抄本(清柯劭忞跋) ……………………………………… 313
蓼園詩抄五卷,柯劭忞撰,民國十三年上海中華書局排印本(民國王國維校注並跋,趙萬里校) …… 313
山左明詩抄三十五卷,(清)宋弼輯,清乾隆三十六年刻本 ……………………………………… 318
安德詩蒐一卷,(清)程先貞輯,稿本(清石瑑跋) ………………………………………………… 318
馮氏五先生集五卷,(明)馮琦編,明刻本 …… 319
海浮山堂詞稿四卷,(明)馮惟敏撰,明嘉靖刻本 ………………………………………………… 319
庚戌水災傳鼓兒辭一卷,(清)馬益著撰,清抄本 ………………………………………………… 322

叢　書

雪泥書屋全書二卷,(清)牟庭撰,清嘉慶自刻本 ………… 324

雅雨堂叢書十三種一百三十五卷,(清)盧見曾編,清乾隆二十一年至二十五年盧氏雅雨堂刻本(傅增湘校並跋) ………… 325

然脂百一編五種五卷,(清)王士禄編,傅以禮重編,清光緒八年傅以禮家抄本(清傅以禮校注並跋,蔣鳳藻跋) ………… 325

參考文獻 ………… 327

經部

鄭學十八種七十二卷附叙錄一卷

（漢）鄭玄撰，（清）孔廣林輯證，清抄本。

子目：釋谷梁廢疾一卷（漢）鄭玄撰；周易注十二卷（漢）鄭玄撰；［鄭學］叙錄一卷（清）孔廣林撰；答周禮難一卷（漢）鄭玄撰；論語注十卷（漢）鄭玄撰；尚書注十卷（漢）鄭玄撰；魯禮禘祫義一卷（漢）鄭玄撰；論語篇目一卷（漢）鄭玄撰；尚書中侯注六卷（漢）鄭玄撰；喪服變除一卷（漢）鄭玄撰；駁五經異義十卷（漢）鄭玄撰；尚書大傳注四卷（漢）鄭玄撰；針左氏膏肓一卷（漢）鄭玄撰；鄭志八卷（魏）鄭小同撰；毛詩譜一卷（漢）鄭玄撰；發公羊墨守一卷（漢）鄭玄撰；六藝論一卷（漢）鄭玄撰；孝經注一卷（清）孔廣林輯；證三禮目錄一卷（漢）鄭玄撰。

按是書又名《通德遺書所見録》。所輯皆鄭氏經學佚書，凡十八種。廣林《叙録》略云："取經史諸子以及先儒名家著述，蒐羅綴輯，補漏正舛，引而廣之。凡七十一卷，都爲一集，題曰'鄭學'。既而幡然曰：嘻，過矣！鄭君之學有經焉，有緯焉。是編也，緯學自《中侯》而外概未之及，其經學若《喪服記》、《天文七政論》及《唐藝文志》所載《孟子注》七卷，皆莫能得其一二，而曰鄭君學俱在於斯乎？夫亦惟是即目中所經見者録備遺忘云爾，乃改題曰《通德遺書所見録》，表顛末，別義例，撰目録如左，爲第七十二卷。"是書又有光緒庚寅山東書局刊本。《山東文獻集成》影印。

禮樂合編三十卷

(明) 黃廣撰，明崇禎六年玉磬齋刻本（缺卷三十）。

廣，無錫人。是書成於崇禎六年。《四庫全書》入存目，《提要》曰："以經典古訓與說部小史雜採成文。且每事不詳其源流本末，但舉其一語，又有並非禮樂而闌入者，殊鮮條理。所立門目，分本紀、統紀諸名，亦皆漫無體例。前有鄭鄤等九人序，皆明末人標榜之辭，不足據也。"

十三經古注二百九十七卷

(明) 金蟠、葛鼒編，明崇禎十二年永懷堂刻本。

《十三經古注》共二百九十卷，由全蟠、葛鼒編訂，刪削後來的疏文，保留漢晉古注，歷時三年，於崇禎十三年告竣。漢晉古注分別爲：《周易》十卷略例一卷，晉王弼、韓康伯注；《尚書》二十卷，題漢孔安國傳；《毛詩》二十卷，漢毛亨傳；《儀禮》十七卷，漢鄭玄注；《周禮》四十二卷，漢鄭玄注；《禮記》四十九卷，漢鄭玄注；《春秋左傳》三十卷，晉杜預集解；《春秋公羊傳》二十八卷，漢何休解詁；《春秋穀梁傳》二十卷，晉范甯集解；《爾雅》十一卷，晉郭璞注；《論語》二十卷，魏何晏集解；《孝經》九卷，漢鄭玄注；《孟子》十四卷，漢趙岐注。前九種保留了陸德明音義。是書又有齊魯書社影印本。

玉映樓多識録四種十七卷

（清）王維言撰，清抄本。

維言，字海秋，歷城人，光緒二十年舉人。是编所录皆其解经之作，凡《毛詩名物狀》三卷、《毛詩疏證補》八卷、《陸疏廣證》七卷、《夏小正箋疏》一卷。是書又有《山東文獻集成》影印本。

李氏易解十卷

（唐）李鼎祚撰，明天啓元年鮑山刻本。

半頁九行，行十八字，白口，左右雙邊。钤有“潞國敬一道人世傳寶”、“果親王府圖書輯”、“贏缩硯齋藏書”、“镜塘長物”、“贏缩研齋”等印。卷端題明鮑山在齋較。《四庫》著録十七卷本，《提要》云：鼎祚《唐書》無傳，始末未詳。惟據序末結銜，知其官爲秘書省著作郎。據袁桷《清容居士集》載，資州有鼎祚讀書臺，知爲資州人耳。朱睦㮮序稱爲秘閣學士，不知何據也。其時代亦不可考。《舊唐書・經籍志》稱“録開元盛時四部諸書”，而不載是編，知爲天寶以後人矣。其書《新唐書・藝文志》作十七卷，晁公武《讀書志》曰：“今所有止十卷，而始末皆全，無所亡失。豈後人併之耶？”《經義考》引李燾之言，則曰：“鼎祚自序止云十卷，無亡失也。”朱睦㮮序作於嘉靖丁巳，亦云自序稱十卷，與燾說同。今所行毛晉汲古閣本乃作一十七卷，序中亦稱“王氏《略

陸疏廣證卷一

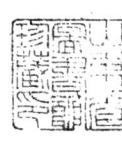

歷下王維言學

方秉蕑兮

陸璣疏云蕑即蘭香草也春秋傳曰刈蘭而卒楚辭曰紉秋蘭孑曰蘭當王者香草皆是也其莖葉似藥草澤蘭但廣而長節節中赤高四五尺漢諸池苑及許昌宮中皆種之可著粉中故天子賜諸侯蒞蘭（詩疏無此上八字）藏衣著書中辟白魚也（詩溱洧正義孑曰一作孔子曰）

維言　按詩所謂蘭者非今似蕙之蘭說文蘭香草也說文有蘭無蕑字一切經音義引字書云葌與蕑同葌蘭也說文亦云葌

例》附於卷末，凡成一十八卷”，與諸家所說截然不同，殊滋疑竇。今考序中稱“至如卦爻彖象，理涉重元〔玄〕，經注文言，書之不盡。别撰《索隱》，錯綜根萌，音義兩存，詳之明矣”云云。則《集解》本十卷，附《略例》一卷爲十一卷，尚别有《索隱》六卷，共成十七卷。《唐志》所載蓋並《索隱》、《略例》數之，實非舛誤。至宋而《索隱》散佚，刊本又削去《略例》，僅存《集解》十卷，故與《唐志》不符。至毛氏刊本，始析十卷爲十七卷，以合《唐志》之文。又改序中“一十卷”爲“一十八卷”，以合附錄《略例》一卷之數，故又與朱睦㮮序不符。蓋自宋以來，均未究序中“别撰《索隱》”一語，故疑者誤疑，改者誤改。即辨其本止十卷者，亦不能解《唐志》稱十七卷之故，致愈說愈訛耳。今詳爲考正，以祛將來之疑。至十卷之本，今既未見，則姑仍以毛本著錄。蓋篇帙分合，無關宏旨，固不必一一追改也。其書仍用王弼本，惟以《序卦傳》散綴六十四卦之首，蓋用《毛詩》分冠《小序》之例。所採凡子夏、孟喜、焦贛、京房、馬融、荀爽、鄭元、劉表、何晏、宋衷、虞翻、陸績、干寶、王肅、王弼、姚信、王廙、張璠、向秀、王凱沖、侯果、蜀才、翟元〔玄〕、韓康伯、劉巘、何妥、崔憬、沈驎士、盧氏（案盧氏《周易注》，《隋志》已佚其名）、崔覲、伏曼容、孔穎達（案以上三十二家，朱睦㮮序所考）、姚規、朱仰之、蔡景君（案以上三家，朱彝尊《經義考》所補考）等三十五家之說。自序謂：“刊輔嗣之野文，補康成之逸象”，蓋王學既盛，漢《易》遂亡，千百年後學者得考見畫卦之本旨者，惟賴此書之存耳。是真可寶之古笈也。

周易傳義大全二十四卷綱領一卷朱子圖說一卷

(明) 胡廣等輯，明刻本。

廣，字光大（惠帝以其名與漢胡廣同，更名靖），江西吉安人，建文庚辰進士第一，除翰林院修撰，靖難兵至，迎降，永樂初復原名，累官文淵閣大學士，卒謚文穆，事跡具《明史》本傳。是書《四庫全書》本作《周易大全》二十四卷。《四庫全書總目》提要云：考《明成祖實錄》，永樂十二年十一月甲寅，命行在翰林院學士胡廣、侍講楊榮、金幼孜修《五經四書大全》，十三年九月告成。成祖親製序，弁之卷首，命禮部刊賜天下。賜胡廣等抄幣有差，仍賜宴於禮部。同時預纂修者，自廣、榮、幼孜外，尚有翰林編修葉時中等三十九人。此其《五經》之首也。朱彝尊《經義考》謂廣等“就前儒成編，雜爲抄錄，而去其姓名。《易》則取諸天台、鄱陽二董氏，雙湖、雲峰二胡氏，於諸書外未寓目者至多”云云。天台董氏者，董楷之《周易傳義附錄》；鄱陽董氏者，董真卿之《周易會通》；雙湖胡氏者，胡一桂之《周易本義附錄纂疏》；雲峰胡氏者，胡炳文之《周易本義通釋》也。今勘驗舊文，一一符合。彝尊所論，未可謂之苛求。然董楷、胡一桂、胡炳文篤守朱子，其說頗謹嚴；董真卿則以程、朱爲主而博採諸家以翼之，其說頗爲賅備。取材於四家之書，而刊除重複，勒爲一編。雖不免守匱抱殘，要其宗旨則尚可謂不失其正。且二百餘年以此取士，一代之令甲在焉。錄存其書，見有明儒者之經學，其初之不敢放軼者由於此，其後之不免固陋者亦由於此。鄭曉《今言》曰：“洪武開科，《五經》皆主古注疏及宋儒：《易》，程、朱；《書》，蔡；《詩》，朱；《春秋》、《左》、《公羊》、《穀梁》，程、胡、張；《禮記》，陳。後乃盡棄注疏，不知始何時。或曰始於頒《五經大全》時，以爲諸家說優者採入故耳。然古注疏終不可廢也。”是當明盛時，識者已憂其弊矣。觀於是編，未始非千古得失之林也。

玩易意見二卷

（明）王恕撰，明正德元年刻本。

恕，字宗貫，三原人，正統戊辰（十三年）進士，官至吏部尚書，謚端毅，事跡具《明史》本傳。是書《四庫全書總目》著錄（入存目），提要云：“恕於宏治壬戌養痾家居，因構一軒，名‘玩易’。於程、朱之說有所未愜於心者，劄記以成此書。前有自序，作於正德丙寅，時年已九十一矣。其說頗自出新意，然於文義有不可通者，輒疑經文有訛，殊不可訓。凡上經一卷，下經合《繫辭》爲一卷，而不及其餘。蓋意有所見乃筆之，故不盡解全經云。”

周易辯錄四卷

（明）楊爵撰，清抄本（四庫底本，清李文藻批校並跋）。

是書九行二十一字，紅格。前有“嘉靖二十四年八月日爵謹書”《周易辯錄序》，“隆慶二季秋八月東郡夢山楊巍撰”《周易辯錄序》，“永嘉後學金彩盥手書”跋。卷端題：富平斛山楊爵著，六世孫紹武述，姚墟生魯南點閱，永嘉後學金彩集參。楊爵，字伯修，陝西富平人。嘉靖己丑進士，官至山東道

勑存問宿望舊臣九十有一石渠老人三原

王恕序

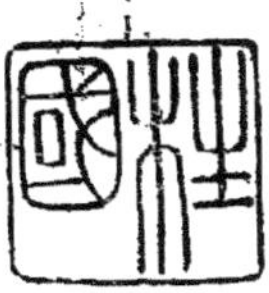

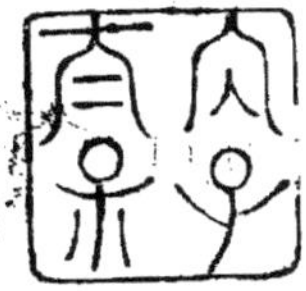

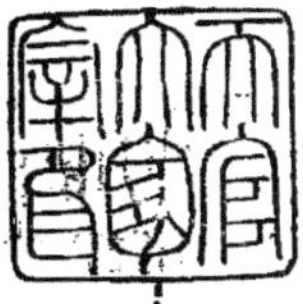

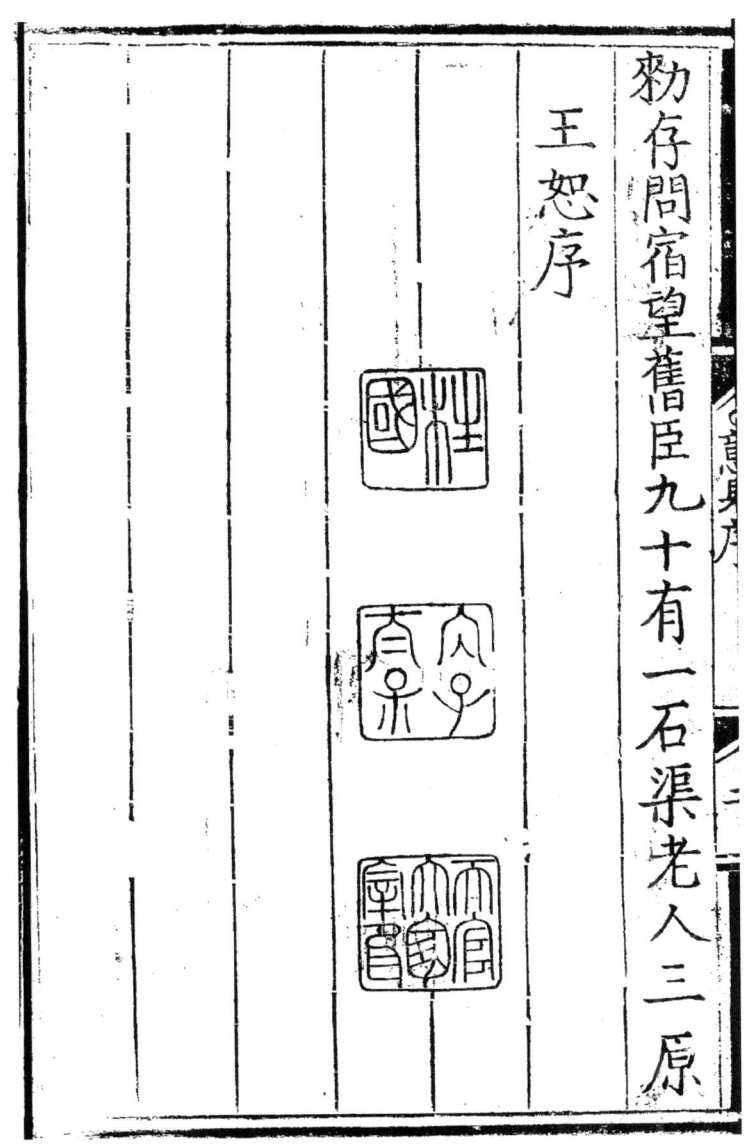

玩易意見卷之一

上經

乾卦彖曰大哉乾元萬物資始乃統天本義謂彖即文王所繫之辭卦下元亨利貞是也意見以為此彖曰者是彖傳乃孔子釋彖之辭非彖之本文也餘卦放此

乾六爻文言皆是孔子自設為問荅之辭不應稱子曰意見以為子字乃後人之所加非孔子自述也

坤彖曰牝馬地類行地无疆柔順利貞君子攸行傳

《玩易意見》二卷

監察御史。以上疏極論符瑞，下詔獄，繫七年始得釋。事跡具《明史》本傳。《四庫總目》作《周易辨錄》，云："其書前有自序，題嘉靖二十四年乙巳，蓋即其與周怡、劉魁等在獄中講論所作，故取《繫辭》困德之辨一語爲名。《明史》本傳作《周易辨說》，其名小異。然《藝文志》仍作《周易辨錄》，蓋刊本字誤也。所釋惟六十四卦，每卦惟載上、下經卦辭。然其訓解則六爻及彖傳、象傳皆兼及之，特不列其文耳。其說多以人事爲主，頗剴切著明。蓋以正直之操，處杌隉之會，幽居遠念，寄託良深，有未可以經生常義律之者。然自始至終，無一字之怨尤，其所以爲純臣歟?"書衣鈐"乾隆三十年□月□日山東巡撫徐績送到周易辨錄壹部計書四本"。卷端鈐"翰林院"满汉文大官印。鈐有"林汲山房臧書"、"南澗居士"、"濟南周氏藉書園印"等印，可知經濟南周永年藉書園、益都李文藻大雲山房遞藏者也。周永年，字書昌，一作書倉、書愚，號林汲山人，乾隆三十六年進士，三十八年被徵修《四庫全書》，任子部典籍，于《永樂大典》中輯出已佚之籍甚夥，曾就曲阜陳穎問醫家源流，陳爲草《醫書考》一書以報之。永年家貧，百無嗜好，獨嗜書。有感於明代曹學佺之論，作《儒藏說》。此說一出，羅有高、劉音爲之張目，劉作《廣儒藏說》以和之。論者謂清修《四庫全書》，分儲七閣，實受《儒藏說》之啟發，永年倡始之功誠不可沒。又約桂馥買田設"藉書園"，其中設台祭祀漢代經學大師伏生。"藉書園者，書昌之志也，書昌故温飽虀餒，於書積卷殆近十萬，不欲自私，故以藉書名園。藉者，借也"。李文藻，字素伯，一字茝畹、香草，號南澗。山東益都人。乾隆二十六年進士。好學不倦，以藏書知名。與如翁方綱、戴震、邵晉涵、周永年、錢大昕等交往甚密，尤爲紀昀所賞識。書前有李文藻跋，云："《周易辨録》四卷，著録于朱氏《經義考》，蓋楊伯修先生繫獄八年中所著也。此本有楊夢山太宰序及永嘉金彩跋，乃濮州南方伯洙源抄本，予適客濮，於他家購得之，而□其□□者。乾隆丙戌六月初七日文藻記。"

周易古本集注十二卷首一卷末一卷續編一卷

（清）姜其垓撰，清抄本。

其垓，字萊西，黄縣人，康熙二十一年進士，官易門知縣。此本乃康熙三十五年被劾在昆明所著。自序謂本其父宗海所手授。其書移大象於各卦經之下、彖傳之上，用宋九江周燔説；以《彖傳》、《象傳》、《乾文言傳》、《坤文言傳》、《繫辭》上下、《説卦》、《序卦》、《雜卦》爲《十翼》之次，用宋胡旦説；末附《麻衣正易心法》及《筮儀》，並《本義》所列諸圖，及焦氏《希夷卦氣》、衛氏《卦次納甲麻衣》，反對來氏錯綜諸圖，皆爲之説。《登州府志》稱其"主於象數，而不墮外道"。

讀易便解二卷

（清）盧見曾撰，稿本。

盧見曾，字澹園，又字抱孫，號雅雨，又號道悦子，山東德州人。康熙六十年進士。歷官洪雅知縣，灤州知州，永平知府，長蘆、兩淮鹽運使。學詩於王漁洋，有詩名，愛才好客，四方名士咸集，流連唱和，一時稱爲海内宗匠。乾隆三十三年，

周易辯録卷之一

富平斛山楊爵著　六世孫紹武述
姚墟陸魯南　點閲
永嘉後學金彩集參

上經

䷀ 乾下乾上

乾元亨利貞

初九潛龍勿用

九二見龍在田利見大人

《周易辯錄》四卷

周易古本卷首考證錄

篇第考

按前漢藝文志、易經十二篇。施孟梁邱三家。顏師古曰、上下經及什翼。故十二篇。又按晉杜預左氏傳後序。曰、太康初、汲郡汲縣、有發舊冢者。得古簡編。蝌斗文字。散亂不可訓。知獨周易極為明了。上下篇與今正同。別有陰陽說。而無彖象文言繫辭。疑於時仲尼造之於魯。尚未播之於遠國也。按此、則易之經傳各冊明甚。

又按魏志、高貴鄉公。幸太學、問淳于俊曰、孔子作彖象。鄭玄作註。其釋經義一也。今彖象不與經文相連。而注連之何也。俊對曰、鄭玄合彖象於經者。欲使學

山東省圖書館珍藏

讀易便解

德州 盧見曾手稿

上經

元亨是許占者利貞是戒占者須句句從乾字內看出乾本至健是固有可為之資而自見大通乾既至健則又當善其有為之術而必利于至正元亨天理之本然利貞人事之當然貞字有正而固二義正則不流于邪僻固則不廢于半途

☰乾 乾上乾下

乾元亨利貞

六畫者伏羲所畫之卦也此卦上下皆乾純陽至健故名乾乾天道也言人主體乾本剛乾以出治當得元亨（則才力有餘治化大通）然必純心純政始終無間乃可盡乾健之義（利在貞固）

元大亨通利宜貞正而固也文王以為乾道大通而至正故當得大通而必利在正固

元大亨通利宜貞而固也此文王所係之彖辭

元亨利貞有兩層意非兩時事從頭做去便通從頭做去便要正非待元亨然後利貞也發元亨動時見通之才靜時亦裕通之理發利貞經固貞之守權亦貞之達須句句要抱緊乾字否則卦詞卦名不關合矣四德不分配乾字不泥定天道

易之道四辭繇爻象占九為變潛龍為象勿用為占初九潛龍勿用為占之辭餘做此

初九潛龍勿用

初陽在下有聖德而隱者故象為潛龍而于此宜晦處靜候（俟）未可輕用也此周公所係之象辭也

乾

兩淮鹽引案發，因收受鹽商價值萬餘之古玩，被拘繫，病死揚州獄中。著有《雅雨堂詩文集》等，刻有《雅雨堂叢書》。是書又有《山東文獻集成》影印本。

歐陽文忠公毛詩本義十六卷

（宋）歐陽修撰，明抄本。

是書有《四庫全本》，《四庫》本似抄自《通志堂經解》本，與此本相較，多有不同，蓋雖同出宋本，宋本亦有不同之源流也。《四庫》本作《毛詩本義》十五卷附録一卷。《四庫全書總目》云：是書凡爲説一百十有四篇，統解十篇，《時世》、《本末》二論，《豳》、《魯》、《序》三問，而《補亡鄭譜》及《詩圖總序》附於卷末。修文章名一世，而經術亦復湛深。王宏撰《山志》記嘉靖時欲以修從祀孔子廟，衆論靡定。世宗諭大學士楊一清曰："朕閲《書·武成篇》，有引用歐陽修語，豈得謂修於《六經》無羽翼，於聖門無功乎？"一清對以"修之論説見於《武成》，蓋僅有者耳。其從祀一節，未敢輕議"云云。蓋均不知修有此書也。自唐以來，説《詩》者莫敢議毛、鄭。雖老師宿儒，亦謹守《小序》。至宋而新義日增，舊説幾廢。推原所始，實發於修。然修之言曰："後之學者，因跡先世之所傳而較得失，或有之矣。使徒抱焚餘殘脱之經，倀倀於去聖人千百年後，不見先儒中間之説，而欲特立一家之學者，果有能哉？吾未之信也。"又曰："先儒於經不能無失，而所得固已多矣。盡其説而理有不通，然後以論正之。"是修作是書，本出於和氣平心，以意逆志。故其立論未嘗輕議二家，而亦不曲徇二家。其所訓釋，往往得詩人之本志。

歐陽文忠公毛詩本義卷第一　宋左右筆

翰林學士兼龍圖閣學士朝散大夫給事中知制誥充史館修撰判祕閣歐陽　脩

關雎五章章四句故言三章一章四句二章章八句

關雎后妃之德也樂得淑女以配君子憂在進賢不淫其色哀窈窕思賢才而無傷善之心焉哀蓋字之誤也哀當爲衷衷謂中心恕之也無傷害之心焉是謂好逑也　○關關雎鳩在河之洲興也關關和聲也雎鳩王雎也鳥摯而有別水中可居者曰洲后妃說樂君子之德無不和諧又不以淫其色慎固幽深若雎鳩之有別焉然后可以風化天下而正夫婦夫婦有別則父子親父子親則君臣敬君臣敬則朝廷正朝廷正則王化成○箋云摯之言至也謂王雎之鳥雌雄情意至然而有別也　窈窕淑女君子好逑

後之學者，或務立新奇，自矜神解；至於王柏之流，乃併疑及聖經，使《周南》、《召南》俱遭删竄。則變本加厲之過，固不得以濫觴之始歸咎於修矣。林光朝《艾軒集》有《與趙子直書》曰："《詩本義》初得之如洗腸，讀之三歲，覺有未穩處。大率歐陽、二蘇及劉貢父談經多如此。"又一書駁《本義》、《關雎》、《樛木》、《兔罝》、《麟趾》諸解，辯難甚力。蓋文士之說《詩》，多求其意；講學者之說《詩》，則務繩以理。互相掊擊，其勢則然，然不必盡爲定論也。

毛詩鄭箋纂疏補協二十卷附詩譜一卷

(明) 屠本畯撰，明萬曆二十二年玄鑒室刻本。

卷端題："漢趙人毛萇傳，北海鄭玄箋，明甬東屠本畯纂疏補協，江都陸弼、歙程應衢校"，版心刊"玄覽堂"三字，有萬曆甲午新都程應衢（字康伯）序。本畯，字田叔，寧波人，萬曆間官轉運同知。其所補疏，乃摘取孔穎達疏，或詳於名物；所謂協音，仍拘牽于宋吳棫叶音之說。是書又有《齊魯儒學珍本叢刊》影印本。

毛詩稽古編三十卷

(清) 陳啟源撰，清康熙四十年趙嘉稷抄本(清趙嘉稷跋)。

啟源，字長發，江蘇吳江人。是書有《四庫全本》，《四庫全書總目》提要云：是書成於康熙丁卯，卷末自記謂："閱十有四載，凡三易稿乃定。"前有朱鶴齡序，又有康熙辛巳其

毛詩鄭箋卷之一　國風

周卜商子夏叙·漢趙人毛萇傳　北海鄭玄箋

明甬東屠本畯纂疏補協江都陸弼歙程應衢校

周南關雎詁訓傳第一

關雎后妃之德也風之始也所以風天下而正夫婦也故用之鄉人焉用之邦國焉風風也敎也風以動之敎以化之詩者志之所之也在心爲志發言爲詩情動于中而形于言言之不足故嗟嘆之嗟嘆之不足故永歌之永歌之不足不知手之舞之足之蹈之也情發於聲聲成文謂之音

不錄之王者之後時王所客也巡守述職不陳其詩
亦示無貶黜客之義也又問曰周太師何由得商頌
曰周用六代之樂故有之

商頌

那　烈祖　玄鳥　長發　殷武

詩譜終

毛詩鄭箋纂疏補協二十卷附詩譜一卷

攷異
卷第二十七
正字
卷第二十八
辨物
卷第二十九
數典 稽疑
卷第三十
附録
國風 小雅 大雅 頌

毛詩稽古編卷第一

東吴陳啟源長發述

敘例

先儒釋經惟求合古後儒釋經多取更新漢詩有魯故韓故齊后氏孫氏故毛故訓傳書有大小夏侯解故故者古也合於古所以合於經也後儒厭故喜新作聰明以亂（俗作亂）之弃雅訓而登俗詮緣叔世以證先古為說彌（俗作彌）巧與經益離源也惑之竊不自揆欲參伍衆說尋流溯源推求古經本指以挽其弊而諸經注疏惟毛詩敘傳最古擬當从事焉適長孺朱子以所箸（俗作著）毛詩通義見示并商確其疑因銳意搜討加以辨證得一義輒札記之積久得如干條彙（俗作彙）輯成帙名之曰毛詩稽古編云尒原古人釋經多由師授不塼（俗借專）據經本況詩得於諷誦非竹帛所書確有畫一諸儒傳寫師讀各分經文大互異故字與義有不必相符者非得師授豈能辨其孰是哉今師授雖絕而傳義尚在尋繹傳義以攷經文其

毛詩稽古編三十卷

門人趙嘉稷序。鶴齡作《毛詩通義》，啟源實與之參正。然《通義》兼權衆說。啟源此編，則訓詁一準諸《爾雅》，篇義一準諸《小序》，而詮釋經旨，則一準諸毛《傳》，而鄭《箋》佐之。其名物則多以陸璣《疏》爲主。題曰《毛詩》，明所宗也，曰《稽古編》，明爲唐以前專門之學也。所辨正者惟朱子《集傳》爲多，歐陽修《詩本義》、吕祖謙《讀詩記》次之，嚴粲《詩緝》又次之。所掊擊者惟劉瑾《詩集傳通釋》爲甚，輔廣《詩童子問》次之。其餘偶然一及，率從略焉。前二十四卷依次解經而不載經文，但標篇目。其無所論說者，則並篇目亦不載。其前人論說已明，無庸復述者，亦置不道。次爲總詁五卷，分六子目，曰舉要、曰考異、曰正字、曰辨物、曰數典、曰稽疑。末爲附錄一卷，則統論《風》、《雅》、《頌》之旨。其間堅持漢學，不容一語之出入，雖未免或有所偏。然引據賅博，疏正詳明，一一皆有本之談。蓋明代說經，喜騁虛辨。國朝諸家，始變爲徵實之學，以挽頹波。古義彬彬，於斯爲盛。此編尤其最著也。至於附錄中“西方美人”一條，牽及雜說，盛稱佛教東流始於周代，至謂孔子“抑三王、卑五帝、藐三皇，獨歸聖於西方”；“捕魚諸器”一條，稱：“廣殺物命，恬不知怪，非大覺緣果之文，莫能救之”，至謂庖犧必不作網罟。是則於經義之外，橫滋異學，非惟宋儒無此說，即漢儒亦豈有是論哉？白璧之瑕，固不必爲之曲諱矣。

詩經古韻四卷

（清）孔繼堂撰，稿本。

繼堂，字廉甫，號恕齋，山東寧海人，諸生。其書每部據

詩經古韻卷一 一之一
翰部 陽聲十之十
孔繼堂述
平翰胡安切文王有聲王后維翰傳翰幹也釋文翰戶旦反
一。徐音寒韻垣板大宗維翰韻藩垣崧高維周之翰韻蕃
宣[illegible]翰韻番嘽憲江漢召公維翰韻韓韓奕箋韓姞
[illegible]平去二音說文作鶾雉肥鶾音翰姓國居韓城
說文幵垣也从寒爰有寒泉疊聲後傚此水經注浚城側
韋軟聲今省有寒泉冈說文湅也从人在冂下公上
艸薦單都寒切公劉其軍三單箋單者無羨卒也韻泉原
覆之。又俾爾單厚傳單信也或曰單厚也箋單盡也釋
文單毛都但反鄭音嘽見上丹顏如渥丹箋言赤而澤
丹說文大也从吅甲聲說文巴越之赤石也象
采丹井安烏寒切六月戎車既安韻軒閑原憲皇矣攸馘
•丹形。韻閑言連民勞汔可小安韻殘綣反諫般
武寢成孔安韻難那干切中谷有蓷遇人之
閑說文靜也从女在宀下艱難矣韻乾嘆板天之方

詩經古韻四卷

本韻收《詩》中韻字爲正韻，據今韻所收《廣韻》爲增韻，據《廣韻》收今韻所未收爲新增韻。

書傳會選六卷

(明）劉三吾等撰，明嘉靖味經堂刻本。

此書爲劉三吾等奉敕編撰。三吾初名如孫，以字行，自號坦坦翁，湖南茶陵人，洪武中官翰林學士，事跡具《明史》本傳。《四庫全書總目》提要云：案蔡沈《書傳》雖源出朱子，而自用己意者多。當其初行，已多異論。宋末元初，張葆舒作《尚書蔡傳訂誤》，黃景昌作《尚書蔡氏傳正誤》，程直方作《蔡傳辨疑》，余芑舒作《讀蔡傳疑》，遞相詰難。及元仁宗延祐二年，議復貢舉，定《尚書》義用蔡氏，於是葆舒等之書盡佚不傳。陳櫟初作《書傳折衷》，頗論蔡氏之失。迨法制既定，乃改作《纂疏》，發明蔡義，而《折衷》亦佚不傳。其自序所謂“聖朝科舉興行，書宗蔡《傳》，固亦宜然”者，蓋有爲也。至明太祖始考驗天象，知與蔡《傳》不合，乃博徵績學，定爲此編。凡蔡《傳》之合者存之，不預立意見以曲肆詆排；其不合者則改之，亦不堅持門户以巧爲回護。計所糾正凡六十六條。祝允明《枝山前聞》載其劄示天下者，惟《堯典》注“日月左旋”、《洪範》注“相協厥居”二條，舉大凡耳。顧炎武《日知錄》曰：“此書謂天左旋，日月五星違天而右旋，主陳氏祥道；《高宗肜日》謂祖庚繹於高宗之廟，主金氏履祥；《西伯戡黎》謂是武王，亦主金氏；‘惟周公誕保文武受命，惟七年’，謂周公輔成王之七年，主張氏、陳氏。皆不易之論。又如《禹貢》‘厥賦貞’主蘇氏軾，謂賦與田正相當；涇屬渭、汭主孔《傳》‘水北曰汭’；《太甲》‘自周有終’主金氏，謂‘周’當作‘君’；《多方》‘不克開於民之麗’主葉氏。惟《金縢》‘周公居東’駁孔氏，以爲東征非是，至《洛誥》又取東征之說，自相牴牾耳。每傳之末，繫以經傳音釋，於字音、字體、字義辨之甚悉。其傳中用古人姓氏、古書名目，必具出處，兼亦考正典故。蓋宋、元以來諸儒之規模猶在。而其爲此書者，皆自幼爲務本之學，非由八股發身之人。故所著之書雖不及先儒，而尚有功於後學”云云。以炎武之淹博絕倫，罕所許可，而其論如是，則是書之足貴可略見矣。閻若璩《尚書古文疏證》因《禹貢》注中“澨水至復州竟陵境者”一語，誤“者”字爲“來”字，遂肆毒詈，非篤論也。考《明太祖實錄》，與群臣論蔡《傳》之失，在洪武十年三月。其詔修是書，則在二十七年四月丙戌，而成書以九月己酉，僅五閱月。觀劉三吾敘稱：“臣三吾備員翰林，屢嘗以其說上聞。皇上允請，乃詔天下儒士仿石渠、白虎故事，與臣等同校定之。”則是十七年間三吾已考證講求，先有定見，特參稽衆論以成之耳。惟《實錄》所載纂修諸臣姓名與此本卷首所列不符。朱彝尊《經義考》謂許觀、景清、盧原質、戴德彝等，皆以死建文之難删去。其說是已。然胡季安、門克新、王俊華等十一人，何以併删？且靳觀、吳子恭、宋麟三人，此書所不載，又何以增入？蓋永樂中重修《太祖實錄》，其意主於誣惠宗君臣以罪，明靖難之非得已耳。其餘草草，非所注意，故舛謬百出，不足爲據。此書爲當時舊本，當以所列姓名爲定可也。

貞固齋書義四卷

(清) 傅以漸撰，清初抄本 (清劉鳳誥跋)。

傅以漸，字于磐，號星巖。聊城人，祖籍江西永豐縣。生於明萬曆三十七年，卒於康熙四年。順治三年進士。出身貧苦，幼年家境清貧，天資聰慧，勤奮苦學，博覽群書，經史熟記不忘，終成大器。傅以漸一生爲官，兢兢業業，鞠躬盡瘁，以清勤著稱於世。他學識廣博，精通經史，工于詩文，學者稱星巖先生。

周禮句解十二卷

(宋) 朱申撰，明嘉靖三十五年蔡揚金刻本。

申，字維宣，江西雩都人，太學生。《四庫全書總目》提要云：逐句詮釋，大略根據《注疏》，義取簡約。其中所見有與《注疏》異者。若太宰之職“五曰賦貢”，鄭注曰：“賦，口率出泉也。貢，功也，九職之功所税也。”是書則易之曰：“賦，税也。貢，獻也。”有力主《注疏》而曲爲引證者。若《大司徒》“諸公之地，封疆方五百里”以下，則堅守注中“半爲附庸”之說，而不執《孟子》、《王制》以疑《周禮》。至於《注疏》之疑不能決者，若《小司徒》“四丘爲甸”以下，注謂旁加之數乃治洫澮之數；《大司樂》“圜鍾爲宫”以下，注謂天宫夾鍾不用中吕等律，以其與地宫同位之類，則皆闕而不載。雖循文詁義，無大發明，而較之竄亂古經，横生新義者，猶不失謹嚴之義。惟《序官》乃經文之綱領，申以其無假詮釋，遂削而不載，頗乖體要。是則因陋就簡之失矣。

周禮俗說六卷

（清）閻學尹撰，稿本（清張之洞跋）。

學尹，字任持，號莘廬，昌樂人，循中子，恩貢生。《昌樂縣續志》本傳云："少從邑先正高在序、王魯軒先生遊。入黌序，從濰邑韓理堂先生讀書程符山。其叔父瑋庭公嘉其志，益以膏火三年，而學益進。壯歲遊長安，得交名卿大夫。乾隆乙巳以應試回籍，值歲饑，遂里居教授。嘉慶乙丑隨長嗣閬峰湖南酃縣任，就客籍養正書院，與肄業諸子講明處世立身諸大節，考校課藝，丹黃甲乙。歸後仍以教讀爲樂。"

禮記集說三十卷

（元）陳澔撰，明末二酉堂刻本（清汪由敦批校並跋）。

澔，字可大，都昌人，號雲莊。《四庫全書總目》著錄《雲莊禮記集說》十卷，提要云："是書成於至治壬戌。朱彝尊《經義考》作三十卷，今本十卷，坊賈所合併也。初，延祐科舉之制，《易》、《書》、《詩》、《春秋》皆以宋儒新說與古注疏相參，惟《禮記》則專用古注疏。蓋其時老師宿儒猶有存者，知禮不可以空言解也。澔成是書又在延祐之後，亦未爲儒者所稱。明初，始定《禮記》用澔注。胡廣等修《五經大全》，《禮記》亦以澔注爲主，用以取士，遂誦習相沿。蓋說《禮記》者，漢、唐莫善於鄭、孔，而鄭注簡奧，孔疏典贍，皆不似澔注之淺顯。宋代莫善於衛湜，而卷帙繁富，亦不

吾先
曾祖受業於昌樂县
閻先生。師弟極其相洽。
閻先生注周禮俗說。在將成未成之際。遭逢病
亟危急。憑筆成此書者。乃命吾先
曾祖編成此書。吾去年長。先
曾祖命余收藏。再三囑余曰。切勿遺失。因思
周禮一書。讀書人苦於難解。考工記尤其難解。
此書就詞語細俗說解考工記尤其詳明。舉
世別無存本。余恐遺失。故特記於此。

光緒十二年春三月張春濤記

天官目録 官屬六十三

大宰 小宰 宰夫 宮正
宮伯 膳夫 庖人 内饔
外饔 亨人 甸師 獸人
𩺰人 鼈人 腊人 醫師
食醫 疾醫 瘍醫 獸醫
酒正 酒人 漿人 凌人
籩人 醢人 醯人 鹽人
冪人 宮人 掌舍 幕人

禮記集說卷之一

曲禮上第一

經曰曲禮三千言節目之委曲其多如是也此即古禮經之篇名後人以編簡多故分爲上下○張子曰物我兩盡自曲禮入

曲禮曰毋不敬儼若思安定辭安民哉毋禁止辭

○朱子曰首章言君子修身其要在此三者而其效足以安民乃禮之本故以冠篇○范氏曰經禮三百曲禮三千可以一言蔽之曰毋不敬○程子曰心定者其言安以舒不定者其辭輕以疾○劉氏曰篇首三句如曾子所謂君子所貴乎道者三而籩豆之事則有司存之意蓋先立乎其大者也毋不敬則動容貌斯遠暴慢矣儼若思則正顏色斯近信矣安定辭則出辭氣斯遠鄙倍矣三者修身之要爲政之本此君子修己以敬而其效至

似澔注之簡便。又南宋寶慶以後，朱子之學大行。而澔父大猷師饒魯，魯師黄榦，榦爲朱子之婿。遂藉考亭之餘蔭，得獨列學官。”按：萬曆間《國史經籍志》、《萬卷堂書目》及清初《絳雲樓書目》、《季滄葦書目》皆載元天曆元年初刊本，今存全本十六卷。明永樂間胡廣輯《五經四書大全》，《禮記》取十六卷澔注爲底本，補入其他四十二家注，擴爲三十卷。成化間婁謙等又删去四十二家注，仍爲三十卷梓行。

禮記輯覽八卷

(明) 徐養相撰，明隆慶五年刻本。

養相，睢陽衛籍，鳳陽人，嘉靖丙辰進士。是書《四庫全書總目》入存目，提要云：“其書蓋爲科舉而設，不載經文，惟以某章某節標目，循文訓釋，不出陳澔之緒論。”《四庫全書存目叢書》未收。

禮記集中八卷

(明) 樊玉衡撰，明抄本（清雙清草廬主人跋)。

玉衡，字玄之，黄岡人，萬曆乙未（二十三年）進士，官崑山縣知縣。《四庫全書總目》載其《智品》十三卷而無此書，其稀見可知。

禮記集中卷之一

黄岡　樊玉衡撰輯

門人　安丘馬復中校閲

　　　黄陂羅明諭編次

夫禮記一書其間或傳古來聖賢文字至爲純粹如大學中庸樂記是也或記小學之儀如曲禮少儀内則是也或言大學之義如學記是也或釋古禮之義如冠義昏義鄉飲酒義射義燕義聘義是也或專紀喪葬之儀如奔喪喪大記喪服小記服問大傳間傳間喪三年問喪服四制是也或專言祭禮如郊特牲

新刻月林丘先生家傳禮記摘訓十卷

(明) 丘橓撰，明萬曆三年劉應節刻本。

橓，字懋實，號月林，諸城人，嘉靖庚戌（二十九年）進士，歷官南吏部尚書，謚簡肅。是書見《明史・藝文志》。《經義考》引陸元輔云："其書本爲帖括而作，有金學曾、劉應節兩序。"又黄居中《禮記課兒述注序》云："邱氏《摘訓》，能破拘攣而伸其臆解。"

鄉射禮儀節一卷

(明) 林烈撰，明萬曆十七年陳夢斗等刻本。

烈，福州人，其始末未詳。《四庫全書總目》入存目，提要云：據嘉靖丙寅烈自序，稱嘗於其鄉之嵩陽社創射圃，擇子弟一百七十三人，每月朔望行古鄉射之禮，因作是書。前列《嵩陽射圃記》一篇，述復古之義。其書則節錄《儀禮》經文，各略爲詮釋而繫之以圖。然意取簡明，或往往刊削過甚，晦其本旨。如經文"司射"節，"將乘矢"之下有云："執弓，不挾，右執弦。"蓋司射既發乘矢之後，矢雖盡而弓不釋。其執弓之儀則右手執弦，左執弣也。烈於"將乘矢"之下删此二語，則執弓南面揖之節，遂不知何所措施。又《經》文"初射"節，"司馬出於下射之南，還其後，降自西階"下有云："反，由司射之南，適堂西釋弓，襲，反位，立于司射之南"數語，烈又删去。則降自西階之後，其反位由何道、立何方，及由袒而襲之節，皆不可考。是書雖不主於釋經，然經義不明，則儀節俱爽，於行事亦多違礙矣。

大戴禮記補注十三卷

(清)孔廣森撰,清乾隆五十九年孔廣廉刻顨軒孔氏所著書本（民國龔橙校並跋)。

廣森，字撝約，號顨軒，曲阜人，乾隆辛卯（三十六年）進士，官檢討。是書爲其《顨軒孔氏所著書》之第二種，刊於乾隆五十九年。《序錄》略云："《大戴》全篇八十有五，今所存見劣及四十，文句譌互，卷帙散亡。北周僕射范陽公盧辯景宣始爲之注，大義雖舉，微言仍隱。廣森不揣淺聞，輒爲補注，更釐亥虎，參證卯穀。其第一、第二、第七、第九、第十二，凡五卷，舊注既逸，稍以己意備其詁訓云爾。"

樂律全書十五種四十八卷

(明) 朱載堉撰，明萬曆二十四年鄭藩刻本。

子目：律學新説四卷，樂學新説一卷，算學新説一卷，操縵古樂譜一卷，旋宫合樂譜一卷，鄉飲食樂譜六卷，六代小舞譜一卷，小舞鄉樂譜一卷，二佾綴兆圖一卷，靈星小舞譜一卷；律吕精義内篇十卷，律吕精義外篇十卷，聖壽萬年曆二卷，萬年曆備考三卷，律吕融通四卷附錄一卷。

載堉，明鄭恭王厚烷世子。《四庫全書總目》提要云：是書萬曆間嘗進於朝，《明史・藝文志》作四十卷。今考此本所載，凡書十一種。惟《律吕精義》内、外篇各十卷，《律學新説》四卷，《鄉飲詩樂譜》六卷，皆有卷數；其《樂學新説》、

《算學新説》、《操縵古樂譜》、《六代小舞譜》、《二佾綴兆圖》、《靈星小舞譜》、《旋宫合樂譜》七種，則皆不分卷。與《藝文志》所載不符，疑史誤也。載堉究心律數，積畢生之力以成是書，卷帙頗爲浩博，而大旨則盡於《律吕精義》一書。其説謂度本起於黄鍾之長，就此黄鍾而均分爲十寸，寸十分，命曰一尺，當横黍百粒，是爲度尺。若以此黄鍾分爲八寸一分，寸九分，凡八十一分，當縱黍八十一粒，是爲律尺。又横黍百粒，縱黍八十一粒，當斜黍九十粒，是黄鍾之長。以横黍尺度之，則爲一尺，寸十分，凡百分。以縱黍尺度之，則爲八寸一分，寸九分，凡八十一分。以斜黍尺度之，則爲九寸，寸十分，凡九十分也。其十二律長短之數則據“栗氏爲量，内方尺而圜其外”之文，謂圓徑即方斜，命黄鍾正律爲一尺，用句股求弦術，得弦爲蕤賓倍律。蓋黄正爲句股，則蕤倍爲弦；蕤正爲句股，則黄正爲弦，黄、蕤二律互爲句股也。其生南吕、應鍾諸律，非句股所能御，蓋本於諸乘方比例相求之法。載堉云“句股術”者，飾詞也。律管長短，由於尺有大小。其云“黄鍾九寸”者，蓋算術設率如此。亦猶鄭康成注十二律，分寸、釐、毫、絲之數，破一寸以爲十分，乃審度之正法，太史公約十爲九，則欲其便於損益而爲假設之權制也。或者訶其以一尺爲黄鍾，與九寸之文相反，可謂不達其意矣。仲吕反生黄鍾，自何承天、劉焯、胡瑗皆有是説。蔡氏論之，以爲惟黄鍾一律成律，他十一律皆不成律。不知律生於聲，不生於數，吹之而聲應，則成律矣。若遷就其聲以就數，則五音且不和矣，尚得謂之律耶？又或者以其開方乘除有不盡之數爲病。夫理之當用開方乘除而數有畸零者，雖秒、忽不盡何害？假令句股求弦，而句方、股方相併以平方開之不盡，亦將謂之不成弦耶？此不知算術者也。是書所論橫黍百粒當縱黍八十一粒之尺度，及半黃鍾不與黃鍾應而半太族與黃鍾應之說，皆精微之論。聖祖仁皇帝《律呂正義》一書備採其說，不可以其與蔡氏有異同而置之也。至其十二律相生之法，以黃鍾正律一尺爲第一率，倍黃鍾二尺爲第十三率，則蕤賓倍律爲第七率，故仲吕可以反生黃鍾。左旋、右旋，皆可徑求次律，即諸乘方用連比例相求之法也。試列十三率明之：以真數一爲首率，即第一率，方邊二爲二率，平方四爲三率，立方八爲四率，三乘方十六爲五率，四乘方三十二爲六率，五乘方六十四爲七率，六乘方一百二十八爲八率，七乘方二百五十六爲九率，八乘方五百一十二爲十率，九乘方一千零二十四爲十一率，十乘方二千零四十八爲十二率，十一乘方四千零九十六爲末率，即十三率。以首率一乘末率四千零九十六開平方，即得七率六十四，即黃鍾求蕤賓法。以七率六十四乘首率一開平方，得八爲四率，即蕤賓求南吕法也。以首率一自之，又以四率八乘之，開立方得二率方邊二，即南吕求應鍾法也。若四率八自之，再以首率一乘之，開立方得三率四，即南吕求無射法也。其比例則首之於二，猶二之於三；二之於三，猶三之於四，依次至第十三率，比例皆同。或前隔一位，隔二、三位，與後隔一位，隔二、三位，比例亦同，即各律求各次律法也，書中未明言其立法之根。又黃鍾正律倍律相乘開方，有類句股求弦與方求斜二術。自蕤賓求南吕法以下，非句股法所能御，而亦以句股言之，未免過於秘惜，以塗人耳目耳。江永著《律呂闡微》一書，專解載堉之法。永最深晰算術，而猶不能得其立法之意，餘可知矣。

春秋左傳評林三十卷

(明) 穆文熙撰，明刻本。

文熙，字敬止，東明人，嘉靖壬戌進士，官吏部員外郎。是書又有明萬曆二十年鄭以厚刻本，作《春秋左傳評苑》三十卷，與《國語評苑》六卷《戰國策評苑》十卷合刻。《四庫全書總目》著錄《左傳國語國策評苑》六十一卷，提要云："是編凡《左傳》三十卷，《國語》二十一卷，《戰國策》十卷。《左傳》用杜預注、陸德明《釋文》，而標預名不標德明之名。《國語》用韋昭注、宋庠《補音》。《戰國策》用鮑彪注，參以吳師道之補正。均略有所删補，非其原文。蓋明人凡刻古書，例皆如是。謂必如是，然後見其有所改定，非徒翻刻舊文也。其曰'評苑'者，蓋於簡端雜採諸家之論云。"

春秋左翼四十三卷首一卷

(明) 王震輯，明萬曆三十一年刻本。

震，字子省，烏程人。《四庫全書總目》入存目，提要云："其書繫傳於經文之下，凡先經起義，後經終事者，悉撮爲一。《左傳》中稱號不一者，皆改從經文稱名。有經無傳者，採他書補之。前後編次，亦間有改易。案朱彝尊《經義考》有王氏《春秋左翼》，不著撰人名氏，亦不載卷數。而所錄焦竑之序，與此本卷首序合，當即此書也。"有《四庫全書存目叢書》影印本。

春秋左傳評林隱公第一

晉當陽侯杜預註

明考功員外穆文熙纂

隱公 名息姑惠公之子母聲子諡法不尸其位曰隱

傳 惠公元妃孟子 言元妃明始適夫人也子宋姓○惠公名不皇諡法愛人好與曰惠 適丁歷反 孟子卒 不稱薨不成喪也無諡先夫死不得從夫諡○諡實至反 繼室以聲子生隱公 聲諡也蓋孟子之姪娣也諸侯始娶則同姓之國以姪娣媵元妃死則次妃攝治內事猶不得稱夫人故謂之繼室○姪直結反又大一反兄女也○娣大計反女弟也 宋武公生

顏鯨曰據禮諸侯不再娶亦無二嫡惠公元妃既卒即仲子有文安得為夫人母非夫人則桓

子宋姓、

春秋左翼卷之一　　烏程後學王震編輯

隱公　名息姑惠公之子也攝位十一年為其弟桓公所弑

惠公元妃孟子。孟子卒。繼室以聲子。生公。宋武公生仲子。仲子生而有文在其手。曰為魯夫人。故仲子歸于我。生桓公而惠公薨。是以公立而奉之。

己未周平王四十九年　元年、

春王正月、

不書即位。攝也。

春秋左傳典略十二卷

(明) 陳許廷撰，明崇禎刻本（王獻唐跋)。

許廷，字靈茂，海鹽人，萬曆中諸生，以薦授兵部司務。《四庫全書總目》據江蘇巡撫採進本著錄（入存目)，提要云"其書每一公爲一卷，皆摘取《左氏》中單文隻字之可資考核者，證以他書，繁稱博引，以詭麗爲宗，不專主於疏通經義。然就其所論，亦往往失之穿鑿。如衛懿公好鶴，則取浮邱公之言；秦人歸帑，則指爲漢興之讖，多未免於蕪雜也。"有《四庫全書存目叢書》、《續修四庫全書》影印本。

春秋管見八十五卷

(清) 楊天祿撰，稿本（民國三十六年趙級三跋)。

半頁十一行，行二十字，白口，無格。經文頂格書之，胡《傳》、《公羊》、《穀梁》、《左氏》傳低一格書之，後引錄諸家之說低二格雙行小字錄之。《公羊》、《穀梁》二傳多從《欽定春秋傳說彙纂》删本錄之。諸家評說之語尤多取於馮李驊之《左繡》、周筆峰之《左翼》，附于諸家論說之間。前有"嘉慶乙亥年大簇月上澣之吉玉函老樵楊天祿敬仲氏書於山東布政司義塾官舍"自序，次凡例，次春秋管見篇目。天祿，字介亭，歷城人，諸生。(民國)《續修歷城縣志》有傳云："楊天祿，字介亭。諸生。家貧好學，讀書自勵。師新城王祖熙，長於古今文辭。故後湮没無傳。著有《春秋管見》八十餘卷，卷帙浩繁，子孫式微，未得刊行，識者惜之。"是書有

春秋管見卷之一　共四十二頁　楊天祿輯解

春秋

杜元凱曰春秋者魯史記之名也記事以事繫
日以日繫月以月繫時以時繫年所以紀遠近
別同異也故史之所記必表年以首事年有四
時故錯舉以為所記之名也
徐彥曰三統歷云春為陽中萬物以生秋為陰
中萬物以成故名春秋又春秋說曰始於春終
於秋春為生物之始秋為成物之終故曰春秋
而舊說云哀十四年春西狩獲麟作春秋九月
書成以其春作秋成故云春秋也者非也莊公
七年經云星霣如雨傳云不修春秋曰雨星不
及地尺而復君子修之曰星霣如雨則是孔子
未修之時已名春秋矣
「彙纂」孟子言春秋天子之事也蓋謂春秋本諸
侯之史其時列邦僭亂名分混淆而史體乖舛
夫子因而修之其名秩則一裁以武成班固之
舊其行事則一律以周公制禮之初故曰春秋
天子之事者猶曰天子之史云爾說者不察[illegible]
以為夫子行南面之權則近於夸矣又董仲舒
胡

隱元

一

春秋管見八十五卷

嘉慶乙亥自序略云：“取《四傳》及《欽定彙纂》諸家説，反覆涵詠。不敢有心求異，亦不敢成見是拘，惟令字字句句與身心有關，非敢問世也。”歷城張珂撰《春秋匯義》，皆採自楊天禄《春秋管見》而稍删其繁冗，後又取諸家之説益之，間坿己見。民國三十六年趙級三跋云：“稿本《春秋管見》八十五卷，一箱四函四十四册。清楊天禄撰，天禄，嘉慶時人，字敬仲，號玉函老樵，又號介亭，歷城籍。《春秋》爲其最精之學，折中諸説，遠勝前賢。《歷城縣志》第二十二卷藝文内載八十七卷，蓋據原編目録。迨目録編成之後，又將第八十五卷改爲八十四卷，而第八十六卷及第八十七卷改編一卷，總爲八十五卷，末載嘉慶八年歲在癸亥四月十九日介亭未定稿。《續歷城縣志》二十二卷藝文志云：天禄自序略曰‘愚少不慧，雖多所涉獵，博愛而情不專，碌碌無成，年四十矣。因思春秋視他經較熟，似易爲力，爰取四傳及欽定彙纂諸家説，反覆涵詠，不敢有心求異，亦不敢成見是拘，惟令字字句句與身心有關，苦心孤詣三十餘年，非敢問世也。亦惟後之見者，鑒予老大徒悲之夫’。民國三十六年閏二月二十四日趙級三誌于奎文齋書店。”《中國古籍善本書目》著録；《山東文獻集成》影印。

四書摘訓二十卷

（明）丘橓輯，明萬曆十至十一年周裔先等刻本（瑩雪批注）。

橓，字月林，一字懋實，諸城人。嘉靖二十二年舉人，二十九年成進士。授行人，行取刑科給事中。時嚴氏用事，賄賂

四書摘訓序

不佞始垂髫習句讀則先大父時為解說書義輒口誦蒙引存疑大略敦杖命不佞也既稍長屈首受博士業頗取二編下帷研沫之見其羽翼註疏大明極備犂然有當於心竊嘖嘖稱賞謂安得主盟斯道者舒隻臂表章班布之學宮

閩胡仲高刊

四書摘訓二十卷

公行，公獨謝絕私餽。有撫臣以金餉者，首疏劾之，并以自劾曰：使臣犬馬之赤裹純然足信，羔羊之素節凛矣難干，暮夜之金，奚爲而至臣之門哉。海內傳誦之。累升兵科都給事中，屬以邊事。會逮總督楊選，上怒公不早劾，杖六十，斥爲民。出京，敝衣策蹇，圖書一肩。穆宗在潛邸，歎異之。即位，起禮科都給事中，尋升大理少卿。當道者陽親實疎，急請告退。杜門誦經史，引進諸生，以《四書》、《禮經》各行講義，失聖賢心，乃各注《摘訓》一部，意精理正，士皆服習之。傳見康熙《青州府志》、乾隆《諸城縣志》。《中國古籍善本書目》著錄；《山東文獻集成》影印。

新刻七十二朝四書人物考注釋四十卷

(明)薛應旂輯，(明)焦竑注，明萬曆三十六年書林舒承溪刻本。

應旂，字仲常，武進人，嘉靖乙未（十四年）進士，官至陝西按察司副使。竑字弱侯，應天旂手衛籍，山東日照人，萬曆己丑進士第一，授翰林院修撰，尋遷東宫講讀官，謫福寧州州同，事跡具《明史·文苑傳》。《四庫全書總目》著錄《四書人物考》四十卷《補考》八卷（入存目），提要云："是編於《四書》所載人物，援引諸書，詳其事跡。凡記三卷，傳三十七卷。記、傳之末，各系以論贊，蓋仿宋王當《春秋臣傳》之體。中間多採雜説，而不著所出。其自序有云：'泛引雜證，雖嘗删次，而文章事行，苟有裨於問學治理者，或在所錄，固不敢過求其真贋也。'其得失固自知之矣。間有附注，題閩朱焯維盛撰，其言頗爲淺陋。《續考》八卷，題應旂元孫宋編。雜考《四書》名物，餖飣尤甚。明代儒生，以時文爲重，時文以《四書》爲重。遂有此類諸書，襞積割裂，以塗飾試官之耳目。斯亦經術之积弊。非惟程、朱編定《四書》之時不料其至此，即元延祐用《四書》義，明洪武定三場法，亦不料其至此者矣。”《四庫全書存目叢書》據明嘉靖刻本影印，焦竑注本則未收錄。

四書傳習心譚不分卷

（明）劉必紹撰，（明）劉濡恩輯，明萬曆崔承祀刻清修本。

必紹，字紹文，别號文石，文登人，隆慶戊辰選貢，官保安知州，《文登縣志》本傳後附有邑人吕潤蕃撰《劉文石先生傳》。是書自序成於萬曆十五年，即必紹在保安訓諸生時所作也。其書皆講明《四書》，而間及時事。以天德王道爲指歸，以心學爲宗旨，亦王文成之支流。而與朱子相依附，爲《大學補傳》作解，尚遵功令也。以《關雎》爲太姒羨後作，亦爲别解。

新鐫顧九疇四書詳說十卷

（明）顧錫疇撰，明天啓二年顧錫疇刻本。

錫疇，字九疇，號瑞屏，崑山人，萬曆己未進士，崇禎末官至南京禮部侍郎，福王時進尚書，後爲總兵官賀君堯所殺，事跡具《明史》本傳。《四庫全書總目》載其《綱鑒正史約》三十六卷、《秦漢鴻文》二十五卷，此書則未見著錄，蓋亦罕見之本。

重廣陳用之學士真本八經論語全解義十卷

(宋) 陳祥道撰，清乾隆抄本 (清朱筠批校)。

祥道，北宋福州人。字用之。爲北宋經學家。英宗 (趙曙) 治平間進士。哲宗 (趙煦) 元祐中累官太常博士，官至秘書省正字。爲學貫通經傳，尤精於“禮”。著有《禮書》，多抨擊鄭學，解說“禮”之名物，間以繪圖，爲時所重。另著有《論語全解》。

論語講義一卷

(明) 周如砥撰，明抄本 (清周志謙跋)。

如砥字季平，號礪齋，即墨人，萬歷己丑進士，歷官國子祭酒，贈禮部右侍郎，謚文穆。是書藏即墨市圖書館，《中國古籍善本書目》著錄，爲孤本。

七篇指略七卷

(清) 王訓撰，清康熙十二年自刻本。

訓，字敷彝，一字念泉，别號悔齋，安丘人，順治丁亥 (四年) 進士，官萬泉知縣。《渠亭山人半部藁》有《文林郎山西平陽府萬泉縣知縣王公行狀》。是書首有自序略云：“亥冬大雪，隔絕人事，兀坐荒齋，重讀《孟子》七篇，務緣詞以通其意。温故知新，隨得輒錄，寢食凡再周年，丹鉛已四易稿，名曰《指略》。”

中庸瞽談一卷

（清）張士保撰，稿本。

士保，號鞠如，掖縣人，道光壬辰（十二年）副貢，同治初主講尚志堂，晚年選臨淄教諭，卒於官。是書是闡釋《中庸》之書，《中國古籍善本書目》著錄。另國家圖書館藏有清抄本。

洪武正韻十六卷

（明）樂韶鳳、宋濂等撰，明萬曆三年司禮監刻本。

明洪武中奉敕撰。時預纂修者爲翰林侍講學士樂韶鳳、宋濂，待制王僎，修撰李叔允，編修朱右、趙壎、朱廉，典簿瞿莊、鄒孟達，典籍孫蕡，答祿與權，預評定者爲左御史大夫汪廣洋、右御史大夫陳寧、御史中丞劉基、湖廣行省參知政事陶凱。書成於洪武八年，宋濂奉敕作序。有《四庫全書》本，《四庫全書總目》提要云：大旨斥沈約爲吳音，一以中原之韻更正其失。併平、上、去三聲各爲二十二部，入聲爲十部。於是古來相傳之二百六部，併爲七十有六。其注釋一以毛晃《增韻》爲稿本，而稍以他書損益之。蓋歷代韻書，自是而一大變。考《隋志》載沈約《四聲》一卷，新、舊《唐書》皆不著錄，是其書至唐已佚。陸法言《切韻序》作於隋文帝仁壽元年，而其著書則在開皇初。所述韻書，惟有吕靜、夏侯該、陽休之、周思言、李季節、杜臺卿六家，絕不及約。是其

●其喫緊則用大圈○精華則用中圈○文采則用點、敘文傳神過接及疊句疊字則用尖圈◇提挈對待事實則用雙抹‖大截則用鉤乚小截則用畫一欲學者開卷燎然可望而知

一句讀關係文理今依昔人校書之法於句絕傍加小圈讀分中加小圈句讀明白則文理秩如

一某字係某聲某音某反朱子俱載本文下今不更及獨摘其易混者附諸卷末

訓謹識

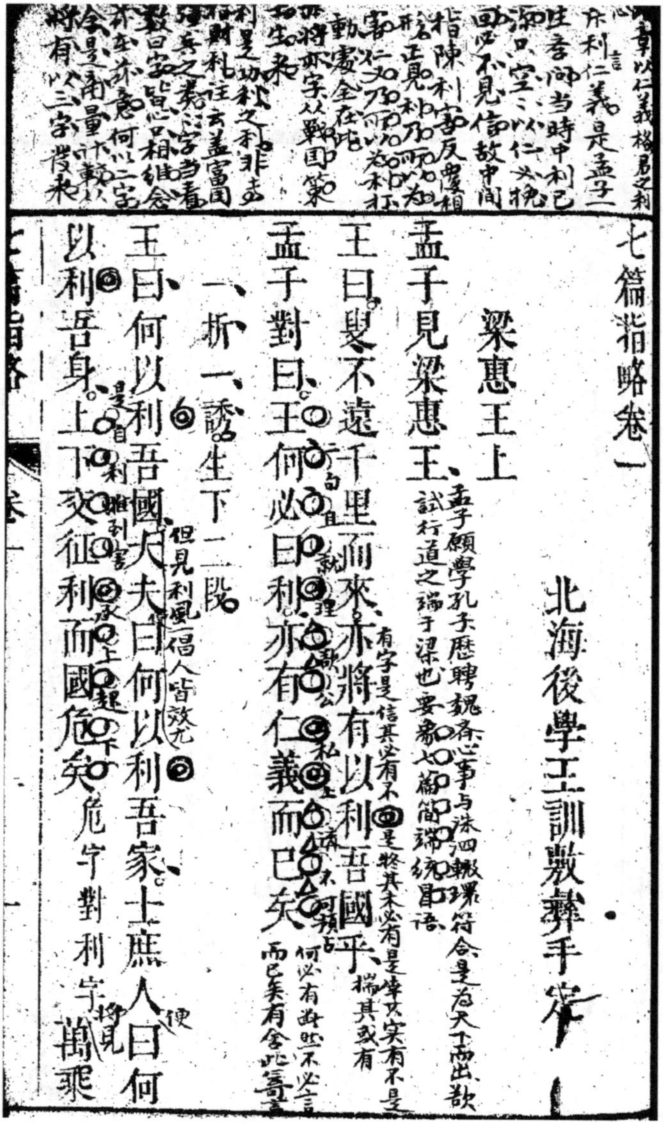
七篇指略卷一
北海後學王訓敷彝手
梁惠王上
孟子見梁惠王。
王曰叟不遠千里而來亦將有以利吾國乎。
孟子對曰王何必曰利亦有仁義而已矣。
一析一誘生下二段
王曰何以利吾國大夫曰何以利吾家士庶人曰何
以利吾身上下交征利而國危矣

七篇指略七卷

中庸瞽談

掖邑張士保學

天命之謂性率性之謂道修道之謂教 命者根原主使之意天命即詩所謂維天之命乃剛健中正純粹之乾精也此別乎人之身命而言人之身命秉之於父母依陰陽氣數而成故有不同於虛空粉碎粉碎虛空之中乾道變化與氣數者如合而凝夫是之謂性此是從性之極原處說即人說性便落形氣子曰性相近是隨順常人能見到者權作指點耳道借理路而名是通用字此則言其第一義論其本來率性之自然便是道然非生知不能下此賴聖人指與以修道之門則教之謂也〇〇此為一段△鄭重落筆揭一書之綱領首句見子思於性與天道獨得真傳洩盡密秘以示人此句與末上天之載相呼應次二句與自誠明謂之性自明誠謂之教相呼應〇此命帝亦不得主只是乾道變化一個真我從空中來變化以成人之性而

書隋時已不行於北方。今以約集詩賦考之，上、下平五十七部之中，以東、冬、鍾三部通，魚、虞、模三部通，庚、耕、清、青四部通，蒸部、登部各獨用，與今韻分合皆殊。此十二部之仄韻，亦皆相應。他如《八詠》詩押“葦”字入微韻，與《經典釋文》陳謝嶠讀合；《梁大壯舞歌》押“震”字入真韻，與《漢書·叙傳》合；《早發定山》詩押“山”字入先韻，《君子有所思行》押“軒”字入先韻，與梁武帝、江淹詩合；《冠子祝文》押“化”字入麻韻，與《後漢書·馮衍傳》合，與今韻收字亦頗異。濂序乃以陸法言以來之韻指爲沈約，其謬殊甚。法言《〈切韻〉序》又曰：“昔開皇初，有儀同劉臻等八人，同詣法言門宿，論及音韻。以今聲調既自有别，諸家取捨亦復不同。吳、楚則時傷輕淺，燕、趙則多傷重濁。秦、隴則去聲爲入，梁、益則平聲似去。江東取韻，與河北復殊。因論南北是非，古今通塞，欲更捃選精切，除削疏緩，蕭、顔多所决定。魏著作謂法言曰：‘向來論難，疑處悉盡，我輩數人，定則定矣。’法言即燭下握筆略記綱記。”今《廣韻》之首，列同定八人姓名，曰劉臻、顔之推、魏淵、盧思道、李若、蕭該、辛德源、薛道衡，則非惟韻不定於吳人，且序中“江左取韻”諸語，已深斥吳音之失，安得復指爲吳音？至唐李涪，不加深考，所作《刊誤》，横肆譏評，其誣實甚。濂在明初，號爲宿學，不應沿訛踵謬至此。蓋明太祖既欲重造此書，以更古法，如不誣古人以罪，則改之無名。濂亦曲學阿世，强爲舞文耳。然源流本末，古籍昭然，天下後世何可盡掩其目乎？觀《廣韻》平聲三鍾部“恭”字下注曰：“陸以恭、蜙、縱等入冬韻，非也。”蓋一紐之失，古人業已改定。又上聲二腫部“湩”字下注曰：“冬字上聲。”蓋冬部上聲惟此一字，不能立部，附入腫部之中，亦必注明，不使相亂。古人分析不苟，至於如此。濂乃以私臆妄改，悍然不顧，不亦傎乎！李東陽《懷麓堂詩話》曰：“國初顧祿爲宫詞，有以爲言者，朝廷欲治之。及觀其詩集，乃用《洪武正韻》，遂釋之。此書初出，亟欲行之故也。”然終明之世，竟不能行於天下，則是非之心，終有所不可奪也。又周賓所《識小編》曰：“洪武二十三年，《正韻》頒行已久，上以字義音切尚多未當，命詞臣再校之。學士劉三吾言：‘前後韻書惟元國子監生孫吾與所纂《韻會定正》，音韻歸一，應可流傳。’遂以其書進。上覽而善之，更名《洪武通韻》，命刊行焉。今其書不傳”云云，是太祖亦心知其未善矣。其書本不足錄，以其爲有明一代同文之治，削而不載，則韻學之沿革不備。猶之記前代典制者，雖其法極爲不善，亦必錄諸史册。固不能泯滅其跡，使後世無考耳。

新刊增補古今名家韻學淵海大成十二卷

（明）李攀龍輯，明刻本（佚名批校）。

攀龍，字于鱗，歷城人，嘉靖甲辰（二十三年）進士，官至河南按察使，事跡具《明史·文苑傳》。是書前無序例。蓋取坊間僞託攀龍所著《韻學事類》、《詩學事類》二書合併成編。《新刻韻學事類》十二卷，有明萬曆胡文煥文會堂刻《格致叢書》本，國家圖書館等藏，《四庫全書存目叢書》影印。《新刊增補古今名家韻學淵海大成》十二卷，有明刻本，山東省圖書館等藏。

洪武正韻卷第一

平聲

一東

東 德紅切春方也說文動也从日在木中漢志少陽者東方東動也陽氣動於時爲春又陽韻俗作東 涷 暴雨離騷云使涷雨兮灑塵郭璞曰江東呼夏月暴雨爲涷又水名出發鳩山入河一曰瀧涷沾漬又送韻 蝀 螮蝀虹也又董送二韻 冬 四時之末漢志冬終也物終藏乃可稱 零 雨貌 ○通 佗紅切達也徹也 侗 大貌一曰未成器之人又見下又董韻 恫 痛也說文作恫又送韻 俑 同上又偶人又董韻 桐 漢安世房中歌桐生茂豫顏師古曰桐讀爲通言草木皆通達而生與通義同又見下 蓪 藥草有小孔通

洪武正韻十六卷

古音獵要五卷古音略例一卷古音叢目五卷轉注古音略五卷古音余五卷古音附録一卷奇字韻一卷

(明) 楊慎撰，明嘉靖李元陽刻本。

是書半頁九行，行二十字，白口，上單白魚尾，左右雙邊。《古音獵要》卷一卷端題蜀升菴楊慎用脩著。《古音叢目》卷一卷端題明董難著，李元陽校。卷一第一頁版心下有刻工江盛。慎，字用修，號升庵，四川新都人，正德辛未（六年）進士第一，授翰林院修撰，以諫大禮謫戍滇中，事跡具《明史》本傳。是書有《四庫全書》本，《四庫全書總目》提要云：是四書雖各爲卷帙，而核其體例，實本一書。特以陸續而成，不及待其完備，每得數卷，即出問世，故標目各别耳。觀其《古音獵要》東、冬二韻，共標鞠、朋、衆、務、調、夢、窗、誦、雙、明、萌、用、江十三字，與《古音叢目》東、冬二韻所標者全復，與《古音餘》東、冬二韻所標亦復五字。是即隨所記憶，觸手成編，參差互出，未歸畫一之明證矣。其書皆仿吴棫《韻補》之例，以今韻分部，而以古音之相協者分隸之。然條理多不精密。如《周易·涣·六四》“涣有丘，匪夷所思”，“丘”與“思”爲韻；《无妄·六三》“无妄之災，或繫之牛，行人之得，邑人之災”，“災”古音“菑”，“牛”古音“尼”，與“災”爲韻；《繫辭》“乾以易知，坤以簡能”，“能”古音“奴來反”，與“知”爲韻。慎於《古音叢目》支韻内“丘”字下但注云：“《詩》”；“牛”字下但注云：“《楚詞》”；“能”字下則並不注出典。又《繫辭》：“神而化之，使民宜之。”慎於《古音叢目》五歌韻内知“宜”字之爲“牛何切”，下注云：“《易》：神而化之”。爲“燬禾切”，則但注云：“見《楚詞》。”又《易》彖傳“父父，子子，兄兄，弟弟，夫夫，婦婦”，“婦”與“子”及“弟”字爲韻。慎於《古音叢目》四紙韻内“婦”字下，但引《西京賦》作“房詭切”。《豐·六二》：“豐其蔀，日中見斗”，“蔀”古音“蒲五切”，“斗”古音“滴主切”，故《九四》“蔀”、“斗”二字與“主”爲韻。又《繫辭傳》：“無有師保，如臨父母”，“母”字與上度、懼、故爲韻。慎於《古音叢目》語、麌韻内“无”字下但注云：“《毛詩》”，“母”字下但注云：“《易林》”。凡此皆不求其本，隨意捃摭。又古音皆其本讀，非可隨意諧聲，輾轉分隸。如江韻之江、窗、雙、控四字，《古音獵要》皆收入冬韻是也。而《古音叢目》又以東韻之“紅”、冬韻之“封”、“龍”三字收入江韻。考《易·說卦傳》：“震爲雷、爲龍”，虞翻、干寶並作“駹”。《周禮·巾車》：“革路龍勒”，注：“駹也”。駹車，故書作龍車。《犬人》：“凡幾珥沈辜，用駹可也”，注：“故書作龍。”則“駹”本音“龍”。以在東韻爲本音，不容改“龍”以叶“駹”。“封”與“邦”通，“邦”之古音諧“丰”聲，“紅”與“江”通，“江”之古音諧工聲。亦以東、冬爲本韻，不得改封、紅以入江也。蓋慎博洽過陳第，而洞曉古音之根柢則不及之。故蒐輯秦漢古書，頗爲該備，而置之不得其所，遂往往舛漏牴牾。以其援據繁富，究非明人空疏者所及。故仍錄其書，以備節取焉。

筵雕俎匪玉珧海月土肉石華莫珍也若

夫食馬肝膾蝦蟇君將言之

嘉靖乙未長至之月楊慎書

古音獵要五卷古音略例一卷古音叢目五卷轉注古音略五卷古音余五卷古音附錄一卷奇字韻一卷

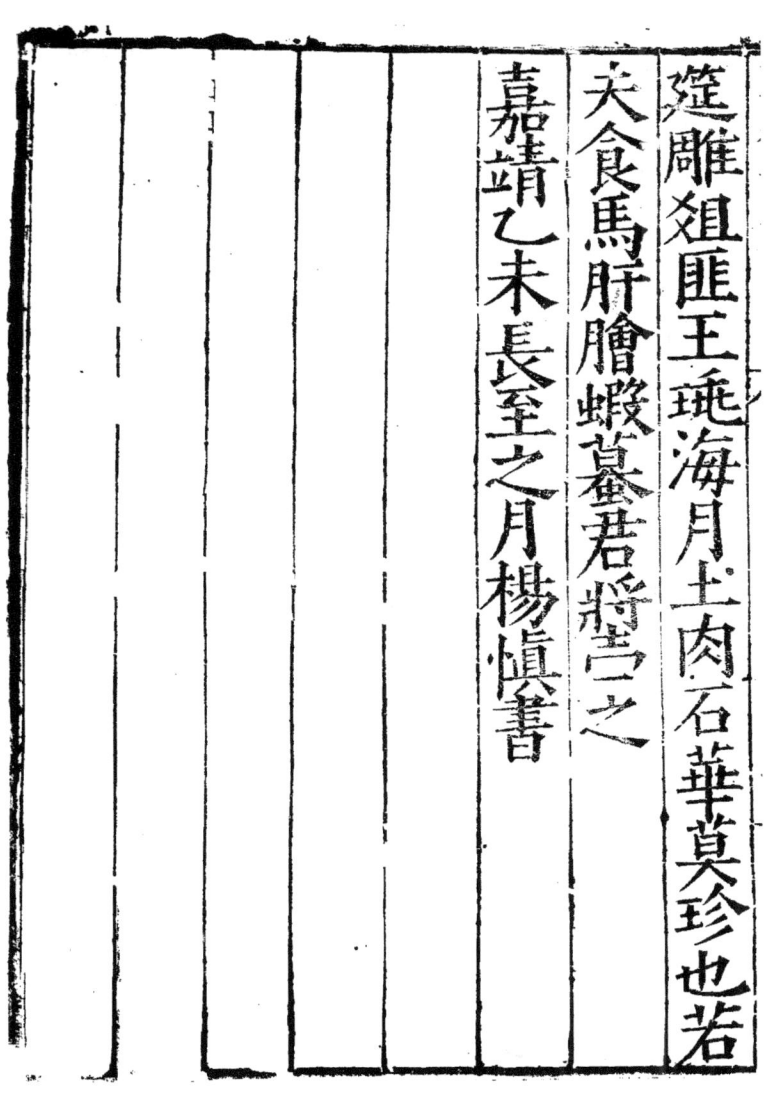

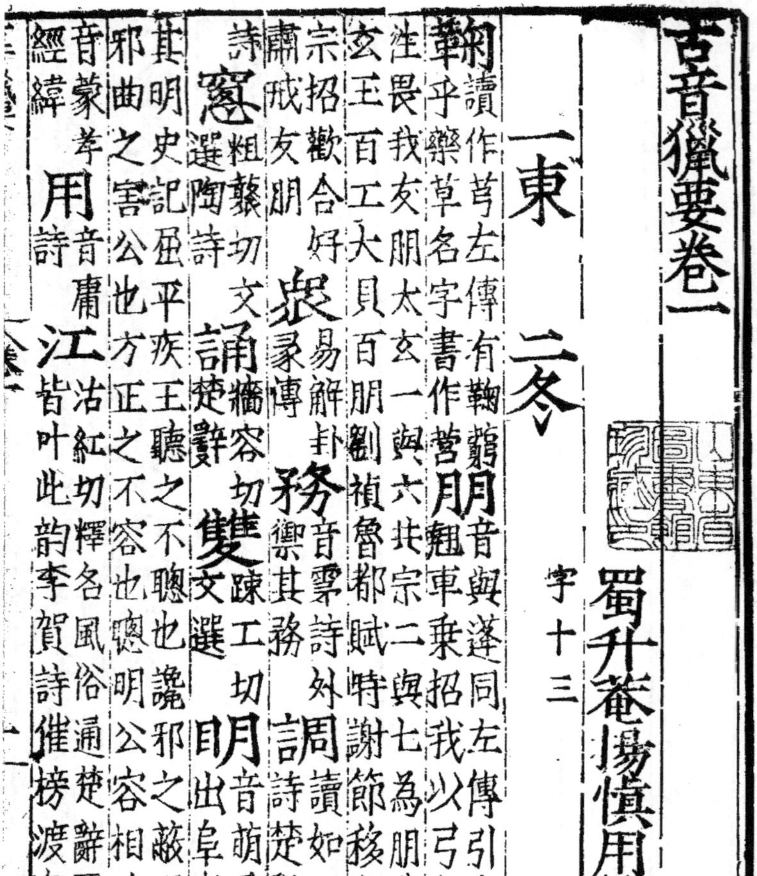

古音獵要卷一
蜀升菴楊慎用脩著
一東　二冬
字十三
鞠讀作芎左傳有鞠窮朋音與蓬同左傳引逸詩翹
乎藥草名字書作营翹車乘招我以弓豈不欲
往畏我友朋太玄一與六共宗二與七為朋淮南子
玄王百工大貝百朋劉楨魯都賦特謝節移和族綏
宗招歡合好衆易解卦務音霁詩外調讀如同石
肅戒友朋彖傳禦其務詩楚辭夢崇
詩窻粗叢切文誦牆容切雙疎工切明音萌易林日
選陶詩楚辭文選出阜東山蔽
其明史記亟平疾王聽之不聰也譊邪之蔽明也萌
邪曲之害公也方正之不容也聰明公容相叶
音蒙孝用音庸江沽紅切釋名風俗通楚辭晉童謠
經緯詩皆叶此韵李賀詩催榜渡烏江神

古音獵要五卷古音略例一卷古音叢目五卷轉注古音略五卷古音余五卷古音附錄一卷奇字韻一卷

古今韻會舉要小補三十卷

(明) 方日升撰，明萬曆三十四年周士顯建陽刻本。

是書半頁八行，行字，白口，上單魚尾，四周單邊。版心上鐫韻會小補。日升，字子謙，永嘉人。萬曆間館於京山李維楨家，成此書，維楨門人周士顯令建陽時刻之。元熊忠有《古今韻會舉要》三十卷，收一萬二千六百五十二字。是書一從其舊，無所增減。惟每字考其某音爲本音，某義爲本義。其餘音義，次第附後。注文多所增益。凡一字有數音者列於前，如止有一音者則云“獨音”，列於後。若字在他韻而可讀入此韻者則云“古讀”，可叶入此韻者則云“古叶”，亦並附於後。其蒐討頗勤，於原書之外多有援引辯正。

韻略滙通二卷

(明) 蘭茂撰，明崇禎十五年畢拱辰刻本。

茂字廷秀，號止庵，雲南嵩明人，洪武年王驥征麓川，嘗獻方略，事見李澄中《蘭隱君祠堂記》（載雍正《雲南通志·藝文》）。是書乃掖縣畢拱辰删補即其原書加以分合删補，以便童蒙。

目錄

十藥與鐸通　十一陌與麥昔通

二十九卷

十二錫獨用　十三職與德通

三十卷

十四緝獨用　十五合與盍通

十六葉與帖業通　十七洽與狎乏通

古今韻會舉要小補三十卷

古今韻會舉要小補卷之一

一東目錄 每字有數音餘倣此

公蚣功攻玒空悾崆東涷通恫
侗同桐銅詷童瞳曈橦潼筩蓬
芃蒙幪矇濛艨曚罞鄸瞢夢風
楓豐酆蘴麷渢嵏稯緵堫鬷猣
⿰車㚇艐㚇豵葱悤聰叢潨潀中忠
衷終螽鼨⿱雨衆充忡崇漴翁𦑝蓊

古今韻會舉要小補三十卷

九居魚　十呼模
十一皆來　十二蕭豪
十三戈何　十四家麻
十五遮蛇　十六幽樓
以上十韻俱無入聲

韻略匯通目錄終

韻略匯通二卷

韻畧匯通卷上

止菴蘭　芳編次

東萊宿　度舊梓

同郡畢拱辰更定

一東洪

東

(平)惪紅　東東方　冬四季之一　涷暴雨　鬉|鬆白髮　(上)董督也正也

懂懵|心亂　湩裯濁又乳汁　漌物墮水聲　(去)洞幽壑又通也又音同洪|縣

動搖也作也　衕通街　凍水|又平聲　胴大腸　棟屋脊　蝀螮|虹也又平

五雅四十一卷

（明）郎奎金輯，明天啓六年郎氏堂策檻刻本。

奎金，事跡不詳。是書取《爾雅》、《小爾雅》、《廣雅》、《埤雅》、《逸雅》（即《釋名》）五書合刻，名曰“五雅”。以四書皆有“雅”名，遂改題《釋名》爲《逸雅》，以從其類。

釋名疏證八卷補遺一卷續釋名一卷

（清）畢沅撰，清乾隆五十五年畢氏靈岩山館刻經訓堂叢書本（清許瀚、王筠批校並跋）。

沅，字湘蘅，一字秋帆，自號靈岩山人，江蘇鎮洋人。乾隆進士，官至湖廣總督。畢沅博學多才，精通經史、小學、金石、地理，尤其擅長校勘考證，一生著述頗豐，撰有《傳經表》、《經典文字辨正》、《靈岩山人詩集》、《靈岩山人文集》、《晉書地理志校注》、《山海經新校注》、《釋名疏證》等。劉熙《釋名》的訓釋有時和《爾雅》、《說文》等書不同，畢氏取群經及《漢書注》、唐宋類書、道、釋二藏相互參校，表其異同，糾正《釋名》缺失。又把群書引《釋名》而今《釋名》闕的輯錄爲《補遺》一卷附在書後。其後王先謙以畢書發揮未盡，又有《釋名疏證補》以補其不足。

目錄終

釋名疏證八卷補遺一卷續釋名一卷

釋名疏證卷第一

漢劉熙著

釋天　釋地　釋山　釋水　釋丘　釋道

釋天

天豫司兗冀以舌腹言之天顯也在上高顯也莊子釋文引作高顯在上也青徐以舌頭言之天坦也坦今本譌作垣玉篇廣韻釋文莊子釋文初學記太平御覽廣韻疏證引作坦據改坦然高而遠也案說文云天顛也是亦以舌頭言之者春曰蒼天陽氣始發色蒼蒼也夏曰昊天其氣布散顥顥也顥今本作皓俗字也說文曰顥白皃从頁景楚詞曰天白顥顥據此當作顥秋曰旻天旻閔也物就枯落可閔傷也冬曰上天其氣上騰與地絕也故月令曰天氣上騰地氣下降案爾雅曰春為蒼天夏為昊天秋為旻天冬為上天李巡注云春萬

釋名疏證八卷補遺一卷續釋名一卷

方言釋義十三卷

(清) 王維言撰，稿本。

是書半頁六行，行二十二字，白口，四周雙邊，版心鐫“玉映樓全集”。藍格。

説文解字繫傳四十卷附録一卷

(南唐) 徐鍇撰，清乾隆四十七年汪啟淑刻本（清王筠批校並録朱文藻跋）。

鍇，字楚金，廣陵人，南唐時官至右內史舍人，宋兵下江南，卒於圍城之中，事跡具《南唐書》本傳。是書有《四庫全書》本，《四庫全書總目》提要略云：凡八篇。首《通釋》三十卷，以許慎《説文解字》十五篇，篇析爲二。凡鍇所發明及徵引經傳者，悉加“臣鍇曰”及“臣鍇案”字以別之。繼以《部敘》二卷，《通論》三卷，《祛妄》、《類聚》、《錯綜》、《疑義》、《系述》各一卷。《祛妄》斥李陽冰臆説。《疑義》舉《説文》偏旁所有而闕其字及篆體筆畫相承小異者。《部敘》擬《易·序卦傳》，以明《説文》五百四十部先後之次。《類聚》則舉字之相比爲義者，如一二三四之類。《錯綜》則旁推六書之旨，通諸人事，以盡其意。終以《系述》，則猶《史記》之《自敘》也。

漢隸字源五卷碑目一卷附字一卷

(宋) 婁機撰，明崇禎毛氏汲古閣刻本（清袁棠跋)。

是書半頁五行小字十七字，碑目一卷半頁九行十九字，左右雙邊，白口，版心中間刻“漢隸字源”字樣，版心下刻頁數和“汲古閣”字樣。是書鈐有“山東省圖書館珍藏之印”“孫十七所得書畫印”“孫氏季子”“臣袁棠印”“湘湄”“校書巢”“鈞調之章”。前有慶元三年（1197）洪邁的序。婁機，字彥發。嘉興人。乾道二年進士。寧宗朝累官禮部尚書，兼給事中，權知樞密院事，兼太子賓客，進參知政事，提舉洞霄宮。事跡具《宋史》本傳。洪序云：“《漢隸字源》六帙，檇李婁君彥發所輯也。其書甚清，其意甚勇，其考賾甚精，其立說甚當，其沾丐後學甚篤。凡見諸石刻，若壺鼎刀鏡，盆槃洗甓，著錄者三百有九，起東京建武，訖鴻都建安。殆二百年，濫觴于魏者僅卅而一。光和骨立，開元贔屓點畫之鑪錘，法度之突奥，假借之同而異，嵸縱之簡而古。合蔡中郎諸人筆力，通神之妙，皆聚此編憶。吾兄文惠公自壯至老耽癖弗懈，嘗區別爲五種書，曰釋、曰纘、曰韻、曰圖、曰續，四者備矣。唯韻書不成，以爲蠹竭，目力於摹寫至難。鶩旦旦而求之，字字而仿之。雖衆史堵廧，孫男魚貫，不堪替一筆也。功之弗就，使獲覩是書且悉循其隸釋次第。志之所底不謁而同正應僂，然起立興不得，並時之歎，彥發曩歲有《班馬字類》突過諸家漢史之學，予嘗序之矣。今此帙刊於高明臺，方通守吾州，朱墨鮮暇，趣了官事竟，輒蕭然一室中，廝輿側睨，但見其放策欠身，搔頭揩眼，而用心獨苦之狀。固所不克，知彥發泝學有原委，工詞章，身端行治，名最三吳，而諸公貴人不解。收拾使周鼎斡棄與康瓠等。予傾備侍從承。清問於燕間，宣昭聲光，宜不辭費。顧亦不能一出諸口心焉。負愧聊復再暢，叙以自釋云。慶元三年十二月朔旦，野處洪景盧序。”是書入《四庫全書總目》經部小學類字書之屬，《總目》云：“其書前列考碑、分韻、辨字三例。次《碑目》一卷，凡漢碑三百有九，魏晉碑三十有一，各記其年月地里，書人姓名，以次編列，即以其所編之數注卷中碑字之下，以省繁文。次以《禮部韻略》二百六部分爲五卷，皆以真書標目，而以隸文排比其下。韻不能載者十四字，附五卷之末終焉。其文字異同，亦隨字附注。如後漢《修孔子廟禮器碑》內韓明府名敕，字叔節，歐陽修謂前世見於史傳，未有名敕者。而此書引《繁陽令楊君碑》陰亦有程敕，以證《集古錄》考核之疏。又若曲江之爲曲紅，引《周憬碑》‘遭罹’之爲‘遭離’，引《馬江碑》‘陂障’之爲‘波障’，引《孫叔敖碑》‘委蛇’之爲‘隋’，引《衡方碑》於古音古字，亦多存梗概，皆足爲考證之資，不但以點畫波磔爲書家模範已也。”《中國古籍善本書目》著錄。北京圖書館、上海圖書館、山東省圖書館藏。按：婁氏此書在其刊刻發行后，影響深遠，有清一代研治隸書者無不參稽此書，清翟云升所撰《隸篇》一書，于編纂體例方面雖有創新，亦多所效法婁氏之書。山東圖書館所藏該書有袁棠跋曰：“乾隆丁酉春，吳江袁棠湘湄氏買藏，用錢一千三百。”雖寥寥數語，但于研究當時書籍價格行情，該書遞藏關係亦大有裨益。

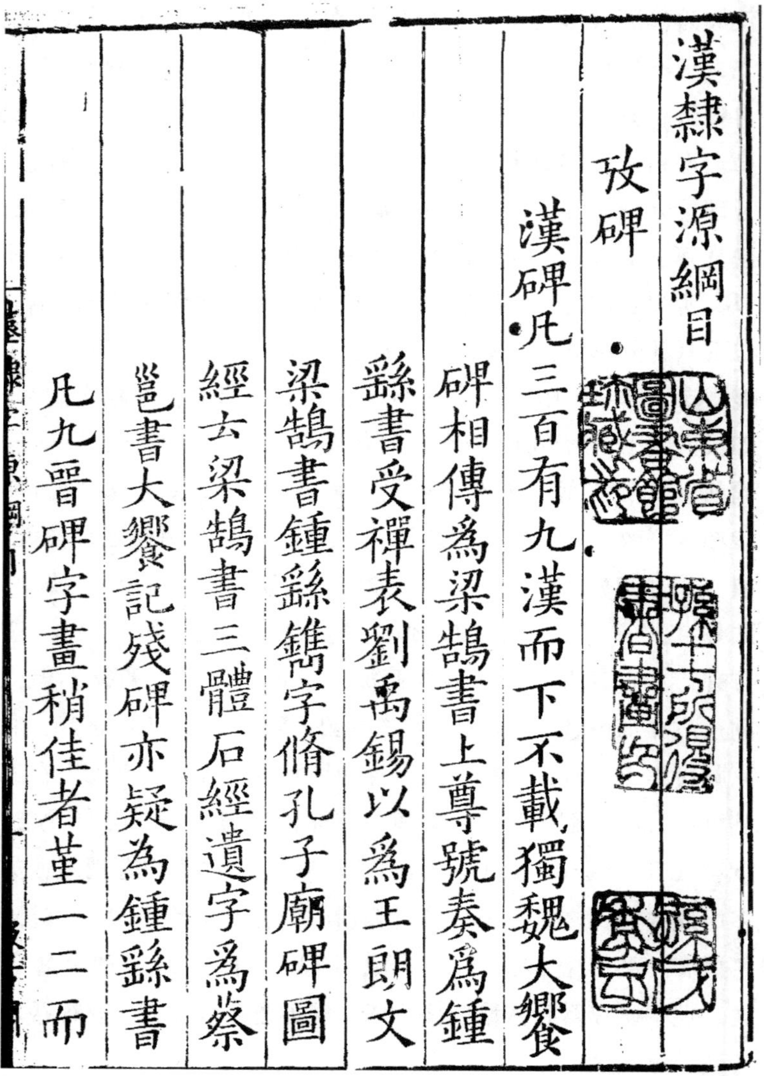
漢隸字源綱目
攷碑
漢碑凡三百有九漢而下不載獨魏大饗
碑相傳為梁鵠書上尊號奏為鍾
繇書受禪表劉禹錫以為王朗文
梁鵠書鍾繇鐫字脩孔子廟碑圖
經云梁鵠書三體石經遺字為蔡
邕書大饗記殘碑亦疑為鍾繇書
凡九晉碑字畫稍佳者堇一二而

漢隸字源五卷碑目一卷附字一卷

六書正譌五卷

(元) 周伯琦撰，明傅鑒影元抄本。

伯琦，字全温，饒州人，官至兵部侍郎。《四庫全書總目》云：“明嘉靖元年，滁陽于器之重刊於浙中，瓊州黃芳爲序。崇禎甲戌，胡正言又重刊之。”稱其書“不及張有《復古編》之精密，而亦不至如楊桓《六書統》之糅雜。”

同文備考八卷首三卷聲韻會通一卷韻要粗釋四卷

(明) 王應電撰，明嘉靖三十六年王敬所刻萬曆三十年重修本。

應電字昭明，崑山人，嘉靖中遭倭亂，避居江西，終於泰和。是書《中國古籍善本書目》著錄。《四庫全書總目》作《同文備考》八卷附《聲韻會通韻要粗釋》二卷，入存目，提要云：是編考辨文字聲音。其學出於魏校，而乖僻又過其師。前有自序，謂《洪武正韻》間以小篆正楷書之訛，而未嘗以古文正小篆之謬。於是著爲是書，取古文篆書而修定之，並欲以定正許慎《說文》之失。襲戴侗之遺法，分爲八類：曰天文，曰地理，曰人容，曰人道，曰人體，曰動物，曰植物，曰用物。舉是八綱，以領其目。又舉諸目以附綴偏旁，系屬諸字。考書有古文，有大篆，有小篆。三代以下，得以考見六書大略者，惟賴小篆之存。得以考見小篆本旨者，惟賴《說文》始“一”終“亥”之目。州居部次，不相淩亂。是以上通古籀，下貫隸、楷，猶可知其異同因革之由。若大篆則見於《說文》者不及二百字，即《岐陽石鼓》傳爲籀書，尚不能盡目爲大篆。況古文見於《說文》與出於鍾鼎者已自不同，必欲併合論之，名爲復古，實則鑿空。遂至杜撰字體，臆造偏旁，竟於千百世後，重出一製字之倉頡，不亦異乎？且既不信《說文》矣，而於《說文》引述諸經文句互異者，乃反據以駁正經文。不知漢代經師多由口授，被諸竹帛，往往異文。馬、鄭以來諸儒，商榷折衷，乃定爲今本。慎書所據，如《易》用孟喜之類，其序本有明文，不過當時一家之學。應電乃執爲古經，拘泥殊甚。至所附《聲韻會通韻要粗釋》二卷，改字母爲二十八，改韻類爲四十五，爲橫圖以推衍之。其於古今異宜，南北異讀，皆所不考。合其所不當合，分其所不當分。又每字合以篆體，端緒叢雜，如治亂絲。亦可云勞而鮮功矣。

說文校議十五卷

(清）姚文田、嚴可均撰，清道光十九年王筠抄本（清王筠批校並跋)。

姚文田，字秋農。長於《說文》之學。在古音研究方面，合《廣韻》平上去定爲十七部，分爲七類，入聲九部，總爲一類。姚氏主張諧聲之法不外“聲相近”、“聲之轉”兩途。他在《說文聲系自序》中說：“聲近者，則屢變而不離其宗；聲轉者，則再轉即爲異類。”以此來解釋《說文》諧聲與《詩》韻之異同。古音方面著有《說文聲系》十四卷、《古音諧》八卷、《古音轉略》(未詳卷數)。文字學方面著有《說文校議》、《說文解字考異》各三十卷。是書約成于嘉慶十年

(1805)，致力於恢復許慎《說文解字》的本來面目，專“正徐鉉之失”，認爲。《說文》未明，無以治經”。作者以嚴謹的態度，依據《說文》小徐系傳本和毛氏初印本及其他古籍，對徐鉉本《說文》做了大量的校勘和考訂。全書分三十篇，列舉共三千四百條，逐條援引古書考訂，並注明出處，疑者闕之。另對原書疏漏之處亦有補充。前十四卷校訂正文，第十五卷上校訂原字，卷末均注明所校條數，書末總校條數。今存有同冶十三年（1874）歸安姚氏刻本。可均弟嚴章福有《說文校議議》三十卷，對《校議》作了補正，有《吳興叢書》本。

文字蒙求四卷

(清）王筠撰，稿本（清陳山嵋跋)。

筠，字貫山，號菉友，安丘人，道光辛巳（元年）舉人。是書蓋應其同年友益都陳嵋之請而輯之，以便蒙者也。此本原藏山東省圖書館，此外又有山東省博物館藏稿本，福建省圖書館藏清抄本，清道光十八年益都陳山嵋刻本（初名《字學蒙求》)，清道光二十六年自刻本，清光緒五年常熟鮑氏刻本(《後知不足齋叢書》之一）等。又有固安高潤生箋注本，作《文字蒙求箋》三卷。

釋例補正二十卷

(清）王筠撰，稿本。

王筠《說文釋例》刊於道光丁酉，爲目凡五十有四。自卷一指事至卷九列文變例皆論篆籀，自卷十說解正例至卷十二

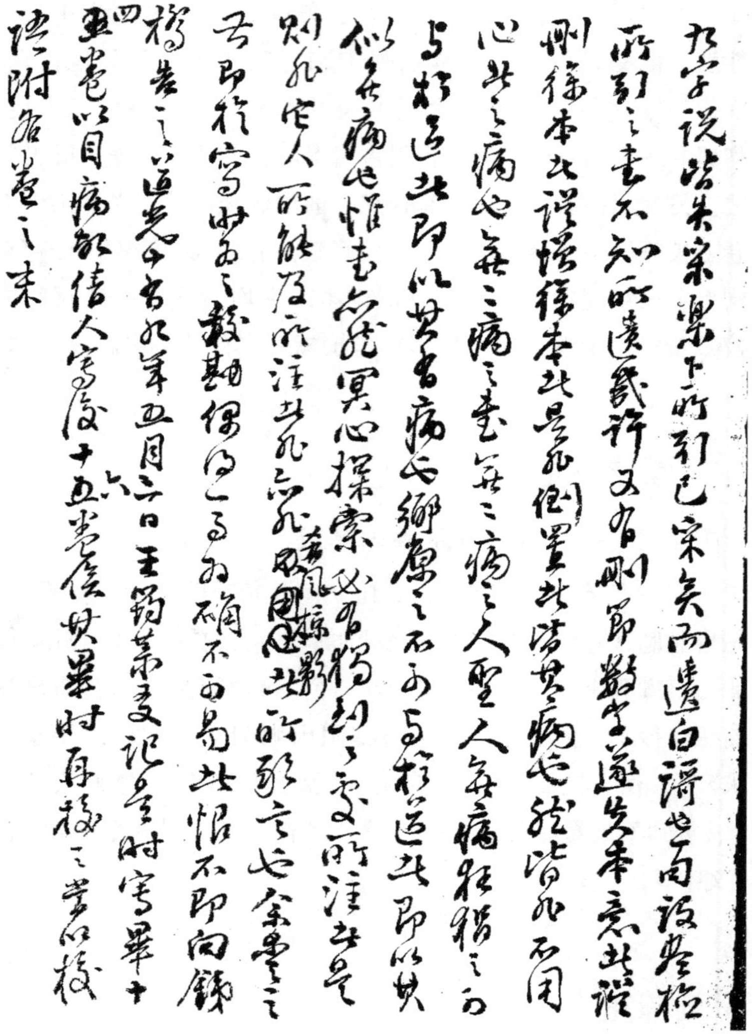

說文校議十五卷

說文校議第一上

小學類　四錄堂類集（每卷首皆有此存下諸原筆也）

歸安姚文田　烏程嚴可均　同譔　陽湖孫星衍　商訂

敘曰：嘉慶初，姚氏文田與余同治說文，而勤于余。己未後，余勤于姚氏。合兩人所得，蓋徧索羣書，因為說文長編，亦謂之類攷。有天文算術類、地理類、艸木鳥獸蟲魚類、聲類、說文引羣書類、羣書引說文類，積四十五冊。又輯鐘鼎拓本為說文翼十五篇。將校定說文，譔為疏義。至乙丑秋，屬稿未半，孫氏星衍將先覩為快，乃撮舉大略，就毛氏汲古閣初印本，別為校議卅篇，專正徐鉉之失。其諸訓故形聲名物，繁擬旁稽互證，詳于疏義中，不徧及也。夫說文為六藝之淵海，古學之總龜，視爾疋相敵，而賅備過之。說文未明，無以治經。由宋迄今，僅存二徐本，而鉉本尤盛

釋例卷一補正　　安邱王筠續纂

公食大夫禮有鄉膷臐膮注古文膷作香臐作熏肉部但收膮是從古文作熏香十五葉前二行士喪禮之上增此

行字與步字字意雖同而結體不同行者事也必以兩足而彳亍皆非足也彳亍之意仍是行而人必不以一足行是彳亍由行字分之而得義也故彳亍不見于經漢末魏晉始用之步從止少止少者左右足也一前一後是一步也一左一右則成癶是剌癶也然必步癶乃見少字經典不單用少字者兩足竝舉其狀乃有異渾言之則止字足矣以止字統兩足猶以又字統兩手故從又者多有手義ナ部只一卑字已不取手義惟行字是兩手也是由止生少由止少生步癶也十九葉後七行行字條末增此

雙聲疊韻皆論説解，自卷十二挩文至卷二十存疑皆臆説。此爲補正之稿本，原藏山東省圖書館。另有清光緒九年成都御風樓刻本（與《説文釋例》合刻），則附于各卷之後。

説文繫傳校録三十卷

（清）王筠撰，稿本。

此本原稿（四册），藏山東省圖書館。另有稿本藏北京大學圖書館、上海圖書館（存卷十一至三十），清咸豐七年王彦侗刻本，清道光咸豐間刻《王菉友九種》本等。筠以杭州朱文藻所撰《繫傳考異》於部中列文次第與大徐本不同處多不致説，而又往往輕改篆文許説及《繫傳》本文，因據諸家本，參稽衆説，改爲此編。凡篆文許説小徐之疑誤，皆字别而句繫之，詳著其説於下。大徐本及朱氏、段氏所据本與此有同異者，皆互證而訂其是非，而於段氏之説駁正尤多。至大徐訛誤之不見於小徐者，亦校而坿之卷末。其自序略云："孫氏、鮑氏所翻宋本，皆在朱氏著書之後，而宋本又未得見，所据者汲古五次改本而已。今既各本竝出，其中佳處多可采擇，而汪氏所刻小徐本又與朱氏所据本不同。今將以考異校汪本，幾如執唐律以讞漢獄矣。"

説文諧聲後案二卷

（清）翟云升撰，稿本（清周樂清跋）。

云升，字舜堂，號文泉。生而岐嶷，弱冠屬文，抉關雒之奥，塾師避席。應童子試，督學阮文達公名知人，得公卷，大

知之

甾 夢英作甾非也以由字照之亦非也又側注方九以爲反切又非也○甾孫本作甾是

第十四

辛 息鄰切孫鮑二本鄰作鮮（其正文亦作鄰）

辡 皮免切夢英同孫鮑二本皮作方

亥 胡改切孫本胡訛古

說文繫傳校錄三十卷

繫傳校録卷一

一部

一

惟初太極、大徐極作始。○凡一之屬皆從一、大徐從作从、案从、相聽也、從、隨行也、說文本各義、段氏後皆放此、不更出。

元

從一兀、大徐从一从兀、上虞王煦汾泉曰、繫傳云、俗本有聲字、人妄加之、鍇所謂俗本、正古本也、魯論小車無軏、說文作軏、云从車元聲、是元兀同聲之證、髟部髡或體作髠、从兀从元竝聲、垚部堯亦當从垚兀聲、虫部虺亦當从虫兀聲、兀乃五忽切之轉。

吏

吏之理人、案理字南唐避唐諱也、大徐改作治。

上部

上

段氏改為二、誤也、觀古文帝字注曰二古文上字可知、如驚，亟拔冠軍。文出，一時翕然宗之。嘉慶五年以第五人舉於鄉，選黃縣教諭，旋告歸。道光改元，舉孝廉方正，力却之。壬午（道光二年）成進士，授粵西知縣，以母病老不仕。時濰陽相國陳文恪公官京師，知公篤學，薦授國子監丞，亦不赴。天性孝友，早失怙，事母備極色養。居喪，日進一溢米，三年未嘗見齒。兄斯升出嗣，公事之如嚴君，白首無間言。生平睦淵敦族，賑鍵辦團，兩修邑乘，三繕城垣，皆爲人所推重，而尤以著述大顯于世。公精隸法，一時豐碑墓碣多出公手，丐書者日踵其門，而終無率爾之習。著有《說文形聲後案》四卷、《說文辨異》八卷、《肄許外篇》二卷、《綫篇》十五卷、《續》十五卷、《再續》十五卷、《古韻證》二十二卷、《韻字璧》四卷、《覆校穆天子傳》六卷、《古今人表校正》一卷、《焦氏易林校黑》十六卷、《古文雜著》若干卷。稿本（作《說文諧聲後案》二卷），清周樂清題詩。有批校，疑爲翟云升自批，山東省圖書館藏。《中國古籍善本書目》、《山東文獻書目》著錄；《五經歲徧齋許學三書》稿本，上海市圖書館藏。《中國叢書綜錄》、《中國古籍善本書目》等著錄；光緒十七年高氏辨螺居抄《五經歲徧齋許學三書》本，國家圖書館藏。《中國古籍善本書目》、《中國叢書廣錄》、《北京圖書館古籍善本書目》著錄；清郭氏松南書廬抄《五經歲徧齋許學三書》本，國家圖書館藏。《北京圖書館古籍善本書目》、《中國古籍善本書目》著錄。海昌周樂清卷首題詩云：“字學浩淵海，儒林互開塞。鏗經許叔重，利刃破芒棘。指掌通六書，裔呈垂典籍。後學好矜奇，亡羊思競獲。鑿穿混纯竅，難顧車軌跡。各創新見聞，孰守舊繩墨。君後千百年，音義秉殊識。功收後勁師，願匡故人益。如得江瑤柱，誰堪伴糖食。如聞鴛鴦鳴，衆緣一時息。徒張統系圖，後先未親炙。許當謝知己，群賢甘讓席。”咸豐四年翟云升《說文諧聲後案引》云：“許氏《說文》，大小徐傳書，立說互有詳略，互有得失，且各有錯訛。即許書亦往往改竄於後人，諧聲一端也。嘗述古韻，於諧聲頗事講求。今以觀覽之所至，知識之所及，酌訂七百四十九字。敢謂悉合于古，惟求差愜于心。東吳王氏鳴盛撰《尚書後案》自叙云：‘後案者，言最後所存之案也。’竊取以命名焉。今取初稿，繕爲清册。繕畢復綴若干條，以補疏漏，而疏漏猶不止。此載在初稿者，又未免失之于濫。惜贏老矣，不能覆檢許書，逐一審詳而增損之。”

史部

史記評林一百三十卷難字直音一卷

(明) 淩稚隆輯，(明) 陳仁錫評，明崇禎程正揆刻清懷德堂重修本（清李文藻、沈廷芳録，方苞、沈淑園批校)。

淩稚隆，明代浙江烏程人，字以棟，號磊泉，有《左傳評注測義》、《五車韻瑞》等著作。是書又有《四書未收書輯刊》影印本。

史記校不分卷

(清) 王筠撰，稿本（清孫葆田、胡培翬跋)。

此本原藏山東省圖書館。稿本外，又有清道光八年王筠自寫進呈本（二卷)、山東省博物館藏清末抄本（一卷)、民國二十四年故宫博物院圖書館排印本（二卷）等。孫葆田《書後》略云："是册蓋其讀《史記》時隨筆札記。自叙云：'偶讀《史記》，取《漢書》校之，中多異文，或《史記》傳譌，或《漢書》傳譌，或《漢書》改《史記》而是，亦有改之而非者。'又云：'愚輯此册，或不著其是非，蓋恐以是爲非，以非爲是也。'其虛心如此。然如《殷本紀》辨商紂既自焚，武王必不斬之，《秦本紀》論武王誓師，止曰其'于爾躬有戮'，秦用商鞅，始立罪及三族之法，皆大義攸關。如此類者，不可枚舉。間亦考論音義與文字詳略。非有心得者，不能道其是非得失，則讀者當自能辨之。"

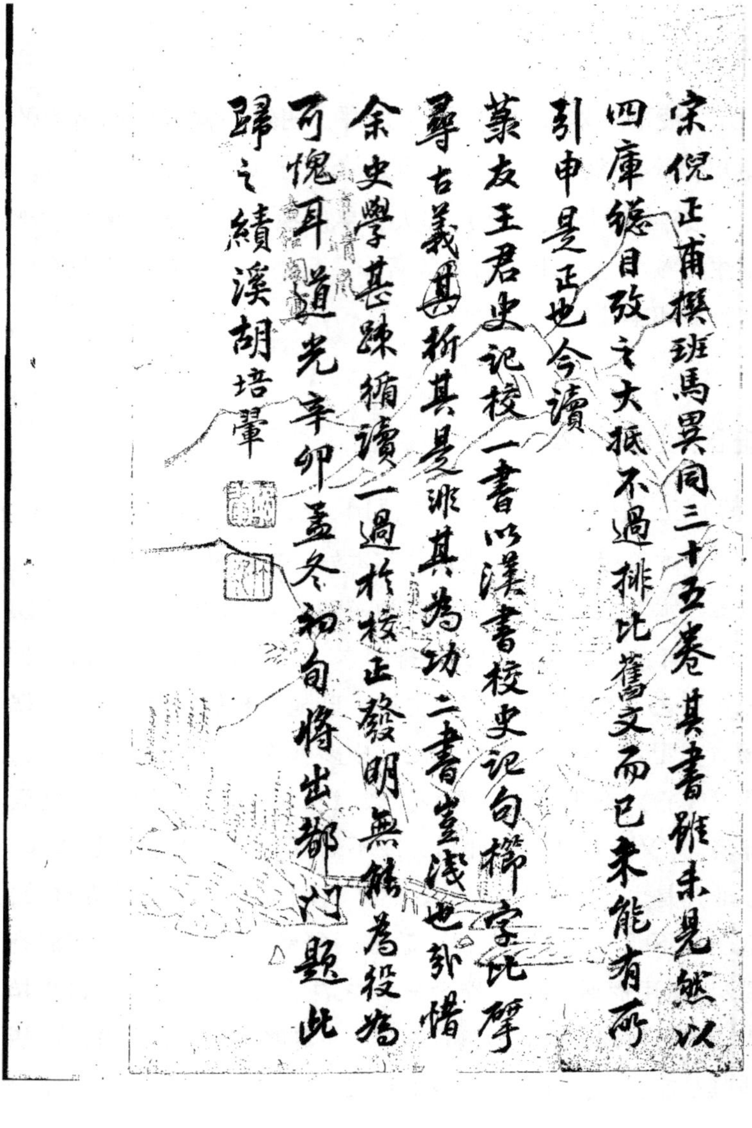
宋倪正甫撰班馬異同三十五卷其書雖未見然以
四庫總目攷之大抵不過排比舊文而已未能有所
引申是正也今讀
萊友王君史記校一書以漢書校史記句櫛字比學
尋古義甚析其是非其為功二書豈淺也耶惜
余史學甚疎循讀一過於校正發明無能為役為
可愧耳道光辛卯孟冬初旬將出都門題此
歸之績溪胡培翬

史記校不分卷

史記校

道光戊子正月偶讀史記即取漢書校之其中異文凡有數端或史記傳譌者或漢書傳譌者或漢書改史記而是者亦有改之非者至其用字或史用古則漢用今史用今則漢用古互相闡發義藴豁然惟紀年食邑首虜之數參差者太半有不可考者亦有可考年表而得者自愧疏慵概未之考且字句間尚多不閒解俱録之以就正君子至於微文大義概未之及也二月六日王筠記之

五帝本紀

能明馴德即堯典克明峻德也馴順也可見子長所見尚書不作峻矣本篇五品不馴殷本紀作不訓可見古讀馴為去聲故鄭注大學讀恂為峻也若予工若予上下草木鳥獸史記皆改若為馴

夏本紀

鍾伯敬先生批評漢書一百卷

(漢) 班固撰，(明) 鍾惺評，明崇禎刻本（清張恩荃批校並跋)。

鍾惺，字伯敬，一作景伯，號退谷。竟陵人。萬曆三十八年（1610）進士。授行人，掌管傳旨及册封事宜。歷任工部主事、南京禮部郎中、福建提學僉事。爲人嚴酷。好讀史書，喜遊名山大川，記述所見所思，名曰“史懷”。與同鄉譚元春評選唐人詩，作《唐詩歸》；又評選隋以前的詩，作《古詩歸》。鍾、譚乃譽滿天下，同爲“竟陵體”的創始者。

弘簡錄二百五十四卷

(明) 邵經邦撰，明嘉靖三十六至四十年自刻本。

經邦，字仲德，仁和人，正德辛巳（十六年）進士，官至刑部員外郎，以論劾張孚敬下獄謫戍，事跡具《明史》本傳。經邦以講學自任，嘗采古今論學語，發明其旨，爲《弘道錄》；又删掇諸史，輯爲此編；其所著詩文，則名爲《弘藝錄》。經邦自作《誌銘》所云“三弘集成，瞽開聾鳴”者是也。

弘簡録卷之一

天王　唐一之一

高祖皇帝姓李氏諱淵字叔德隴西成紀人七世祖暠當晉末據秦凉是為凉武昭王六世祖歆生重耳魏弘農太守是生皇高祖熙任金門鎮將戍于武川因家焉皇曾祖天賜仕魏贈司空皇祖虎魏太尉賜姓大野氏與李弼等八人佐周代魏有功加柱國封唐國公卒謚曰襄皇考昞襲封仕隋安州總管柱國大將軍卒謚曰仁以周天和元年生高祖於長安體有三乳及長倜儻豁達寬仁容衆襲封唐公毋獨孤氏隋文帝后姊特見親愛後其姓李初補千牛備身累轉譙隴岐三州刺史滎陽楼

書籍之章

李氏藏書六十八卷續藏書二十七卷

(明) 李贄撰，明萬曆刻本。

贄，本名載贄，晉江人，嘉靖壬子（三十一年）舉人，官至姚安府知府，坐妖言逮問，自殺，事跡附見《明史·耿定向傳》。所著《藏書》六十八卷，上起戰國，下迄於元，各採摭事跡，編爲紀傳。紀傳之中，又各立名目。前有自序曰："前三代吾無論矣。後三代漢、唐、宋是也。中間千百餘年，而獨無是非者，豈其人無是非哉？咸以孔子之是非爲是非，固未嘗有是非耳。然則予之是非人也，又安能已？"又曰："《藏書》者何？言此書但可自怡，不可示人，故名曰《藏書》也。而無奈一二好事朋友，索覽不已，予又安能以已耶。但戒曰：'覽則一任諸君覽，但無以孔夫子之定本行賞罰也，則善矣。'"《續藏書》二十七卷，又輯明初以來事業較著者若干人，以續前書之未備。其書分開國名臣、開國功臣、遜國名臣、靖難功臣、內閣輔臣、勳封名臣、經濟名臣、理學名臣、忠節名臣、孝義名臣、文學名臣、郡縣名臣諸目。因自記其本朝之事，故議論背誕之處比《藏書》爲略少。然冗雜顛倒，不可勝舉。

稽古錄二十卷

(宋) 司馬光撰，明正德二年陳晦刻本。

是書又有《四庫全書》本，《四庫全書總目》提要云：光既撰《資治通鑑》及《目錄》、《考異》，又有《舉要歷》，有

《歷年圖》，有《百官表》。《歷年圖》仍依《通鑑》，起於三晉，終於顯德。《百官表》止著宋代。是書則上溯伏羲，下迄英宗治平之末，而爲書不過二十卷。蓋以各書卷帙繁重，又《歷年圖》刻於他人，或有所增損，亂其卷帙。故芟除繁亂，約爲此編，而諸論則仍《歷年圖》之舊。元祐初表上於朝。陳振孫《書錄解題》曰越本彙聚諸論於一卷，潭本則分係於各代之後。此刻次第蓋依潭本，較越本易於循覽。《朱子語錄》曰："《稽古錄》一書，可備講筵宮僚進讀。小兒讀《六經》了，令讀之，亦好。末後一表，其言如蓍龜，一一皆驗。"今觀其諸論，於歷代興衰治亂之故，反復開陳，靡不洞中得失。洵有國有家之炯鑒，有裨於治道者甚深。故雖非洛學之派，朱子亦不能不重之，足見其不可磨滅矣。南渡以後，龔頤正嘗續其書，今《永樂大典》尚有全本。然是非頗乖於公議，陳振孫深不取之。蓋其心術、學問皆非光比，故持論之正亦終不及光也。

歷代紀年十卷

(宋) 晁公邁撰，清初抄本（缺卷一）。

公邁，字伯咎，號傳密居士，濟州鉅野人，官右朝散郎，提舉廣東常平。是書《宋史·藝文志》著錄。《書錄解題》云："其自爲序，當紹興七年。"錢曾《讀書敏求記》云："晁氏《歷代紀年》，始之以正統，次之以封建、僭據，再次之以盜賊、夷狄、道書，而以最歷代年號終焉。凡節目之大而關于體統者，可以概見。紹熙七年，樂清包履常爲之鋟本以傳。"

歷代紀年第二　　晁氏

魏　土德　晉陳壽三國志魏志三十卷蜀志十五卷吳志二十一卷宋文帝命裴松之注　正統二

太祖武皇帝沛國譙人也姓曹氏諱操字孟德漢相國參之後桓帝世曹騰爲中常侍大長秋封費亭侯養子嵩嗣官至太尉莫能審其生出本末嵩生太祖起義兵討董卓進兵擊黃巾賊封費亭侯迎獻帝都許爲大將軍封武平侯爲丞相以十郡封魏公加九錫位諸侯王上進爵爲王建安二十五年薨于洛陽年六十六謚曰武王葬高陵在鄴文帝即位追尊

續資治通鑑六十四卷

（明）王宗沐編，明隆慶五年刻本。

宗沐，字新甫，臨海人，嘉靖甲辰進士，官至刑部左侍郎，事跡具《明史》本傳。《通鑑綱目》以後，繼而作者，有元人陳桱，明人王宗沐、薛應旂等，遞有增修。此書亦名《宋元資治通鑑》，始於嘉靖三十四年，成於隆慶元年，歷時十餘年，紀宋、元兩朝四百十三年之事，體例皆本乎《資治通鑑》，事核而旨質。

三元通紀一卷

（清）王馭超撰，稿本（清王筠批校）。

馭超，字駕千。乾隆丙午舉人。由教習出知潛山縣事。縣當皖水之衝，值霪霖水漲，城且壞，急出俸錢搶修之，工甫竣而水大至，一城生靈盡全。涖潛三年，日令吏抱案牘坐堂皇發奸摘伏，直者心感，負者亦自云無寃，雖婦人孺子無不呼爲王青天者。

尚友集一百九十七卷首三卷目錄一卷續集二十卷

（清）韓茂椿輯，稿本（清俞浩跋）。

茂椿，字大千，淄川人，明崇禎癸酉副貢，清順治甲午貢入監，歷官太僕寺主簿。是書原稿舊存昆明蕭應椿許，今藏山

三元通紀

安邱王馭超約齋編

男　籍鏡山　筠貫山　蘭仲山　範模山　校

天皇氏繼盤古氏以治（周官外史掌三皇五帝之書而不指其名秦博士有天皇地皇人皇之議去古未遠所稱或庶幾焉漢孔安國序書乃以伏羲神農黃帝為三皇少昊顓頊高辛堯舜為五帝不知何所本至宋五峯胡氏直斷以孔子易大傳以伏羲神農黃帝堯舜為五帝不信傳而信經其論始定然三皇之號不可泯也案閼逢十干困敦十二支又甲子之先聲也故始於天皇氏）始制干支之名以定歲之所

羲从義从兮

郭注尒疋即用案字今多用桉未詳所本

尚友集卷之首一

鄱陽韓茂椿會輯丹鉛　男知臨參閱
桓臺王士序訂正

三皇紀

紀者記也本其事而記之故曰本紀帝王書稱紀者言爲後代之綱紀也

盤古氏

太極生兩儀兩儀生四象四象變化而庶類繁矣

[藏書印]

東省圖書館。有順治戊戌自序略云："《廿一史》、《通鑑》、《綱目》、《左》、《國》諸書，束髮即受業。然《史》病其繁，《目》病其簡，《鑑》病其無統。取《目》之綱，取《鑑》之文，取《史》之詳盡周悉，删繁存要，增所未備，輯而讀之，加丹鉛焉。起於唐堯，斷自明穆宗，歷年三千九百三十，爲書二百有一卷。（續編自神宗至懷宗，坿以福、唐、桂三藩事跡。）此外無煩費目力焉，非以矜其長，實以濟其鈍也。"海鹽俞浩道光辛丑序云："疏通證明，折衷諸說，即未能追宗涑水，亦足與馬驌《繹史》相配。"

通鑑紀事本末四十二卷

（宋）袁樞撰，明萬曆二年李栻刻本（清吴鶚批校）。

樞，字機仲，建安人，孝宗初試禮部詞賦第一，歷官至工部侍郎，以右文殿修撰知江陵府，尋提舉太平興國官，事跡具《宋史》本傳。是書有《四庫全書》本，《四庫全書總目》提要云：案唐劉知幾作《史通》，叙述史例，首列六家，總歸二體。自漢以來，不過紀傳、編年兩法，乘除互用。然紀傳之法，或一事而復見數篇，賓主莫辨；編年之法，或一事而隔越數卷，首尾難稽。樞乃自出新意，因司馬光《資治通鑑》區別門目，以類排纂。每事各詳起訖，自爲標題。每篇各編年月，自爲首尾。始於三家之分晉，終於周世宗之征淮南。包括數千年事跡，經緯明晰，節目詳具。前後始末，一覽了然。遂使紀傳、編年貫通爲一，實前古之所未有也。王應麟《玉海》稱："淳熙三年十一月，參政龔茂良言，樞所編《紀事》有益見聞。詔嚴州摹印十部，仍先以繕本上之。"《宋史》樞本傳又稱孝宗讀而嘉歎，以賜東宫及分賜江上諸帥，曰“治道盡在是矣”。朱子亦稱其書“部居門目，始終離合之間，皆曲有微意，於以錯綜温公之書，乃《國語》之流。”蓋樞所綴集，雖不出《通鑑》原文，而去取翦裁，義例極爲精密。非《通鑑》總類諸書割裂擔撏者可比。其後如陳邦瞻、谷應泰等，遞有沿仿。而包括條貫，不漏不冗，則皆出是書下焉。

鴻猷錄十六卷

(明) 高岱撰，明嘉靖四十四年高思誠刻本。

岱，字伯宗，京山人，嘉靖庚戌進士，官至景王府長史。《四庫全書總目》入存目，提要云：是書乃岱官刑部主事時作。仿紀事本末之體，所錄凡六十事，每事標四字爲題，前叙後論。起於龍飛淮甸，終於追戮仇鸞，皆事之關於用兵者也。前有自序曰：“歷代實錄，秘不可見。惟是諸臣傳誌書疏，參質考證，稍得要領。暇日論次，錄而成帙”云。

宋史紀事本末一百九卷

(明) 馮琦撰，(明) 陳邦瞻補，(明) 張溥論正，明末張溥刻本。

琦，字琢菴，臨朐人。萬曆丁丑進士，官至禮部尚書，謚文敏，事跡具《明史》本傳。邦瞻字德遠，高安人，萬曆戊戌進士，官至兵部左侍郎，事跡具《明史》本傳。溥字天如，太倉人，崇禎辛未進士，改庶吉士，事跡具《明史·文苑傳》。初，禮部侍郎臨朐馮琦欲仿《通鑑紀事本末》例，論次宋事，分類相比，以續袁樞之書，未就而沒。御史南昌劉曰梧得其遺稿，因屬邦瞻增訂成編。大抵本於琦者十之三，出於邦瞻者十之七。自太祖代周，訖文、謝之死，凡分一百九目。於一代興廢治亂之跡，梗概略具。

元史紀事本末二十七卷

(明)陳邦瞻撰，(明)臧懋循補輯，(明)張溥論正，明末張溥刻本（佚名批校）。

《四庫全書總目》作四卷，提要云：凡列目二十有七。其“律令之定”一條下注一“補”字，則歸安臧懋修所增也。明修《元史》，僅八月而成書，潦草殊甚。後商輅等撰《續綱目》，不能旁徵博採，於元事亦多不詳。此書採掇不出二書之外，故未能及《宋史紀事》之賅博。又於元、明間事，皆以爲應入明國史。遂於徐達破大都、順帝駐應昌諸事，皆略而不書。夫元初草創之跡，邦瞻既列於宋編，又以燕京不守，元帝北徂爲當入明史。是一代興廢之大綱，皆沒而不著。揆以史例，未見其然。至至正二十六年韓林兒之死，乃廖永忠沈之瓜步。洪武中，寧王權作《通鑑博論》，已明著其事。不過以太祖嘗奉其年號，嫌於項羽、義帝之事，歸其獄於永忠耳。邦瞻更諱之書“卒”，尤爲曲筆。庫庫特穆爾自順帝北遷之後，尚爲元盡力，屢用兵以圖興復。故太祖稱“王保保真男子”，以爲勝常遇春。後秦王樉妃即納其女。邦瞻乃以爲不知所終，亦不免於失實。特是元代推步之法、科舉學校之制，以及漕運、河渠諸大政，措置極詳。邦瞻於此數端，紀載頗爲明晰。其他治亂之跡，亦尚能撮舉大概，攬其指要。固未嘗不可以資考鏡也。

逸周書十卷附錄一卷校正補遺一卷

（晉）孔晁注，附錄（宋）丁黼撰，校正補遺（清）盧文弨撰，清乾隆五十一年盧文弨刻抱經堂叢書本（清劉氏栘盦批校）。

有《四庫全書》本，《四庫全書總目》提要云：舊本題曰《汲冢周書》。考《隋經籍志》、《唐藝文志》，俱稱此書以晉太康二年得於魏安釐王冢中。則汲冢之說，其來已久。然《晉書·武帝紀》及《荀勗》、《束晳傳》載汲郡人不準所得《竹書》七十五篇，具有篇名，無所謂《周書》。杜預《春秋集解》後序載汲冢諸書，亦不列《周書》之目，是《周書》不出汲冢也。考《漢書·藝文志》先有《周書》七十一篇，今本比班固所紀惟少一篇。陳振孫《書錄解題》稱："凡七十篇，叙一篇在其末。京口刊本始以序散入諸篇"。則篇數仍七十有一，與《漢志》合。司馬遷紀武王克商事，亦與此書相應。許慎作《說文》，引《周書》"大翰若翬雉"，又引《周書》"豲有爪而不敢以撅"。馬融注《論語》，引《周書·月令》。鄭元注《周禮》，引《周書·王會》，注《儀禮》，引《周書》"北唐以閭"。皆在汲冢前，知爲漢代相傳之舊。郭璞注《爾雅》，稱《逸周書》，李善《文選注》所引，亦稱《逸周書》。知晉至唐初舊本，尚不題"汲冢"。其相沿稱"汲冢"者，殆以梁任昉得竹簡漆書，不能辨識，以示劉顯，顯識爲孔子删書之餘。其時《南史》未出，流傳不審，遂誤合汲冢、竹簡爲一事，而修《隋志》者誤採之耶？鄭元祐作《大戴禮》

後序，稱："《文王官人篇》與《汲冢周書·官人解》相出入。《汲冢書》出於晉太康中，未審何由相似"云云，殊失之不考。《文獻通考》所引李燾跋及劉克莊《後村詩話》，皆以爲漢時本有此書，其後稍隱，賴汲冢竹簡出，乃得復顯。是又心知其非而巧爲調停之說。惟舊本載嘉定十五年丁黼跋，反覆考證，確以爲不出汲冢。斯定論矣。其書載有太子晉事，則當成於靈王以後。所云文王受命稱王，武王、周公私計東伐，俘馘殷遺，暴殄原獸，輦括寶玉，動至億萬；三發下車，懸紂首太白，又用之南郊，皆古人必無之事。陳振孫以爲戰國後人所爲，似非無見。然《左傳》引《周志》"勇則害上，不登於明堂"，又引《書》"慎始而敬終，終乃不困"，又引《書》"居安思危"，又稱"周作九刑"。其文皆在今《書》中，則春秋時已有之。特戰國以後又輾轉附益，故其言駁雜耳。究厥本始，終爲三代之遺文，不可廢也。近代所行之本，皆闕《程寤》、《秦陰》、《九政》、《九開》、《劉法》、《文開》、《保開》、《八繁》、《箕子》、《耆德》、《月令》十一篇。餘亦文多佚脱。今考《史記·楚世家》引《周書》"欲起無先"，《主父偃傳》引《周書》"安危在出令，存亡在所用"，《貨殖傳》引《周書》"農不出則乏其食，工不出則乏其事，商不出則三寶絕，虞不出則財匱少"；《漢書》引《周書》"無爲創首，將受其咎"，又引《周書》"天子不取，反受其咎"；《唐六典》引《周書》"湯放桀，大會諸侯，取天子之璽，置天子之座"，今本皆無之。蓋皆所佚十一篇之文也。觀李燾所跋，已有"脱爛難讀"之語，則宋本已然矣。

逸周書卷第一

晉孔晁注

度訓解第一　命訓解第二
常訓解第三　文酌解第四
糴匡解第五

度訓解第一

天生民而制其度【注】聖人爲制法度度小大以正權輕重以極明本末以立中【注】制法度所以立中正立中以補損補損以知足【注】損益以中爲制故知足也□爵以明等極【注】極中也貴賤之等尊卑之中也極

越絕書十五卷

(漢) 袁康撰，(宋) 劉辰翁評，明末閻光表刻本。

有《四庫全書》本，《四庫全書總目》提要云：不著撰人名氏。書中《吳地傳》稱勾踐徙琅琊，到建武二十八年，凡五百六十七年，則後漢初人也。書末《叙外傳記》以廋詞隱其姓名。其云："以去爲姓，得衣乃成"，是"袁"字也；"厥名有米，覆之以庚"，是"康"字也；"禹來東征，死葬其疆"，是會稽人也。又云："文詞屬定，自於邦賢，以口爲姓，承之以天"，是"吳"字也；"楚相屈原，與之同名"，是"平"字也。然則此書爲會稽袁康所作，同郡吳平所定也。王充《論衡·按書篇》曰："東番鄒伯奇，臨淮袁太伯、袁文術衡，會稽吳君高、周長生之輩，位雖不至公卿，誠能知之囊橐，文雅之英雄也。觀伯奇之《元思》、太伯之《易童句》，按，'童'疑作'章'。文術之《箴銘》，君高之《越紐錄》，長生之《洞曆》，劉子政、揚子云不能過也。"所謂吳君高，殆即平字，所謂《越紐錄》，殆即此書歟？楊慎《丹鉛錄》、胡侍《珍珠船》、田藝蘅《留青日札》皆有是說。核其文義，一一吻合。隋、唐《志》皆云子貢作，非其實矣。其文縱橫曼衍，與《吳越春秋》相類，而博麗奧衍則過之。中如《計倪內經》、《軍氣》之類，多雜術數家言。皆漢人專門之學，非後來所能託也。此本與《吳越春秋》皆大德丙午紹興路所刊。卷末一跋，諸本所無。惟申明復仇之義，不著姓名。詳其詞意，或南宋人所題耶？鄭明選《秕言》引《文選·七命》注引《越絕書》："大翼一艘十丈，中翼九丈六尺，小翼九丈。”又稱王鏊《震澤長語》引《越絕書》“風起震方”云云，謂：“今本皆無此語，疑更有全書，惜未之見。”按《崇文總目》稱《越絕書》“舊有內記八、外傳十七。今文題闕舛，裁二十篇。”是此書在北宋之初已佚五篇。《選》注所引蓋佚篇之文，王鏊所稱亦他書所引佚篇之文。以爲此本之外更有全書，則明選誤矣。別有《續越絕書》二卷，上卷曰《內傳本事》、《吳內傳》、《德序記》、《子遊內經外傳》、《越絕後語》、《西施鄭旦外傳》；下卷曰《越外傳》、《雜事別傳》、《變越上別傳》、《變越下經》、《內雅琴考》、《序傳後記》。朱彝尊《經義考》謂爲錢䣭僞撰，詭云得之石匣中。䣭與彝尊友善，所言當實。今未見傳本，其僞妄亦不待辨。以其續此書而作，又即託於撰此書之人，恐其幸而或傳，久且亂真，又恐其或不能傳，而好異者耳聞其說，且疑此書之真有續編。故附訂其僞於此，釋來者之惑焉。

國語二十一卷

(吳）韋昭注，(宋）宋庠補音，明新建刻本。

昭字弘嗣，云陽人，官至中書僕射。《三國志》作韋曜，裴松之注謂爲司馬昭諱也。是書有《四庫全書》本，《四庫全書總目》提要云：《國語》出自何人，說者不一，然終以漢人所說爲近古。所記之事，與《左傳》俱迄智伯之亡，時代亦復相合。中有與《左傳》未符者，猶《新序》、《說苑》同出劉向而時復牴牾。蓋古人著書，各據所見之舊文，疑以存疑，不似後人輕改也。《漢志》作二十一篇。其諸家所注，《隋志》虞翻、唐固本皆二十一卷，王肅本二十二卷，賈逵本二十卷，互有增減。蓋偶然分併，非有異同。惟昭所注本，《隋志》作二十二卷，《唐志》作二十卷。而此本首尾完具，實二十一卷。諸家所傳南、北宋版，無不相同。知《隋志》誤一字，《唐志》脱一字也。前有昭自序，稱兼採鄭眾、賈逵、虞翻、唐固之注。今考所引鄭説、虞説寥寥數條，惟賈、唐二家援據駁正爲多。

戰國策三十三卷

（漢）高誘注，（宋）姚宏校正，清乾隆二十一年盧見曾刻雅雨堂叢書本（清朱鬱甫校跋並録汪中批校、王寀廷跋）。

有《四庫全書》本，《四庫全書總目》提要云：舊本題漢高誘注。今考其書，實宋姚宏校本也。《文獻通考》引《崇文總目》曰："《戰國策》篇卷亡闕，第二至第十、第三十一至第三十三闕。又有後漢高誘注本二十卷，今闕第一、第五、第十一至二十，止存八卷。"曾鞏校定序曰："此書有高誘注者二十一篇，或曰三十二篇。《崇文總目》存者八篇，今存者十篇。"

國策補遺不分卷

（清）馬星翼撰，清抄本（民國王獻唐校並跋）。

卷端題魚台馬星翼著，鄒縣後學張丕矩校。半頁八行，行二十四字，四周雙邊，上單魚尾，白口。前有道光壬寅中春朔魚臺馬星翼東泉居士自序。

策補遺云爾噫國策一書古人恨其駁雜有欲刪薙者矣而吾茲復補綴加多焉意見固自不同無庸強合也顧聞見謭陋采輯不廣恐此外遺者尚復多有隨在增入是所望於博覽者道光壬寅中春朔魚臺馬星翼東泉居士自序

國策補遺　第一策

魚台馬星翼著

周

鄒縣後學張玉矩校

公子朝周太子也弟公子根甚有寵於君君死遂以東周叛分為兩國韓非子按世本云西周桓公名揭居河南東周惠公名班居洛陽與此所云朝根二名不同或揭字子朝班字子根非也當兩存之

山東省圖書館珍藏之印

晉太史屠黍見晉之亂也見晉公之驕而無德義也以其圖法歸周周威公見而問焉曰天下之國孰先亡對曰晉先亡威公問其故對曰臣比在晉也不敢直言示晉公以天妖日月星辰

國策補遺不分卷

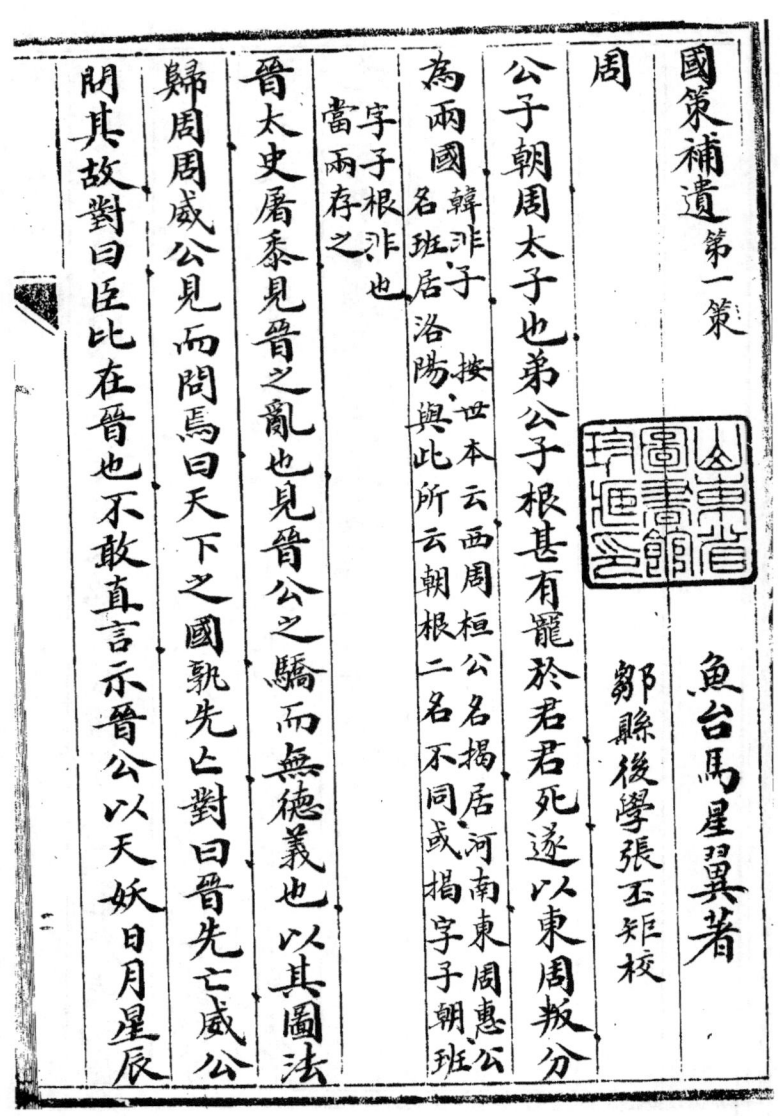

五代史補五卷五代史闕文一卷

(宋) 陶岳、王禹偁撰，明末毛氏汲古閣刻本。

有《四庫全書》本，《四庫全書總目》提要云：岳字介立，潯陽人。宋初薛居正等《五代史》成，岳嫌其尚多闕略，因取諸國竊據、累朝創業事跡，編次成書，以補所未及。自序云："時皇宋祀汾陰之後，歲在壬子"，蓋真宗之祥符五年也。晁公武《讀書志》載此書，作《五代補錄》。然考岳自序，實稱《五代史補》，則公武所記爲誤。公武又云共一百七事。今是書所載梁二十一事，後唐二十事，晉二十事，漢二十事，周二十三事，共一百四事，較公武所記少三事。考王明清《揮麈錄》載"毋邱〔丘〕儉貧賤時，借《文選》於交遊，間有難色。發憤異日若貴，當版鏤之，遺學者。後仕蜀爲宰相，遂踐其言刊之。印行書籍，創見於此。事載陶岳《五代史補》"云云。今本無此條，殆傳寫有遺漏矣。此書雖頗近小說，然敘事首尾詳具，率得其實。故歐陽修《新五代史》、司馬光《通鑑》多採用之。其間如"莊宗獵中牟爲縣令所諫"一條云："忘其姓名"，據《通鑑》則縣令乃何澤。又"楊行密詐盲"一條云："首尾僅三年"，考行密詐盲至殺朱三郎，實不及三年之久。又"王氏據福建"一條云王審知卒，弟延鈞嗣。據《薛史》、《通鑑》，延鈞乃審知之子。又"梁震裨贊"一條云莊宗令高季興歸，行已浹旬。莊宗易慮，遽以詔命襄州節度劉訓伺便囚之。季興行至襄州，心動，遂棄輜車南走。至鳳林關，已昏黑，於是斬關而去。是夜三更，向之急遞果至。《通鑑考異》辨莊宗當時並無詔命遣急遞之事，岳所據乃傳聞之誤。凡此之類，雖亦不免疏失，然當《薛史》既出之後，能網羅散失，裨益闕遺，於史學要不爲無助也。

南燼紀聞一卷竊憤錄一卷續錄一卷

題（宋）辛棄疾撰，清葉名澧寶芸齋抄本（民國王獻唐校跋並過錄傳是樓徐乾學批校）。

是書半頁十二行，行二十五字，白口，左右雙邊，無魚尾。《南渡錄》、《竊憤錄》，《四庫全書總目》入存目，提要云："此二書所載語並相似，舊本或題無名氏，或竝題爲辛棄疾撰，蓋本出一手所僞託，故所載全非事實。"錢大昕《日記抄》云："辛棄疾《南燼紀聞》，又《竊憤錄》、《竊憤續錄》不題撰人，其實即一書，强析爲三，要亦好事者僞造耳。"《拜經樓藏書題跋記》云："《南燼紀聞》、《竊憤正、續錄》並抄本合爲一册，不著撰人名氏。相傳《南燼紀聞》淮海周煇著，《竊憤錄》辛棄疾著。家藏又一抄本，亦二種，前多《南渡錄大略》一篇，並題辛棄疾著。"

記吳逆始末一卷

（清）許鴻磐撰，清抄本。

是書半頁九行，行二十四字，無格。磐，字漸逵，號雲嶠，濟甯人，乾隆辛丑進士，歷官禹州知州。此書記康熙十二年吳三桂叛亂事。卷末有鴻磐門人白尚質跋云："三藩之叛，吳逆是主犯，耿逆、尚逆是從犯，李本深、孫延齡、吳之茂、王輔臣、曾養性是要犯。篇中有提挈，有過接，有結束。有特

津延禧同拘管鴻冀府帝移居安養寺紹興十三年賜帝居于燕京之北紹興十四年岐王完顏亮殺金主亶并太后遂即位紹興十五年徙少帝于城東玉田觀紹興二十年徙少帝入城囚于孝解院興紹二十二年春帝崩時年六十崩歲

右是見傳是樓雅鈔本迻錄于此　戴居燈下記

傳是樓鈔本題宋辛棄疾纂

徐本有淚痕下作識者知其為兆也無中間八段

徐本以聶昌句作以聶昌為都太守提舉

南燼紀聞

靖康元年正月初一日京師立春節先是[illegible]造土牛陳于迎春殿至日太常寺備樂迎而鞭碎之此常儀也是月初五日夜守殿人聞殿中哭聲甚哀且聞擊撲之聲移更乃止洎明觀之其句芒神面有淚痕滴瀝襟袖猶濕其牛首墮地有刀斧痕吏白有司遂修好以終其事咸知非吉兆也初九日報金兵留屯河朔猶豫兩持似欲復犯京師太上皇遂出南薰門往南京十九日報金國大兵已分布河上敗河淮梁師成棄城南走兵已渡河二十九日兵至毛桃崗駐兵作大寨居民奔入京師老幼死者道相踐躪間有強壯劫掠城外大火焚燒二千餘家二月初二日金人圍京城攻諸門甚急十二日以聶昌為都太守禦提舉司房遣使入城請和乞以黃河為界二十一日京師戒嚴金人兵退封印寺需索金

一

寶芸齋藏本

南燼紀聞一卷竊憤錄一卷續錄一卷

記吳逆始末

康熙十二年冬。吳三桂反。據有雲南貴州四川湖南之地。煽動半海內。竭天下之力。八年然後克之。其間先後叛命。甘心從逆者。粵則有尚之信。閩則有耿精忠。世所謂三藩者也。而三桂實為之渠魁。吳三桂者。遼之山海衛人。故明提督京營吳襄之子也。性狡詐。有大志。身長七尺。才力絕人。少試武舉。以父蔭補官。歷都督指揮。洊至總戎。明崇禎十四年。隨薊遼總督洪承疇與

我

朝兵戰於錦州之松山。明兵大敗。三桂棄營夜遁。莊烈帝惜其

敘，有追敘，有詳敘，有括敘。遂使八年鼎沸，七省蔓延，凶焰之起伏，閫謀之進退，歷歷如指掌上紋。真得馬、班之三昧者矣。”

漢雋十卷

(宋) 林鉞輯，明萬曆十二年呂元刻本。

是書半頁八行，行大字十二字，小字二十四字，白口，上白魚尾，左右雙邊。卷端題宋括蒼郡林鉞國鎮輯，明會稽郡呂元調父校。《四庫全書總目》入存目，提要云：案陳振孫《書錄解題》載此書，卷數與今相符，而注稱“括蒼林鉞”。《處州府志》亦載林鉞。此本則皆作林越，未詳孰是也。其書取《漢書》中古雅之字，分類排纂爲五十篇。每篇即以篇首二字爲名，亦間附原注。前有紹興壬午越自序，稱：“大可以詳其事，次可以玩其詞。”然割裂字句，漫無端緒，而曰可詳其事，其說殊誇。後有延祐庚申袁桷重刻跋，稱：“《漢雋》之作，蓋爲習宏博便利”，斯爲定論矣。

三事忠告四卷

(元) 張養浩撰，明隆慶元年貢安國刻本。

養浩，字希孟，濟南人，歷官陝西行臺中丞，追封濱國公，謚文忠。《四庫提要》曰：“養浩爲縣令時，著《牧民忠告》二卷，凡十綱，七十二子目。爲御史時，著《風憲忠告》一卷，凡十篇。入中書時，著《廟堂忠告》一卷，亦十篇。其言皆切實近理，而不涉於迂闊。蓋養浩留心實政，舉所閱歷

三事忠告序

為政之道載在六經于史昭如日星然浩瀚無涯莫識其要識其要者固鮮此忠告之書所由作也且秉鈞衡司風紀者為人君腹心朝廷耳目而任民社者又教化之源職此三事信重匪輕較然矣蓋人生萬有不齊欲求其平君所為盡善十無二三況為政者風俗美惡係焉生民休戚關焉可不知其出治之要乎是以濟南雲莊希孟張先生自其為縣令臺臣及登政府時所著牧民風憲廟堂忠告之書各一卷為

者著之，非講學家務爲高論，可坐言而不可起行者也。明張綸《林泉隨筆》曰：‘張文忠公《三事忠告》，誠有位者之良規。觀其在守令則有守令之式，居臺憲則有臺憲之箴，爲宰相則有宰相之謨。醕深明粹，真有德者之言也。考其爲人，能竭忠殉國，正大光明，無一行不踐其言’云云。其推挹可爲至矣。三書非一時所著，本各自爲編。明洪武二十二年，廣西按察司僉事揚州黃士宏合爲一卷刻之，總題曰《爲政忠告》，陳璉爲序。宣德六年，河南府知府李驥重刻，改名《三事忠告》。考《書》稱任人、準夫、牧作三事，《詩》稱三事大夫皆在王左右之尊階。施於廟堂忠告，猶爲近之，御史、縣尹不在是列。如曰以三職所治爲三事，則自我作古，轉不及‘爲政’之名爲該括一切矣。蓋明人書帕之本，好立新名，而不計其合於古義否也。相沿已數百年，不可復正。今姑以通行之名著錄，而附訂其乖舛如右。”按是書國朝山左人刻本凡二：一益都李文藻刊本，即四庫本。一歷城尹濟源道光辛卯刊本，莆田郭尚先影抄絳雲樓之元刻本也，仍依揚州本改題《爲政忠告》云。又《歷城志》別載養浩《御史箴》，度即《風憲忠告》之別名，俟考。

二十一史文抄三百三十二卷

（明）戴羲輯，明崇禎刻本。

史記文抄二十二卷，

前漢書文抄二十六卷，

後漢書文抄二十八卷，

三國文抄二十卷，

晉書文抄四十卷，
宋書文抄二十卷，
南齊書文抄八卷，
梁書文抄十二卷，
陳書文抄六卷，
魏書文抄十八卷，
北齊書文抄四卷，
周書文抄六卷，
隋書文抄十二卷，
南史文抄十卷，
北史文抄八卷，
唐書文抄三十六卷，
遼史文抄二卷，
金史文抄四卷，
元史文抄八卷，
五代史文抄四卷，
宋史文抄三十八卷。

讀史管見三十卷目錄二卷

(宋) 胡寅撰，明崇禎八年張溥刻張氏後人重印本。

寅，字明仲，號致堂，崇安人，官至禮部侍郎，謚文忠，事跡具《宋史》本傳。《四庫全書總目》提要云：是編乃其謫居之時讀司馬光《資治通鑑》而作。前有嘉定丙寅其猶子大壯序，稱“書成於紹興乙亥”，又稱其父安國“受知高宗，奉詔修《春秋傳》。宏綱大義，日月著明，二百四十二年之後，至於五代。司馬光所述《資治通鑑》，事雖備而立議少，實因用《春秋》經旨，尚論詳評”云云。案，胡安國之傳《春秋》，於筆削大旨雖有發明，而亦頗傷於深刻。是以《欽定春秋傳說彙纂》於其已甚之詞多加駁正，以持褒貶之平。寅作是書，因其父說，彌用嚴苛。大抵其論人也，人人責以孔、顏、思、孟；其論事也，事事繩以虞、夏、商、周。名爲存天理，遏人欲，崇王道，賤霸功，而不近人情，不揆事勢，卒至於窒礙而難行。王應麟《通鑑答問》謂：“但就一事詆斥，不究其事之始終”，誠篤論也。又多假借論端，自申己說，凡所論是非，往往枝蔓於本事之外。趙與旹《賓退錄》曰：“胡致堂著《讀史管見》，主於譏議秦會之，開卷可見也。如‘桑維翰雖因契丹而相，其意特欲興晉而已，固無挾敵以自重，劫國以盜權之意，猶足爲賢。’尤爲深切。致堂本文定從子。其生也，父母欲不舉，文定夫人舉而子之。及貴，遭本生之喪，士論有非之者（案，寅以不持本生之服遭劾，見《宋史》本傳。其自辨之書則見所撰《斐然集》中）。考‘漢宣帝立皇考廟’、‘晉出帝封宋王敬儒’兩章，專以自解。而於‘漢哀帝立定陶後’一節，直謂‘爲人後者不顧私親，安而行之，猶天性也’。吁，甚矣！首卷論豫讓報仇，曰‘無所爲而爲善，雖《大學》之道不是過’。若致堂者，其亦有所爲而著書者歟?”則在當時論者，亦有異同者矣。至國朝朱直作《史論初集》，專駁是書。其間詆訶之詞，雖不免於過當。然亦寅之好爲高論有以激之，至於出爾反爾也。

史裁二十六卷

(明）吳士奇輯，明萬曆三十年吳勉學刻本。

士奇，字無奇，歙縣人，萬曆壬辰進士，官至太常寺卿。是書《四庫全書總目》入存目，提要云：節錄史文，始自春秋，迄於宋元，雜採舊論，亦間以己意斷之。既非編年，又非紀傳，隨意抄撮而已。

古今人物論三十六卷

(明）鄭賢輯，明萬曆三十六年余彰德刻本。

賢字元直，莆田人，官震澤縣教諭。《四庫全書總目》著錄《人物論》三十四卷，入存目，提要云：是書成於萬曆戊申，掇諸史論贊及唐、宋以來各家文集，取其論古之文，裒爲一編，而以時代編敘之，賢亦附評於篇末。率兼論其文，不專論其事，其體例蓋在史評、總集之間也。所採元以前人之說僅一百二十七家，所採明人之說至二百四十七家，則冗雜可知矣。

古今人物論第一卷

莆中鄭　賢　輯　濰陽余彰　梓

胡一桂宋

三皇

三皇之號昉於周禮外史掌三皇五帝之書而不指其名其次則見於秦博士有天皇地皇人皇之議秦去古未遠三皇之稱或庶幾焉漢孔安國序書乃始於伏羲神農黃帝爲三皇少昊顓頊高辛堯舜爲五帝不知果何所本蓋孔子家語自伏羲以下皆稱曰帝易大傳春秋內外傳有黃帝炎帝之稱月令有帝太昊帝炎帝帝黃帝亦足以表先秦未嘗以伏羲神農黃帝爲三皇也至宋五峰胡氏直斷以孔子易大傳以伏羲神農黃帝

古今人物論三十六卷

五朝宋名臣言行錄前集十卷

(宋) 朱熹輯。

後集十四卷續集八卷别集二十六卷外集十七卷

(宋) 李幼武輯，明萬曆三十五年黄起士等刻本。

有《四庫全書》本，《四庫全書總目》提要云：《前集》、《後集》並朱子撰。《續集》、《别集》、《外集》李幼武所補編。幼武字士英，廬陵人。據其《續集》序文，蓋理宗時所作。其始末則未詳。觀其《外集》所錄皆道學宗派，則亦講學家矣。趙希弁《讀書附志》載此書七十二卷。今合五集計之，實七十五卷。殆傳刻者誤以“五”爲“二”歟？朱子自序謂：“讀近代文集及紀傳之書，多有裨於世教，於是掇取其要，聚爲此書。”乃編中所錄如趙普之陰險，王安石之堅僻，吕惠卿之姦詐，與韓、范諸人並列，莫詳其旨。明楊以任序謂：“是書各臚其實，亦《春秋》勸懲之旨，非必專以取法。”又解“名臣”之義，以爲名以藏僞，有敗有不敗者。其置詞頗巧。然劉安世氣節凛然，爭光日月，《盡言集》、《元城語錄》今日尚傳，當日不容不見，乃不登一字，則終非後人所能喻。考吕祖謙《東萊集》有《與汪尚書書》曰：“近建寧刻一書，名《五朝名臣言行錄》，案祖謙所見乃《前集》，故但稱“五朝”。云是朱元晦所編，其間當考訂處頗多。近亦往問元晦，未報。不知曾過目否？”《晦菴集》中亦有與祖謙書曰：“《名臣言行錄》一書，亦當時草草爲之。其間自知尚多謬誤，編次亦無法，初不成文字。因看得爲訂正，示及爲幸”云云。

則是書瑕瑜互見，朱子原不自諱，講學家一字一句尊若《春秋》，恐轉非朱子之意矣。

又葉盛《水東日記》曰："今印行《宋名臣言行錄前集》、《後集》、《續集》、《别集》、《外集》，有景定辛酉浚儀趙崇硂引，云其外孫李幼武所輯。且云朱子所編止八朝之前，士英所編則南渡中興之後四朝諸名臣也。今觀《後集》一卷有李綱，二卷有吕頤浩，三卷有張浚，皆另在卷前，不在目錄中。又闕殘脱版甚多。頗疑其非朱子手筆，爲後人所增損必多。蓋朱子纂輯本意，非爲廣聞見，期有補於世教，而深以虚浮怪誕之說爲非。今其間吕夷簡非正人，而記翦鬚賜藥之詳；余襄公正人，而有杖臀懷金之恥；蘇子瞻蘇木、私鹽等事亦無甚關係。若此者蓋不一也。李居安所謂'翦截纂要'，豈是之謂歟？嘗見章副使繪有此書，巾箱小本。又聞叔簡尚寶家有宋末廬陵鍾堯俞所編《言行類編舉要》十六卷前、後集。尚俟借觀，以袪所惑"云云。則盛於此書亦頗有所疑。顧就其所錄觀之，宋一代之嘉言懿行，略具於斯。旁資檢閲，固亦無所不可矣。幼武所補，大抵亦步亦趨，無甚出入，其所去取，不足以爲重輕。以原本附驥而行，今亦姑並存之，備考核焉。

宋朝道學名臣言行錄外集十七卷

(宋) 李幼武輯，明萬曆三十五年刻本（清張謙宜批校，周菊伍跋)。

李幼武，字士英，南宋吉州廬陵人。理宗時，著有《皇朝名臣言行續錄》、《四朝名臣言行錄》、《皇朝道學名臣言行錄》，均爲朱熹《宋名臣言行錄》的續編。

鏡古録八卷

(明）毛調元撰，明萬曆紫陽書院刻本。

是書四周單邊，九行二十字，單魚尾。序末有刊書題記：萬曆丙辰歲冬月紫陽書院刊行。卷一首頁版心下刻黄應鴻刻。

嘉靖以來首輔傳八卷

(明）王世貞撰，明萬曆四十五年茅元儀刻本。

世貞，字元美，太倉人，嘉靖丁未進士，官至南京刑部尚書，事跡具《明史・文苑傳》。是編乃紀世宗、穆宗、神宗三朝閣臣事跡。案明自太祖罷設丞相，分其事權於六部。至成祖始命儒臣入直文淵閣，參預機務，但稱閣臣而不以相名。其後閹倖干政，閣臣多碌碌充位。至嘉靖間，始委政内閣，而居首揆者責任尤專。凡一時政治得失，皆視其人爲輕重。故世貞作此書，斷自嘉靖爲始，以明積漸所由來。前有總序，稱："閣臣沿革始末，已具《年表》者"，即指《弇山堂别集》中之《百官表》也。其所載始楊廷和，訖申時行，皆以首輔爲主，而間以他人事跡附之。於當時國事是非，及賢姦進退之故，序次詳悉，頗得史法。惟世貞與王錫爵同鄉，錫爵家嘗妄言其女得道仙去，世貞據爲作傳。當時劾錫爵者，或並及世貞。世貞作此書時，仍載入曇陽子事，不免文過遂非。其餘所紀，則大抵近實，可與正史相參證，不以一節之謬棄其全書也。

歷仕錄一卷

（明）王之垣撰，清康熙四十一年王氏家塾刻本。

之垣，字爾式，號見峰，新城人，嘉靖壬戌進士，歷官户部侍郎，贈本部尚書。是書《四庫全書總目》入存目，提要云：是編自記其歷官行事，自荆州府推官，歷御史、給事中、太僕寺少卿、鴻臚卿、順天府尹、湖廣巡撫，至户部左侍郎止。後附錄二條，又紀友、紀夢、紀異各一條。之垣即劾誅何心隱者，是編詳紀其事。萬歷中，御史趙崇善論其殺心隱爲媚張居正，故其曾孫士禎雜著中屢辨之。是編之跋，亦惟爭此事耳。

宋遺民錄不分卷

（明）程敏政輯。

廣宋遺民錄不分卷

（明）李長科輯，清嘉慶五年譚學敏抄本。

敏政，字克勤，休寧人，成化丙戌進士，官至禮部右侍郎，事跡具《明史・文苑傳》。是書《四庫全書總目》入存目，提要云：此書前列王炎午、謝翱、唐玨三人事跡及其遺文，而後人詩文之爲三人作者並類列焉。七卷以後，則附錄張宏〔弘〕毅、方鳳、吳思齊、龔開、汪元量、梁棟、鄭思肖、林德暘等八人。第十五卷紀元順帝爲宋瀛國公子，引余應詩、袁忠徹記以實之。至謂虞集私侍文宗之妃，説殊妄誕，所引亦自相矛盾。蓋文宗時嘗下詔書，稱順帝非明宗之子，斥居靜江。好事者因造爲此言，其荒唐本不待辨。敏政乃從而信之，乖謬甚矣。

宋三大臣匯志三種十九卷

（明）鄭鄤撰，明崇禎元年大觀堂刻本。

共有《宋丞相韓忠獻公家傳》十卷，《李定忠公别集》三卷，《文山先生别集》六卷。

北海耆舊傳十二卷

（清）張昭潛撰，稿本。

昭潛，字次陶，濰縣人，廪貢。是書見昭潛自爲《墓誌》。又昭潛志丁善寶墓云："欲得余所著《北海耆舊傳》付之梓，囑余亟校而歸之。余還歷下，校讐甫畢，而君訃遽至。"

明能書人名二卷

（清）李堯臣輯，清抄本。

堯臣，字希梅，號約庵，淄川人，諸生。是書收録有明一代擅翰墨者二百餘人，各爲小傳。有康熙庚辰張篤慶序，康熙四十三年李約菴自叙。自序略云："或因人而取其書，或因書而載其人，或忠或佞，要使其人之鬚眉躍然紙上，庶後之覽者欣然怫然，如遇素心，如逢傾蓋，當自有得于點畫之外者。"

徐髯仙霖
楊脩撰慎
黄許事倫
上卷共一百十四人

景中允暘
張崑崙詩
許副都宗魯

明能書人名上卷

山東省圖書館藏

般陽李堯臣希梅輯

宣宗章皇帝

帝諱　仁宗太子天縱神敏萬机之暇游戲翰墨遂與宣和爭勝而治隆文景君臣同游賡歌繼作尤千古帝王所希遘也王世貞稱其書出沈華亭兄弟而能於圓熟之外以遒勁發之

周憲王

王諱有燉周定王長子洪熙元年襲封在位二十八年謚曰憲王勤學好古留心翰墨多蓄晉唐名跡臨

東郡雷氏族譜二卷

（明）雷金聲纂修，明萬曆九年刻本。

金聲，字孔始，恩縣人，諸生，博學有文，著作甚富。是編前有萬曆九年定陶曹用行序、雷金聲序，後有雷生蒙、趙曉跋。

淄西畢氏世德家傳一卷

（明）畢自嚴撰，明崇禎刻本。

自嚴，字景曾，號白陽，淄川人，萬曆壬辰進士，歷官户部尚書。是編乃自其始祖以下八世家傳，共七篇。首爲《始祖石塘翁傳》，次爲《贈宫保大司徒曾祖志儼翁傳》，次爲《贈宫保大司徒祖父廷佐翁傳》，次爲《敕封文林郎司理誥贈光禄大夫宫保大司徒先君舜石翁傳》，次爲《禮部冠帶鷺士伯兄東菴公傳》，次爲《先伯兄華陽處士傳》，末爲《遼撫中丞八弟冲陽公傳》。淄川畢氏，其先世居冀之棗强，不知始於何年，及金元變亂，自棗强遷山東之益都石塘塢。其世代譜牒，已不可考。自敬賢起，始徙淄川之南鋪莊。敬賢八傳而至自嚴。編中“石塘翁”，即敬賢。敬賢四傳至恪，即“志儼翁”。恪第三子忠臣，即“廷佐翁”。忠臣子木，即“舜石翁”。至“東菴公”名威，“華陽處士”名自耕，“冲陽公”名自肅，則皆自嚴兄弟也。畢氏原有世譜行世，此則譜外單行刻本也。

黃氏家乘二十卷

（清）黃守平纂修，稿本。

守平，字星階，號茝田，即墨人，道光戊戌歲貢。黃如瑀弁言云："守平自孩提時，與之談先人功名勳業，即樂聽不倦。既長，讀書能識大義。爰蒐羅舊章，或得諸敗簏之中，或取諸蠹食之餘，諸家所藏，無不畢集。始於丙辰，終於庚申，手錄成册。余樂其有志先業，事竟成也，爰綴數語於簡端云。"

郭氏族譜一卷

（清）郭通磐纂修，稿本。

通磐，字雲臺，號春嶠，歷城人。是編原稿藏山東省圖書館，《中國古籍善本書目》著錄。此稿據嘉慶癸酉重修本續補，續至乾隆五十年。前有嘉慶五年郭通磐《譜序》。末有庚申二月春嶠氏跋云："己未秋，余欲修族譜，即以乾隆庚子原本細加參訂，闕者補之，錯者正之，經月始得事竣。其間支派釐然不紊，但字諱尚未考全。於庚申春復細心校對，反覆披閱，實無訛舛，而譜得成矣。"

鼎甲征信錄二卷

（清）閻湘蕙輯，清抄本。

湘蕙，字香亭，昌樂人，附貢生。是書類輯明代狀元、探花、榜眼人名傳記。原書藏山東省圖書館，《中國古籍善本書目》著録。

司徒恩遇日紀二卷

（明）畢自嚴撰，清康熙五十七年畢盛鑒抄本。

記崇禎元年至十年間事。

歸圍日記（崇禎五年）一卷

（清）張忻撰，清初刻本（有校點）。

是書半頁九行，行二十字，白口，四周單邊，無魚尾。卷端題東萊張忻静之日記。忻，字静之，掖縣人，明天啟乙丑進士，歷官刑部尚書，入清復官天津巡撫。是書記崇禎四年萊州被圍事。《掖縣志》載李繼貞是書序略云："嘗考古今嬰城之奇烈，至睢陽諸君子，極矣！然皆吏其土謀其軍者，未有鄉先生奮袂參席其間也。又身既殞節，城亦就陷，未有救於破亡也。乃萊郡二開府、一太守、兩軍容使，先後斃賊手，城中已無表率之可恃。而二三賢紳從田間起，爲分堞而申警，爲出奇而擊惰，爲蠅頭蠟書而走風雨，爲捐囷輸粟、倒囊散金而購豪勇，供椎釃卒，以眾心之金湯，拒四面之豺虎。其時賊肉未臠而氣先讋，賊氣甚盈而鋒已老，闗甯師乃乘其敝收全功焉。較之睢陽，於今爲烈矣。"毛霦《平叛記》自序云："《歸圍》詳於萊城之危急，而叛兵之始末不載。"

下有識之士之閲而作者詎
獨一東海逐臣已耶古婁散
尹李繼貞題于雪虹閣

歸園日記（崇禎五年）一卷

歸園日紀

東萊張忻靜之日記

余辛未年捌月初貳日繇驗封轉考功初肆日功郎孫二如以終養得

旨行余署司事未幾有武闈之役分考官爲吏垣鄰宋泰斗兵垣都仇羽王吏部則余禮部則莊素鶴凡肆房而山東居叁余曾力辭之舊例兵部先期移手本本衙門開送職名方具

題是科並未有手本迨玖月拾肆日壹鼓後兵部官

歸園日記（崇禎五年）一卷

西征記（康熙五十四年）一卷

（清）張寅撰，稿本。

寅，字曉谷，濱州人，康熙丙戌進士，歷官禮部主事。寅授陝西盩厔令，值西陲用兵，調赴軍前，初解騾馬，繼輓軍粟，積勞六載。是書蓋作於是時矣。

般陽高中謀先生日誌（道光二十九年至三十年）不分卷

（清）高中謀撰，稿本。

中謀，字億堂，號鏡霞，淄川人，道光癸未進士，歷官台拱同知。是書記道光二十九年至三十年事。

鏡鏡詅癡五卷

（清）鄭復光撰，清道光二十七年靈石楊氏刻連筠簃叢書本（清王筠批校）。

是書半頁十行，行字，半口，上單魚尾，四周單邊。卷端題歙鄭復光浣香著，靈石楊尚文墨林續圖，平定張穆石洲編校。版心下鐫連筠簃叢書。

廣文黃鐵年先生、見而嗜之、欲爲付梓、僕病未能也重拂其意、復加點竄、又已數年、稍覺條理麤具。而疵纇多有。殊不足存。顧念成之之艱。得一知己。覆瓿無憾已。弆之敝簏。以待深思篤好如鐵年北華其人者。古歙鄭復光書

鏡鏡詩癡五卷

鏡鏡詅癡卷之一

歙　鄭復光　浣香　著
靈石　楊尚文　墨林　續圖
平定　張穆　石洲　編校

明原　鏡以鏡物，不明物理，不可以得鏡理。物之理，鏡之原也。作明原。

原色

一、天下之物，無不有色，不越乎本色、借色而已。析之則曰實曰虛，曰有形曰無形，曰有質曰無質。

解曰：實色，謂生而有色，如丹砂、石青，透觀則闇，有質也。若燕支、靛花，透照則明，無質也。虛色，謂本非其色，如螺

歷代名臣奏議三百五十卷

（明）黄淮、楊士奇等輯，明永樂刻本。

有《四庫全書》本，《四庫全書總目》提要云：明永樂十四年黄淮、楊士奇等奉敕編。自商、周以迄宋、元，分六十四門。名目未免太繁，區分往往失當。又如文王、周公、太公、孔子、管仲、晏嬰、鮑叔、慶鄭、宫之奇、師曠、麥邱〔丘〕邑人諸言，皆一時答問之語，悉目之爲奏議。則《尚書》颺言，何一不可採入？亦殊踳駁失倫。然自漢以後，收羅大備。凡歷代典制沿革之由、政治得失之故，實可與《通鑑》、《三通》互相考證。當時書成，刊印僅數百本，頒諸學宫。而藏版禁中，世頗稀有。崇禎間，太倉張溥始刻一節録之本。其序自言“生長三十年，未嘗一見其書。最後乃得太原藏本，爲刪節重刊，卷目均依其舊。”所不同者此本有“慎刑”一門，張本無之。張本有“漕運”一門，此本無之。不知爲溥所改移，爲傳本互異。然溥所去取，頗乏鑒裁，至唐、宋以後之文盡遭割裂，幾於續鳧斷鶴，全失其真。此本爲永樂時頒行原書，猶稱完善。雖義例蕪雜，而採摭賅備，固亦古今奏議之淵海也。

司農奏議十卷

（明）趙世卿撰，明萬曆刻本（缺一卷：卷二）。

世卿，字象賢，號南渚，歷城人，隆慶辛未進士，歷官户部尚書，贈太子少保。是編有李廷機序略云：“數爭採榷，進危亡之規，發城社之慝，危言極論，無所回諱。其爲民請命，爲國畜財，汲汲皇皇，不啻己之飢室之磬也。先生一腔忠誠，無一念不爲公家計，百行精潔，無一事不可與天知，足以感動明主，信服士大夫，而屈折中貴。故其言明目張膽，懇懇侃侃，一出自純衷素履，正切有味，與尋常封事空言者不同。即先生自疏有云：‘臣言甚苦，臣心甚甘，聽之若逆耳難收，咀之則怡心有味。’此數語者，亦足盡奏議之概矣。《奏議》凡若干卷，詞氣風度，酷似陸宣公，其才誠相伯仲。若論遭際勳業，宣公不逮矣。讀是編者，以余評爲何如?”

諸城劉氏三世奏稿一卷

（清）劉統勳、劉墉、劉鐶之撰，稿本（清沈梧跋，呂景端題識）。

統勳，字爾鈍，號延清，諸城人，棨子，雍正二年進士，歷官陝甘總督、東閣大學士，贈太傅，謚文正。墉字崇如，號石菴，統勳子，乾隆辛未進士，歷官體仁閣大學士，謚文清。鐶之，墉從子，乾隆五十四年進士，累遷兵部尚書。此本共九開，收奏稿三件。首爲謝恩摺殘頁，不具姓名，亦不署年月。次爲劉墉二月初三日奉上諭任都察院左都御史，仍在南書房行走，於次日上奏謝恩摺，時在乾隆四十七年。其三爲順天學政劉鐶之按試保定，有容城縣童生代倩舞弊，鐶之上書，據實奏聞查辦始末，時在嘉慶十二年十二月。末有同治五年無錫沈梧跋，曰：“右諸城劉氏文正、文清、文恭三世奏牘。此文恭公嘉慶丁卯督學順天，奏聞童生舞弊摺稿也。按：文恭祖母顏太夫人，文正公之繼配，文清公之母也。辛未，文恭官尚書，督學江南，迎養太夫人於江陰使署。值太夫人九十誕辰，文清恭奉恩命，前赴江南，爲母辦壽。天章炳燿，錫予便蕃，朝野榮之，公卿大夫各有嘏辭聯句贈行。記其一聯云：‘帝祝期頤，舉朝祝期頤，合三代之門生亦共祝期頤，八座恩榮昭海內。夫爲宰相，哲嗣爲宰相，備六官之文孫又將爲補相，九旬福曜蔭江南。’一時傳誦。洵古今所罕有也。同治五年歲次丙寅中秋前一日識而藏之，無錫沈梧，時客海陵廙齋。”

大明一統志九十卷

(明) 李賢、萬安等纂修，明弘治十八年慎獨齋刻本。

有《四庫全書》本，《四庫全書總目》提要云：明吏部尚書兼翰林院學士李賢等奉敕撰。案沈文《聖君初政志》稱洪武三年，命儒臣魏俊等六人編類天下郡縣地理形勢，爲《大明志》，今其書不傳。後成祖採天下郡縣圖經，命儒臣纂輯爲一書，亦未及成而中輟。至英宗復辟後，乃命賢等重編。天順五年四月，書成奏進，賜名《大明一統志》。御製序文冠其首，鋟版頒行。考輿志之書出自官撰者，自唐《元和郡縣志》、宋《元豐九域志》外，惟元岳璘等所修《大元一統志》最稱繁博。《國史經籍志》載其目，共爲一千卷，今已散佚無傳。雖《永樂大典》各韻中頗見其文，而割裂叢碎，又多漏脱，不復能排比成帙。惟浙江汪氏所獻書內，尚存原刊本二卷，頗可以考見其體製。知明代修是書時，其義例一仍《元志》之舊，故書名亦沿用之。其時纂修諸臣，既不出一手，舛譌牴牾，疏謬尤甚。如以唐臨洵爲漢縣；遼無章宗，而以爲陵在三河；金宣宗葬大梁，而以爲陵在房山；以漢濟北王興居爲東漢名宦；以箕子所封之朝鮮爲在永平境内，俱乖迕不合，極爲顧炎武《日知録》所譏。至所摘王安石《處州學記》“地最曠大，山長谷荒”之語，則併句讀而不通矣。此本内多及嘉靖、隆慶時所建置，蓋後人已有所續入，亦不盡出天順之舊。我國家辨方定位，首重輿圖。《大清一統志》近復奉詔重修，起例發凡，彌臻盡善。此書之舛略，本無可採。特是職方圖籍，爲有國之常經，歷朝俱有成編，不容至明而獨闕。故仍録存，以備一代之掌故焉。

西湖遊覽志餘二十六卷

(明) 田汝成撰，明萬曆四十七年商維濬刻本（缺四卷：卷十九至二十二)。

汝成，字叔禾，錢塘人，嘉靖丙戌進士，官至廣西布政司右參議，事跡具《明史·文苑傳》。《四庫全書總目》著録《西湖遊覽志》二十四卷《志餘》二十六卷，提要云：是書雖以遊覽爲名，多記湖山之勝，實則關於宋史者爲多。故於高宗而後，偏安逸豫，每一篇之中三致意焉。宋乾道間，周淙撰《臨安志》十五卷。咸淳間，潛說友又續成一百卷。湖山特其中之一目，例不當詳。吳自牧作《夢粱録》，周密作《武林舊事》，於歲時、風俗特詳，而山川、古跡又在所略。惟汝成此書，因名勝而附以事跡，鴻纖鉅細，一一兼該。非惟可廣見聞，併可以考文獻。其體在地志、雜史之間，與明人遊記徒以觴詠登臨，流連光景者不侔。其《志餘》二十六卷，則摭拾南宋軼聞，分門臚載。大都杭州之事居多，不盡有關於西湖。故別爲一編，例同附録。蓋有此餘文，以消納其冗碎，而後本書不病於蕪雜，此其義例之善也。惟所徵故實，悉不列其書名，遂使出典無徵，莫能考證其真僞。是則明人之通弊，汝成亦未能免俗者矣。

天下郡國利病書一百二十卷

（清）顧炎武撰，清錢氏萃古齋抄本。

炎武，一名絳，字寧人，崑山人，博極群書，精於考證，清稱學有根柢者以炎武爲最，李光地嘗爲作小傳，載《榕村集》中。是書《四庫全書總目》入存目，提要云：蓋雜取天下府、州、縣志書，及歷代奏疏、文集並明代實錄，輯錄成編。其中採掇舊文，同異兼收，間有矛盾之處。編次亦絕無體例。蓋未成之稿本也。

太平三書十二卷

（清）張萬選輯，清順治五年刻本。

萬選，字舉之，鄒平人，延登子，天啟間貢生，官太平府推官，擢刑部員外郎。是書原題：“濟南張萬選舉之甫編輯。”有鍾鼎、陳選、張一心、唐允甲序，自序，張京跋。《四庫全書總目》入存目，提要云：成於順治戊子。據其序例，一曰圖畫，二曰勝概，三曰風雅。圖凡四十有二，見唐允甲題詞中。此本佚其圖畫一卷，惟存勝概七卷、風雅四卷。

齊乘六卷附音釋一卷

（元）于欽撰，（元）于潛音釋，清乾隆四十六年胡德琳登州刻本。

欽，字思容，益都人，歷官兵部侍郎。是書有《四庫全書》本，《四庫全書總目》提要云：是書專記三齊輿地。凡分八類：曰沿革，曰分野，曰山川，曰郡邑，曰古跡，曰亭館，曰風土，曰人物。叙述簡核而淹貫，在元代地志之中最有古法。其中間有舛誤者，如宋建隆三年改濰州置北海軍，以昌邑縣隸之，乾德三年復升濰州，又增昌樂隸之，均見宋《地理志》，而是書獨遺。又壽光爲古紀國，亦不詳及。其他如以華不注爲靡笄山，以臺城爲在濟南東北十三里，顧炎武《山東考古錄》皆常辨之。然欽本齊人，援據經史，考證見聞，較他地志之但據輿圖、憑空言以論斷者，所得究多，故向來推爲善本。卷首有至元五年蘇天爵序，亦推挹甚至，蓋非溢美矣。

［嘉靖］山東通志四十卷

（明）袁宗儒修，陳沂、陸釴等纂，明嘉靖十二年刻本。

宗儒，字醇夫，號靜庵，河北雄縣人，正德三年進士，嘉靖十一年任山東巡撫都御史。沂字魯南，浙江鄞縣人，山東參政。釴字舉之，鄞縣人，山東提學副使。志始修於嘉靖十一年，十二年修成並梓行。此係山東首部官修通志。分圖考、建置沿革、星野、疆域、山川、形勢、風俗、物産、田賦、户口、封建、職官、兵防、城池、漕河、橋梁、公署、學校、科目、祠祀、陵墓、寺觀、宫室、古跡、帝王、聖賢、名宦、人物、流寓、仙釋、孝義、列女、藝文、遺文、災祥、雜志三十六篇，凡四十卷。前有嘉靖癸巳（十二年）山東監察御史新安方遠宜序，次楊維聰、陳沂、陸釴序。後有張寅《序志傳》、王應槐《序通志後》。是志按永樂十六年頒《纂修志書凡例》規定篇目編撰，各篇以所轄州縣分述合論。《四庫提要》云："是編在地志之中，號爲佳本。"

［崇禎］歷城縣志十六卷

（明）宋祖法修，（明）葉承宗纂，明崇禎十三年濼源葉氏友聲堂刻本。

承宗，字奕繩，號濼湄，歷城人，順治丙戌進士，官臨川知縣，殉金聲桓之難。是書有承宗自序略云："蒐群書，簡舊乘，取《爾雅》、《山海經》、《水經注》、《齊乘》、《通志》、《寰宇記》、《二十一史》、諸名家集以議增，取近日名卿、鄉彦、忠孝、節烈，下至災祥、兵變及他學士覩記父老傳聞以議續。綱十一，目四十有九，合圖爲五十，凡十六卷。經始於季春之望，脫稿於仲秋之朔，閲百三十日有奇，而書告成。"卷一圖，卷二封城志，卷三至卷四建置志，卷五賦役志，卷六職官志，卷七學校志，卷八選舉志，卷九武備志，卷十人物志，卷十一古跡志，卷十二至十五藝文志，卷十六雜志。前有蔡懋德、宋祖法、葉承宗序。後附葉承祧跋。

[順治] 平陰縣志八卷目錄一卷

(清) 陳秉直修，(清) 趙貫台、張宗旭纂，清康熙十三年刻本 (存五卷：卷四至八)。

秉直，字司貞，遼寧海城貢生，順治六年任平陰知縣。貫台字紫垣，平陰人，明崇禎丙子舉人，官鞏昌同知。宗旭字也顛，號介丘，平陰人，貢生。是志始於順治十一年，成稿後未及付梓，陳氏調任；康熙十一年，繼任陳肇林延請趙貫台補訂，於十三年梓行。分圖經志、輿地志、建置志、食貨志、官師志、選舉志、人物志、藝文志、災祥志、雜志十門，轄目四十九。前有陳秉直、張宗旭、朱鼎延序，舊志序兩篇。後有順治甲午趙貫台、劉昌臣跋。

[康熙] 齊河縣志八卷首一卷

(清) 藍奮興修，(清) 王道光纂，清康熙十二年刻本。

奮興，福建侯官人，康熙八年任齊河知縣。道光，齊河人，歲貢生。是志始於康熙十一年，爲現存最早齊河縣志。分沿革、地理、星野、城池、山川、橋梁、官署、衢市、户口、賦役、物産、風俗、學校、兵防、祠祀、坊楔、驛傳、鋪舍、職官、宦跡、卹政、災祥、選舉、鄉賢、贈蔭、忠烈、孝義、列女、古跡、墳墓、藝文、寺觀等志，凡八卷。首載藍奮興、郝綱、于超、王浩、王道光序，縣圖四幅。

［萬曆］商河縣志十卷

（明）曾一侗修，（明）唐文光等纂，明萬曆十四年刻崇禎十年增刻本。

一侗，河南陳州人，萬曆十二年任商河知縣。文光，商河人。是志始於萬曆十四年，大體依嘉靖間賈樞志稿增輯而成，次年梓行。崇禎十年，知縣賈席前據以重刻，爲現存最早商河縣志。分輿地志、宮室志、食貨志、學校志、官師志、選舉志、人物志、古跡志、雜述志、遺文志十門。前有詹應陽序，縣圖五幅。後有王栢、鄔邦瑞跋。

［康熙］臨淄縣志十六卷

（清）鄧性修，（清）李煥章纂，清抄本。

性，字豈嵁，江西南昌人，康熙十一年任臨淄知縣。煥章字象先，號織齋，樂安人，諸生。是書分輿地、建置、學校、户口、田賦、鄉社、職官、選舉、災祥、宦績、人物、列女、藝文、志餘十四門，凡十六卷。前有吳建極、李煥章、鄧性、朱作肅、于際飛序，縣圖六幅。後有于玠、王耿、吳歷昌跋。

［康熙］重修德州志十卷

（清）金祖彭修，（清）程先貞纂，清康熙十二年刻本。

祖彭，字大年，江蘇吳江人，康熙十年任德州知州。是志據先貞原本補修，始於康熙十一年，次年纂成梓行。分封域志、建置志、賦役志、學政志、祀典志、兵衛志、秩官志、人物志、選舉志、紀事志十門。前有金祖彭序。後有蕭惟豫跋。先貞字正夫，號蒠庵，德州人，以祖紹蔭歷官工部員外郎，入清，家居不出。

[康熙] 高苑縣志八卷

(清) 宋弼纂修，清康熙十一年刻本。

弼，字采臣，江蘇華亭人，康熙六年任高苑知縣。是志繼萬曆《高苑縣志》而作，纂修於康熙十一年，爲現存最早高苑志書。分方輿志、建置志、職官志、學校志、選舉志、人物志、賦役志、藝文志八門。前有宋弼、沈荃序。

[康熙] 利津縣新志十卷

(清) 韓文焜纂修，清康熙十二年刻本。

文焜，字青藜，河南唐縣人，康熙十一年任利津知縣。是志始於康熙十一年，次年纂成刊行。分輿地志、建置志、祀典志、田賦志、職官志、辟舉志、宦跡志、人物志、雜志、藝文志十門，凡十卷。前有韓文焜、李應甲序，明舊志序，縣圖五幅。

[康熙] 樂安縣續志二卷

(清) 歐陽焯修，(清) 李含章、李煥章纂，清抄本。

焯，字賓霞，江西安福人，康熙三年任樂安知縣。含章，字繪先，號浮玉，樂安人，崇禎己卯副貢。煥章，字象先，號織齋，含章弟，諸生。是志始於康熙五年，六年纂成刊行。上卷分紀年、河渠、風俗、户口田賦、貤封、耆碩、藝文、市廛、學校、秩官、選舉、名宦鄉賢、丘墓、援例，下卷分宦績、理學、諫臣、事功、卓行、獨行、儒行、外徙、補遺、孝子義士、列女、武胄、文苑、建置紀事、藩臣。前有歐陽焯、王薰沭序。後有張重暉跋。是書抄本原藏上海圖書館。另有清康熙六年刻本，藏國家圖書館。

濰縣古城考一卷

(清) 郭麐撰，稿本。

麐，字子嘉，自號望三散人，濰縣人。是書所考共十六城，有不在濰境者。道光癸卯輯於湖北臬署，光緒庚辰補輯於藁城西署。

[萬曆] 青州府志二十卷

(明) 王家賓修，(明) 鍾羽正纂，明萬曆四十三年刻本。

家賓，河北定興人，萬曆四十年任青州知府。羽正字淑濂，號龍淵，益都人，萬曆庚辰進士，歷官工部尚書。是志始於萬曆四十一年。卷一圖、建置沿革、星野；卷二至卷三山川；卷四古跡；卷五户口、田賦、徭役、物産、風化；卷六學校；卷七祀典；卷八封建；卷九職官；卷十選舉；卷十一兵防、要隘、城池、津梁、官署、驛傳、鄉社；卷十二名宦；卷十三聖跡、先賢、經師、理學、事功；卷十四忠義、孝友、隱逸、儒行；卷十五文學、武功、説士、卓行、僑寓、貤封、恩蔭；卷十六列女；卷十七方技、仙釋、寺觀、陵墓；卷十八至十九遺文；卷二十雜志、外傳、藝文、災祥。前有鍾羽正、王家賓序及舊志序。

［康熙］續安丘縣志二十六卷

（清）任周鼎修，（清）王訓纂，清康熙二年刻本（存卷十二至二十六）。

周鼎，字玉鉉，陝西涇州人，順治十五年任安丘知縣。訓字敷彝，一字念泉，别號悔齋，安丘人，順治丁亥進士，官萬泉知縣。是志分總紀、星野考、山川考、古跡考、建置考、典禮考、雅樂考、賦役考、風俗考、方産考、藝文考、秩官表、貢舉表、貤封表、恩蔭表、宦跡傳、儒林傳、事功傳、文苑傳、武胄傳、高士傳、篤行傳、孝義傳、僑寓傳、列女傳，凡二十五卷。前有曹申吉、王訓、任周鼎、劉祚遠序，縣圖一幅。

[道光] 安丘新志乘韋二十八卷

(清) 馬世珍撰，張伯桓增訂，清稿本。

世珍，字席公，安丘人，嘉慶庚申恩貢。伯桓字雪航，安丘人，嘉慶戊辰舉人，官金鄉教諭。世珍以邑志自康熙元年續修後，迄今已百餘年，文獻日就荒杳，及今不修，後來者更無從稽考，乃與知縣謝蓮湖籌謀纂續。由是立館舍，醵費金，採輯、纂校分司其事，閱三月稿成。未幾邑令他去，事遂未竟。越二十年，至道光時，邑人張伯桓取其遺稿，按例增訂，分門别類，編次成卷。長篇者節錄之，近事者新增之。以明之舊志本二十八卷，康熙元年續志並爲二十五卷，兹又增技術、方外、補遺三卷，仍足二十八之數。全書分總紀、星野考、山川考、古跡考、建置考、典禮考、雅樂考、賦役考、風俗考、方産考、藝文考、秩官表、貢舉表、貤封表、恩蔭表、宦跡傳、儒林傳、事功傳、文苑傳、武胄傳、高士傳、篤行傳、孝義傳、技術傳、方外傳、流寓傳、列女傳、補遺。是志體例，以紀、考、表、傳分類，只列大綱，不舉細目。各卷叙論，又諸表論説，舊志已詳，無容再贅；惟於諸考後間題數行，以見時勢之變遷、人事之得失。至於列傳，則僅編次事實，不發議論。於卷末增補遺一卷，以記所聞故實。體例精嚴，不遺不濫，誠名著也。

列傳十三　志二十八

補遺

馬惠　王天相　張時　吴鵬霄

[道光]安丘新志乘韋二十八卷

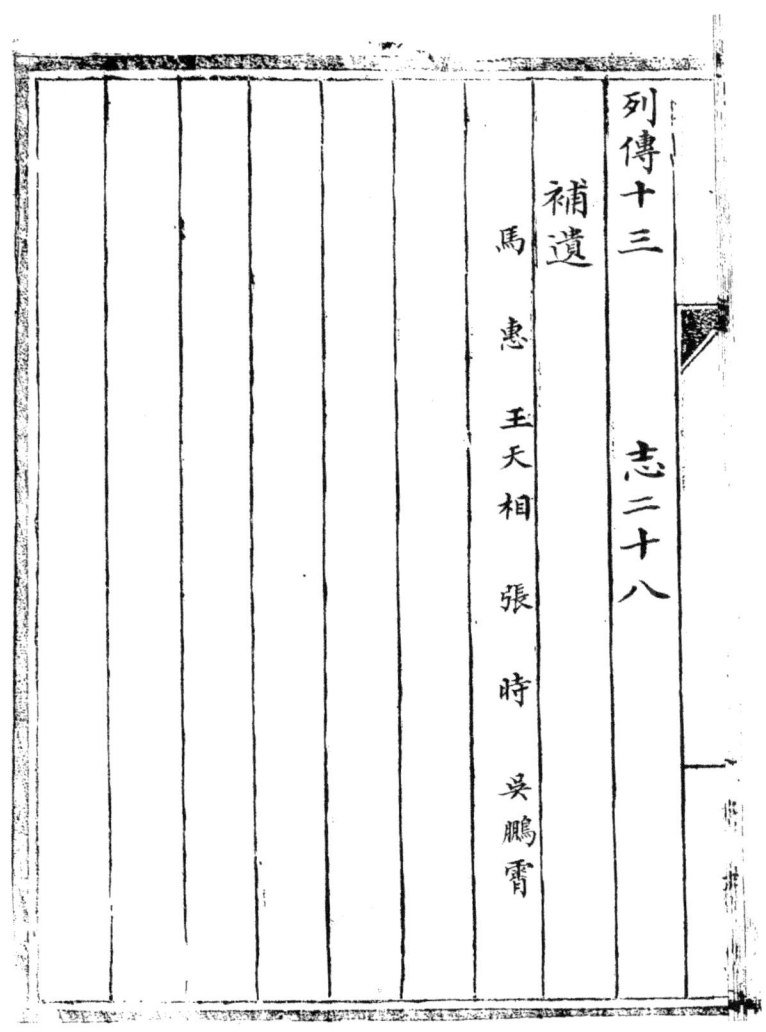

安邱新志乘韋卷一

邑人馬席公先生原本　後學張柏恒雪航增訂

總紀

于河南監應試

康熙二十一年壬戌知縣陳文煥自十八年到任〇秋特設鄉試〇廣儒童額五人

二十二年癸亥春行鄉飲酒禮大賓馬孟道

二十三年甲子秋有蟄龍起大雨時有室女接簷溜濯手右手拇甲內遂有紅線寸許作盤屈狀年餘不滅亦無所苦今秋雷雨大作女出其手于窗外忽震雷砰訇自窗閒起有龍出手甲中騰空去但甲分裂餘無恙

式訓堂

［道光］安丘新志乘韋二十八卷

[康熙] 諸城縣志十二卷

(清) 卞穎修,(清) 王勸纂,清康熙十二年刻本。

穎,字慧生,江蘇江都人,康熙十一年任諸城知縣。勸字袞華,諸城人,順治丁亥進士,歷官文安知縣。是志卷一輿圖、建置沿革、星野、疆域、形勝、風俗、城池、公署、縣治、倉庫、坊隅、街巷、儒學、學田,卷二山水、八鄉里社、歲時,卷三户口、田地、丁徭、錢糧、舖舍、旅店、橋梁、集場、鎮寨、要隘、軍屯,卷四鹽法、鄉約、封建、歷代職官、國朝官制、令佐、校職、武胄,卷五名宦、儀禮,卷六壇廟、祀典、科目、武科目、歲貢、例貢、薦辟、封爵、誥敕、坊牌,卷七人物、孝友、忠義、高士、施與、列女、流寓,卷八古跡、冢墓、野廟、佛寺、土産,卷九仙釋、祥異、紀異、兵火,卷十歷代遺文,卷十一國朝文,卷十二歷代雜著、國朝雜著。前有卞穎序,舊志序二篇。後有劉必顯跋。

[光緒] 增修諸城縣續志二十二卷

(清) 劉嘉樹修,(清) 苑棻池、邱濬恪纂,清光緒十八年刻本。

嘉樹,江蘇陽湖人,光緒十二年任諸城知縣。棻池字秋舫,諸城人,同治七年進士,歷官浙江温處兵備道。濬恪字佩山,邑拔貢,曾官直隸寧津知縣。是志始於光緒十七年,次年纂成梓行。分總紀、摭遺、古跡考、金石考、藝文考、職官表、選舉表、議叙表、誥敕表、襲蔭表、宦跡録、列傳十二門，凡二十二卷。前有劉嘉樹序。

［嘉靖］寧海州志二卷

（明）李光先、焦希程纂修，清抄本。

光先，字唯孝，號冶山，山西代州人，嘉靖二十四年任寧海知州。希程字師正，號芝原，河南泌陽人，寧海州同知。是志修於嘉靖二十六年。上卷地理、民賦、建置、祠祀；下卷官守、選舉、人物。前有李光先、焦希程、郭宗皐序，州圖二幅。後附叢磐、熊文翰跋。

［康熙］寧海州志十卷

（清）楊引祚修，（清）王樞纂，清康熙十一年刻本。

引祚，湖北沔陽人，康熙十年任寧海知州。樞字拱如，寧海人，拔貢生。是志纂於康熙十一年。分天事、地理、建置、户賦、典禮、學校、職官、選舉、人物、雜稽十門。前有楊引祚序，州圖二幅。

［萬曆］福山縣志八卷

（明）宋大奎修，（明）郭如泰纂，抄本。

大奎，陝西延長人，萬曆四十三年任福山知縣。如泰，福山人，歲貢生。是志纂於萬曆四十五年，爲福山現存最早縣志。

寧海州志卷之上

沁陽焦希程撰次

地理第一

寧海州古嵎夷地也天文自婺女八度至危十六度曰玄枵之次一名天黿杓辰亦謂之困敦於律為大呂斗建在丑為齊分野而是地入危九度禹貢青州之域周封牟子於齊在今壽光縣境内春秋時齊人忌其近於臨淄逼牟子於牟平牟平者以其在牟山平

分地理、建置、貢賦、職官、人物、恩綸、文翰、雜志八門。前有郭爾池序，縣圖二幅。抄本原藏上海圖書館。另有明萬曆四十六年刻本（存卷一至四），藏國家圖書館。

［嘉慶］續掖縣志四卷

（清）張彤修，（清）張詡纂，清嘉慶十二年刻本。

彤，字虎拜，浙江烏程人，嘉慶九年任登萊青海防兵備道。詡，江蘇元和人。是志修於嘉慶十二年，依前志部分篇目，續補乾隆二十三年以後縣事。

［康熙］蓬萊縣志八卷

（清）高崗修，（清）蔡永華等纂，清康熙二十年刻本（存六卷：卷 1–2，5–8）。

崗，字侖佚，河北灤州人，康熙六年任蓬萊知縣。永華字介磁，蓬萊人，順治中官禹州知州。是志始於康熙十一年，次年纂成梓行。分星野、廢置、疆域、山川、城池、公署、學校、祀典、武備、户口、土田、賦役、隅社、物産、風俗、職官、辟舉、科貢、武科、封蔭、人物、節烈、流寓、仙釋、古跡、寺觀、藝文二十七門，凡八卷。前有高崗序，縣圖十五幅。

［康熙］棲霞縣志八卷

（清）胡璘修，（清）牟國玠纂，清康熙十一年刻本（存卷三至八）。

璘，字彬玉，河北順天人，康熙四年任棲霞知縣。國玠字錫韓，號鳳伯，棲霞人，康熙五年丙午科舉人，二十一年壬戌科進士。是志纂於康熙十一年。分疆理志、建置志、賦役志、官師志、選舉志、人物志、祥異志、藝文志八門。前有胡璘、李唐裔、牟國玠、牟國須序，縣圖五幅。後有孫鏡仙跋。

［康熙］沂水縣志六卷

（清）黄臚登纂修，清康熙十一年刻本（存三卷卷4-6）。

臚登，福建龍溪人，康熙十年任沂水知縣。是志繼明萬曆《志》而作，纂修於康熙十一年，爲現存最早沂水志書。卷一邑名、分野、封疆、山川、古跡、掌故、城池、險要，卷二里社、市集、官署、儒學、祀典、驛遞、鋪舍、橋梁，卷三倉儲、田賦、户口、物産、風俗，卷四職官、宦跡、科目、鄉賢，卷五孝行、節烈、祥異、寺觀，卷六藝文。前有黄臚登序，縣圖二幅。

[康熙] 莒州志二卷

(清) 張文範修, (清) 段章纂, 清康熙十一年刻本 (存卷二)。

文範, 字斗衡, 遼寧寧遠人, 康熙九年任莒州知州, 章, 莒州人。是志纂於康熙十一年, 爲現存最早莒州志書。卷上圖考、天文、地理、封建、田賦、建置、禮制, 卷下官師、人物、方外、列女、徵應、雜見、文苑、藝文, 共十五門。前有張文範《修志申文》。

[光緒] 萊蕪縣志四十二卷

(清) 張梅亭修, (清) 王希曾纂, 清光緒三十四年稿本 (清王筠批校)。

梅亭, 字雪庵, 號對溪, 萊蕪人, 光緒二十四年進士。是書始於光緒三十年, 歷時四載而成稿。分天文志、災祥志、地理志、田賦志、人物志、選舉志、官師志、建置志、典禮考、大事記、藝文記十一門, 凡四十二卷。

[康熙] 肥城縣志二卷

(清) 尹任修, (清) 尹足法纂, 清康熙十一年刻本。

任, 河北棗强人, 康熙八年任肥城知縣。足法字從之, 肥城人, 崇禎己卯舉人, 歷官湖南永明知縣。是志纂於康熙十一

萊蕪縣志卷一

天文志

星野

考兗州分野在辰位大火之次而角亢氐皆次于兗萊在兗之東北泰山之東雖屬魯而處齊魯青兗之交當屬亢氐而非角

按角宿兼宋衛陳鄭分野周景王二十年冬有星孛于大辰裨竈曰辰為大火宋衛陳鄭皆當有火果驗後周廣順二年鎮星行角亢而慕容彥超為祠以禱以應天象則萊屬亢氐之間明矣

分野圖角亢氐屬兗州而萊在兗之東北當應氐星之次出舊志

山東省圖書館珍藏

年，爲現存最早肥城縣志。上卷星野、地理、疆域、形勝、山川、泉洞、鄉社、風俗、城池、公署、縣署、廟祠、武備、鋪舍、倉場、津梁、市鎮、城集、鄉集、坊牌、人丁、地糧、馬政、物産、學校，下卷官師、人物、孝友、貞烈、耆壽、選舉、武功、書院、亭臺、景致、陵墓、寺觀、詩文、災異，凡三十九門。前有尹任、尹足法、王度序，縣圖四幅。後有鄧國球後序。

[道光] 濟寧直隸州志十卷首一卷末一卷

(清) 徐宗幹、許瀚纂修，清道光二十年濟甯修志稿本(民國趙愚軒跋)。

是書半頁九行，行二十一字，無格，白口。宗幹，字樹人，江蘇通州人，道光四年任濟寧直隸州知州。瀚字印林，日照人，道光乙未舉人，官嶧縣教諭。朝安，字曉亭，廣東新會人，咸豐六年任濟寧知州，是志始於道光二十年，二十三年志稿粗就，未及付梓，宗幹調任。咸豐七年，盧朝安取原稿再加訂正，於九年刊行於世。卷首天章志。下分星野志、五行志、大事志、方輿志、山川志、食貨志、風土志、建置志、兵革志、學校志、秩祀志、名勝志、職官志、選舉志、人物志、藝文志、雜稽志十七門，凡十卷。卷末志原。前有徐宗幹、敬和、盧朝安序，州志圖十九幅。後附咸豐七年徐宗幹跋。

濟寧直隸州志卷一

星野志

按周官保章氏以星土辨九州之地所封封域皆有分星濟州分野明宏治舊志屬奎婁萬歷志屬角前志並存兹遍考歷代史志而折衷於左氏前志先沿革次星野今移於前觀天文而後可察地理也濟寧州北極出地三十五度三十三分二秒仍遵二百五十里一度里差法推云

角亢氐兖州房心豫州奎婁胃徐州史記天官書魯地奎婁之分埜也東至東海南至泗水至淮得臨淮之下相睢陵僮取慮皆魯分也宋地房心之分埜也今之沛梁楚山陽濟陰東平及東郡之須昌壽張皆宋分也漢書地理志自壁八度至胃一度謂之降

[康熙] 金鄉縣志十六卷首一卷

(清) 沈淵纂修，清康熙五十一年刻本。

淵，字靜軒，浙江山陰人，康熙四十四年任金鄉知縣。是志始於康熙五十年，次年纂成梓行。分星野、疆域、山川、建置、古跡、風俗、鄉社、物產附、賦役、學校、典禮、秩祀、兵防、封爵、官職、選舉、名宦、人物、列女、藝文、詩詞附災祥，凡十六卷。首有蔣陳錫、陳恂、沈淵、張霖序，舊志序三篇，縣圖十二幅。

[順治] 嘉祥縣志六卷

(清) 張太升修，(清) 董方大纂，清順治九年刻本（存四卷：卷三至六）。

太升字霽旭，遼東人，順治五年任嘉祥知縣。方大字集之，嘉祥人，順治壬辰拔貢。是志乃據明萬曆龔仲敏（萬曆二十三年任知縣）本續纂而成。分方輿志、建置志、食貨志、祀典志、職官表、選舉表、辟舉表、貤封表、儒林傳、人物傳、名宦傳、孝子傳、義士傳、列女傳、仙釋傳、附傳、藝文志十七門。前有龔仲敏、張太升、董方大等序五篇，縣圖二幅。

［萬曆］兗州府志五十二卷

（明）易登瀛修、盧學禮、于慎行纂，明萬曆二十四年刻本。

登瀛，河北肅寧人，萬曆十六年任兗州知府。學禮，河北東明人，萬曆二十年任兗州知府。慎行字可遠，一字無垢，東阿人，隆慶戊辰進士，歷官東閣大學士，謚文定。是志始纂於萬曆十九年，成於二十三年。分沿革志、建置志、山水志、風土志、帝跡志、聖里志、國紀志、天潢志、職官志、選舉志、田賦志、户役志、學校志、兵戎志、驛傳志、河渠志、鹽法志、馬政志、古跡志、陵墓志、祠廟志、寺觀志、宦跡志、人物志、典籍志、藝文志、災祥志、叢談志二十八門，凡五十二卷。前有張允濟、姚思仁、馮琦序，府州縣圖考。

［道光］觀城縣志十卷首一卷

（清）孫觀纂修，清道光十八年刻本。

觀，浙江錢塘人，道光十七年任觀城知縣。是志始於道光十八年，次年修成梓行。卷首典謨志。下分輿地志、學校志、秩祀志、賦役志、職官志、選舉志、人物志、藝文志、雜事志九門，凡十卷。前有孫觀、潘尚楫序，舊志序，修志申文，縣圖三幅。

兗州府志卷之一

沿革志

郡人于慎行編

敘曰

國家肇造函夏列牧分州是邦也在侯甸之間號股肱之郡核以建侯之土則數國之封疆跨焉括以置守之方則數郡之部界苞焉美哉東藩之雄鎮宇內之奥區也然而名實之際有不可不辨者禹貢之兗界在濟河而今日之境略及海岱故其東南郡邑屬徐州之域者十之七八西北郡邑屬兗州之域者十之一二蓋宅徐之方而受兗之名也

［光緒］東阿縣鄉土志八卷

（清）姜漢章等纂修，清光緒三十二年鉛印本。

漢章，東阿人，歲貢生。是志始於光緒三十一年，次年印行。卷一歷史，卷二政績錄，卷三兵事錄，卷四人類、户口、姓氏，卷五宗教、實業，卷六地理，卷七山水、道路，卷八物産、商務。前有姜漢章序。

嶗山志八卷

（明）黄宗昌撰，嶗山藝文志二十四卷，（清）黄肇顎撰，清抄本。

宗昌，字長倩，號鶴嶺，即墨人，天啟壬戌進士，歷官山西道御史，巡按湖廣。是志爲目凡八：卷一考古，卷二本志，卷三名勝，卷四棲隱，卷五仙釋，卷六物産，卷七别墅，卷八遊觀。棲隱中“張允掄”一條，仙釋中“自華”、“慈霑”二條，皆其子坦所補。名勝一卷坿載宫觀建置，遊覽一卷則彙錄前人遊記之文。卷首載顧炎武序。其自序略云：“春非我春，秋非我秋，環視天下，獨有嶗山耳。嗟乎！時所在，命所在也。命所在，性所在也。人道不昧，其嶗山之力乎？志所見，志所聞。嶗無心也，心乎嶗者，其恍然於所見所聞之外乎？”

肇顎字仲嚴，號儀山，即墨人，貢生。其凡例十一條。第一條云：“蒐輯藝文，分繫各名勝。”第七條云：“作者姓氏、爵里，詳注篇首。”第九條云：“時人文字，恐有更訂，例不入編，附諸卷末，名曰志餘。惟刊刻已行世，雖生存之人，亦必載入。”第十條云：“嶗山金石惟晉、唐爲最古，以前無考。但自宋元以降，剝蝕不完，有可辨者，必爲開載；否則但標年代，或僅著姓氏。要必詳其所在，懼湮沒也。”

泰山紀事三卷

(明) 宋燾撰，明萬曆刻本。

燾，字繹田，泰安人，萬歷辛丑進士，歷官御史，贈光祿少卿。是書一卷曰天集，記天神事；二卷曰地集，記古跡；三卷曰人集，記名宦、人物。《四庫全書總目》著錄，入存目。有《四庫全書存目叢書》影印本。

泰山志四卷

(明) 汪子卿撰，明嘉靖三十三年項守禮刻本。

題“明巡按直隸監察御史婺吳伯朋裁定，山東按察司僉事大梁曹金校訂，順天府儒學訓導歙汪子卿編輯”。有嘉靖三十三年沈應龍序，三十四年雍焯序，三十二年洪章序。

會稽三賦四卷

(宋) 王十朋撰，(明) 南逢吉注，(明) 尹壇補注，(明) 陶望齡評，明萬曆山陰丁氏致遠堂刻本。

十朋，字龜齡，樂清人，紹興二十七年進士第一，官至龍圖閣學士，謚忠文，事跡具《宋史》本傳。是書有《四庫全書》本，《四庫全書總目》提要云：所著有《梅溪集》。此賦三篇，又於集外别行。一曰《會稽風俗賦》，仿《三都賦》之體，歷叙其地山川、物産、人物、古跡。一曰《民事堂賦》，民事堂者，紹興中添差簽判廳之公堂也。元借寓小能仁寺，歲久圮廢，十朋始重建於車水坊。一曰《蓬萊閣賦》，其閣以元稹詩“謫居猶得住蓬萊”句得名。皆在會稽，故統名曰《會稽三賦》。初，嵊縣周世則嘗爲注《會稽風俗賦》，郡人史鑄病其不詳，又爲增注，併注後二賦。末有嘉定丁丑鑄自跋。十朋文章典雅，足以標舉兹邦之勝。鑄以當時之人注當時之作，耳聞目睹，言必有徵。視後人想像考索者，亦特爲詳贍。且所引無非宋以前書，尤非近時地志杜撰故實、牽合名勝者可比。與十朋之賦相輔而行，亦劉逵、張載分注《三都》之亞也。

帝京景物略八卷

(明) 劉侗、于奕正撰，(明) 方逢年定，明崇禎八年刻本。

侗，字同人，麻城人，崇禎甲戌進士，官吳縣知縣。奕正字司直，宛平人，崇禎中諸生。是書有《四庫全書》本，《四庫全書總目》提要云：是編詳載北京景物。奕正摭求事跡，而侗排纂成文。以京師東西南北各分城內、城外，而西山及畿輔併載焉。所列目凡一百二十有九。每篇之末，各繫以詩，採摭頗疏。王士禎《池北偶談》嘗譏其不考《薩都拉集》，失載安祿山、史思明所造雙塔事，考據亦多不精確。其爲朱彝尊《日下舊聞》所駁正者，尤不一而足。其割裂“藝元”二字爲塑工姓名一條，殆足資笑噱。又侗本楚人，多染竟陵之習，其文皆幺弦側調，惟以纖詭相矜。至如“太學石鼓”一條，舍石鼓而頌太學，殊傷冗濫。又首善書院近在同時，泛叙講學，何關景物，於體例亦頗有乖。所附諸詩，尤爲猥雜。方今奉命重輯《日下舊聞》，考古證今，務求傳信。朱彝尊之所撰且爲大輅之椎輪。侗等弔詭之詞，益可爲覆瓿用矣。

宋存書室宋元秘本書目四卷

（清）楊紹和藏並撰，清楊氏海源閣抄本。

《宋存書室宋元秘本書目》四卷一册，楊紹和編撰，海源閣謄清稿本。該目共收宋本一百零三種，元本九十五種，校本一百三十三種，抄本六十六種，共計三百九十七種。書目先分經、史、子、集四部，四部下按版本時代和性質分爲宋、元、明校、抄各類。每類先錄已見《楹書隅錄》初續編者。每書下著錄書名、卷數、册數、函數，無解題。

海源閣書目不分卷

（清）楊保彝藏並輯，稿本。

該書目是一種普通書目，有别于《宋元秘本書目》。經、史各一册，子、集各兩册。共收經部五百零四種，史部七百三十一種，子部六百八十種，集部一千三百零一種，共計三千二百一十六種：其中清刻本四分之三，明刻本四分之一。外有宋、元、明本韓、柳、歐、蘇詩文一匣。該目爲一簡目，僅著錄書名、卷册函數，部分書名上冠有版本，基本反映海源閣宋元抄校本以外的藏書情況。

孝經類

四書類

經解類

樂類

小學類

訓詁之屬

字書之屬

韻書之屬

海原閣書目

經部

經總類　全

明萬歷監本十三經注疏十四函一百二十冊一盒

明汲古閣本十三經注疏一百二冊一函盒

又一部一百六十冊二十函

明閩本十三經注疏一百冊一函盒

武英殿本十三經注疏一百十五冊十六函二盒

海源閣書目不分卷

池北書目一卷碑目一卷

（清）王士禛藏，清道光十二年劉氏味經書屋劉如海抄本（清劉喜海跋）。

佳山堂書目一卷

（清）馮溥藏，清道光十二年味經書屋劉如海抄本（清劉喜海跋）。

是書半頁八行，無格。前有道光壬辰花朝日劉喜海跋。馮溥，字孔博，號毅齋。馮氏家族自明嘉靖朝馮裕至清康熙朝，已有進士七人，歷經數代積澱，至馮溥時可謂達到鼎盛。光緒《臨朐縣志》卷十四記載云："家世顯貴，代有名人。"溥自幼聰敏，"八歲受《左氏春秋》暨秦漢以下古文，即能貫穿根柢。稍長，窮極經史。凡天文圖緯及兵書地志，罔不博綜。"明崇禎十二年舉人，清順治二年會試中式，四年補殿試。歷官編修、修撰、翰林國史院侍讀、國子監祭酒、吏部右侍郎、左都禦史、刑部尚書，進文華殿大學士。馮溥爲官公正廉潔，不曲迎奉承。謚文毅。著有《佳山堂集》，采入《四庫全書》。是書有清道光十二年味經書屋劉如海抄本（劉喜海跋）（與《池北書目》合訂一册）。國家圖書館藏。《中國古籍善本書目》著錄。又有據道光十二年諸城劉如海抄本影印本。《山東文獻集成》第一輯第二十八册。

此益都故相國馮文毅公佳山堂所藏書目乾隆辛卯間李南澗先生得於其家其記出數種皆南澗所欲借録借觀者想當時尚為馮氏所世守迄今又六十年矣余於壬午癸未間兩過益都遊相國故園登佳山堂廢井頹垣敗壞已甚殘斷編簡寥落無存不禁徘徊欷歔者久之茲得從南澗先生所録書目中鈔得此種其書已散佚如煙雲此目亦雪泥鴻爪僅留遺跡耳且余過益都時不全得馮本周益公集一巨册云是相國故物馮氏售出者而目中無此種即此目亦恐非當時故籍也道光壬辰花朝日劉喜海志

佳山堂書目一卷

佳山堂書目

經書

監本四書集注

四書五經集注

四書集注

監本六經

周易傳義

書經集傳

佳山堂書目一卷

借書園書目五卷

（清）周永年藏並撰，清道光六年劉氏味經書屋抄本（清劉喜海跋）。

是書半頁十行，上單魚尾，四周單邊。版心下題味經書屋。章學誠序略曰：書昌嘗患學之不明，由於書之不備。書之不備，由於聚之無方。故竭數十年博采旁蒐之力，棄產營書，久而始萃。今編目所錄，自經部以下凡若干萬卷，而舊藏古槧，希覯之本亦略具焉。然書昌之志，蓋欲構室而藏，託之名山，又欲强有力者爲之贍其經費，立爲法守，而使學者於以習其業，傳抄者於以流通其書，故以藉書名園。又感於古人柱下藏書之義，以謂釋老反藉以永久其書，而儒家乃失其法，著《儒藏》之說一十八篇，冠於書首，以爲永久法式。嗚呼，書昌於此可謂勤矣。

海豐吳氏藏書目不分卷

（清）吳重憙編，清抄本。

重憙，字仲懌，一字仲飴、少文、敬美，晚號石蓮，因名其室曰石蓮閣。海豐人。式芬次子，濰縣陳介祺婿。同治元年舉人。歷官陳州知府，福建按察使，駐滬會辦電政大臣，河南巡撫等。自總角即飫聞庭訓，復與其兄重周同受業于日照許印林，故于乾嘉諸老之學及金石藝事，靡不覃思邁進。凡陶嘉書屋、雙虞壺齋舊藏悉歸石蓮庵外，又喜蓄金石圖籍，所收尤以舊抄爲多。同治十八年遭於火，頗多損失。光緒中奉朝旨駐滬，

借書園書目

經部

易

子夏易傳十一卷

漢京房易傳三卷毛氏本

焦延壽易林四卷

鄭康成易注一卷

周易乾坤鑿度四卷

乾鑿度二卷

魏王弼周易注三卷

適嘉興唐鷦安藏書散出，重憙得其抄校秘册甚夥。辛亥後與章鈺同客津沽，常以目錄金石之學相質證。所藏秘笈，章鈺大率寓目。與繆荃孫亦多往還，時有所請益。著有《石蓮庵詩》、《詞》各一卷，《石蓮庵樂府》（散曲）一卷、《吳氏族譜》十二卷。輯刻《山左人詞》十七種四十八卷。《海豐吳氏藏書目》是書八行，行字不等，藍格白口，四周單邊。重熹又編有《石蓮闇藏書目》不分卷，紫格稿本，十二册一函，今藏陝西師範大學圖書館。

雪泥屋遺書目錄一卷補遺一卷

（清）牟房輯，清道光二十三年棲霞牟氏自刻本（清周悅讓跋）。

房，棲霞人，嘉慶戊寅舉人，歷官安吉知縣。是編所載，皆其父庭所著書：經目十三種，史目四種，子目十七種，集目十三種。庭初名廷相，字陌人，棲霞人，乾隆乙卯優貢，官觀城縣教諭。

禁書總目不分卷

不著撰者，清刻本（民國韓連珍跋）。

是書半頁八行，行二十字，白口，上單魚尾，四周單邊。

乾隆五十三年五月初四日奉
上諭據陳用敷奏查繳應禁各書請予展限一摺
抵任後各屬先後繳到通紀編年等書三十種計
一百七本可見歷年呈繳尚未淨盡請再予限一
年俾得率屬廣爲諮訪等語此等應禁各書節經
降旨令各督撫廣爲查繳並寬予限期俾得逐細
訪查不使稍有遺留今據陳用敷奏伊到任後各
屬呈繳各書已有三十餘種安徽尚非大省應禁

益都金石記四卷益都金石略二卷

（清）段松苓撰，清抄本。

松苓，字勁伯，又字赤亭，益都人，諸生。是書成於乾隆乙卯修《山左金石志》時，至光緒癸未益都令李溱率縣人捐貲刊之。仁和朱文藻序云："是編專載益都金石現存者，垂百餘種，已悉摹其文，採其說，錄入《山左金石志》矣。已亡者尚五十餘種，詳列其目，則無可訪者也。"偃師武億序云："君書起於三代，下逮金元，仿其碑之尺度，存於何所，然後徵之傳志，詳附而類引之，如古史家廣記備言之體。"李溱序云："考證時代，辨核體例，詳訓詁，審形製，自三代以迄金元，上下數千年，源流淹貫，洵鄉邦之信史也。"

金石摘錄十卷

（清）華文亭輯，稿本（缺卷五）。

是書卷端題聽雨樓主人文亭集本。

金薤琳琅二十卷

（明）都穆撰，明刻本。

穆字元敬，吳縣人，弘治己未進士，官至禮部主客司郎中，加太僕寺少卿致仕，燕王篡立以後，封賞功臣，藏其籍於有司。是書《四庫全書總目》入存目，提要略云：是書仿《隸釋》之例，取金石文字，蒐輯編次，各爲辨證。凡周刻

二、秦刻六、漢刻二十三、隋刻五、唐刻二十七，於古碑皆錄原文。其剝落不完者，則取洪适《隸釋》補之，不盡據石本也。穆別有《南濠文略》六卷，其後二卷即此書。所載諸碑跋，蓋用《集古錄跋尾》編入本集之例。然穆之文章，在可傳可不傳之間，不若以此本孤行也。

李竹朋先生古泉匯首集四卷元集十四卷亨集十四卷利集十八卷貞集十四卷

（清）李佐賢撰，稿本（存二卷）。

佐賢，字竹朋，利津人，道光乙未進士，歷官汀州知府。是書分爲四集，曰元、亨、利、貞。元爲布，亨爲刀，利爲圜法正品，貞爲異泉雜品。而四集之中，又各從其類，如布則有方足、尖足、圓足、空首之别，刀則有齊刀、明刀、尖首、列國異刀之别，圜法則有正品、附品、外國之别，雜品則有無考、變體、厭勝、仙佛、花紋、馬錢、泉笵之别，分門别類，一目了然。四類之外，别以凡例、目錄、歷代著錄、古泉臆說、諸家泉說爲首集。又自跋云："計元、亨、貞集各十四卷，利集十八卷，益以首集四卷，共得《易》卦之數。雖不敢云攟摭無遺，然古譜異泉，今世不存者固多闕如，至當代藏泉家珍奇之品摹搨殆徧，縱有遺亦寥寥無幾矣。"歙鮑康叙云："每過從，輒出所藏相示。其精且多，與燕庭丈相埒；而詳人所略，莫過於列國幣、小刀，各多至三四百種，視燕庭丈之鏟幣百餘種，洵足爲向來譜家補憾。嘗與先生徧舉諸譜，所載刀幣悉寥寥。獨先生之方足幣、磬折刀，背文紀數皆有自一至十及廿丗諸字，不特人所未備，亦多人所未知；尖首刀文字亦夥。”又後序云：“薈萃眾說，折衷一是。不詭異，不苟同。稍有可疑者，輒置弗錄。並選鄙藏數百種，益以諸家墨本，得泉凡五千有奇。洋洋大觀哉！後來者不可知，而空前一語，洵足以當之矣。”

子 部

荀子二十卷

(周)荀況撰,(唐)楊倞注,明刻本。

《四庫全書總目》云:況,趙人。嘗仕楚爲蘭陵令,亦曰荀卿。漢人或稱曰孫卿,則以宣帝諱詢,避嫌名也。《漢志》“儒家”載《荀卿》三十三篇,王應麟《考證》謂當作三十二篇。劉向《校書序錄》稱:“孫卿書凡三百二十三篇,以相校除重複二百九十篇,定著三十三篇,爲十二卷,題曰《新書》。”唐楊倞分易舊第,編爲二十卷,復爲之注,更名《荀子》,即今本也。考劉向《序錄》,卿以齊宣王時來遊稷下。後仕楚,春申君死而卿廢。然《史記·六國年表》載春申君之死,上距宣王之末凡八十七年。《史記》稱卿“年五十始遊齊”,則春申君死之年,卿年當一百三十七矣,於理不近。晁公武《讀書志》謂《史記》所云“年五十”爲“年十五”之譌,意其或然。宋濂《荀子書後》又以爲襄王時遊稷下,亦未詳所本。總之戰國時人爾,其生卒年月已不可確考矣。況之著書,主於明周、孔之教,崇禮而勸學。其中最爲口實者,莫過於《非十二子》及《性惡》兩篇。王應麟《困學紀聞》據《韓詩外傳》所引,卿但非十子,而無子思、孟子,以今本爲其徒李斯等所增。不知子思、孟子後來論定爲聖賢耳。其在當時,固亦卿之曹偶,是猶朱、陸之相非,不足訝也。至其以性爲惡,以善爲僞,誠未免於理未融。然卿恐人恃性善之說,任自然而廢學,因言性不可恃,當勉力于先王之教。故其言曰:“凡性者,天之所就也,不可學,不可事。禮義者,聖人之所生也,人之所學而能,所事而成者也。不可學、不可事而在人者，謂之性；可學而能、可事而成之在人者，謂之僞，是性、僞之分也。”其辨白“僞”字甚明。楊倞注亦曰：“僞，爲也。凡非天性而人作爲之者，皆謂之僞。故僞字人旁加爲，亦會意字也。”其説亦合卿本意。後人昧于訓詁，誤以爲真僞之僞，遂譁然掊擊，謂卿蔑視禮義，如老、莊之所言。是非惟未睹其全書，即《性惡》一篇自篇首二句以外，亦未竟讀矣。平心而論，卿之學源出孔門，在諸子之中最爲近正，是其所長；主持太甚，詞義或至於過當，是其所短。韓愈“大醇小疵”之説，要爲定論，餘皆好惡之詞也。楊倞所注亦頗詳洽。《唐書·藝文志》以倞爲楊汝士子，而《宰相世系表》則載楊汝士三子：一名知温，一名知遠，一名知至，無名倞者。《表》、《志》同出歐陽修手，不知何以互異。意者倞或改名，如温庭筠之一名岐歟？

新書十卷

（漢）賈誼撰，明正德十年吉府刻本。

是書半頁八行，行十八字，上下黑口，雙對魚尾，四周雙邊。卷端題漢長沙太傅賈誼撰。《四庫總目》云：《漢書·藝文志》儒家“《賈誼》五十八篇”。《崇文總目》云：“本七十二篇。劉向删定爲五十八篇。隋、唐《志》皆九卷，别本或爲十卷。”考今隋、唐《志》皆作十卷，無九卷之説。蓋校刊《隋書》、《唐書》者未見《崇文總目》，反據今本追改之。明人傳刻古書，往往如是，不足怪也。然今本僅五十六篇，又《問孝》一篇有録無書，實五十五篇，已非北宋本之舊。又陳振孫《書録解題》稱：“首載《過秦論》，末爲《弔湘賦》，且略節誼本傳於第十一卷中。”今本雖首載《過秦論》，而末無《弔湘賦》，亦無附錄之第十一卷，且併非南宋時本矣。其書多取誼本傳所載之文，割裂其章段，顛倒其次序，而加以標題，殊瞀亂無條理。《朱子語錄》曰：“賈誼《新書》除了《漢書》中所載，餘亦難得粹者，看來只是賈誼一雜記稿耳。中間事事有些個。”陳振孫亦謂其非《漢書》所有者輒淺駁不足觀，決非誼本書。今考《漢書》誼本傳“贊”，稱：“凡所著述五十八篇，掇其切於世事者著於傳。”應劭《漢書注》亦于《過秦論》下注曰：“賈誼書第一篇名也”。則本傳所載皆五十八篇所有，足爲顯證。“贊”又稱：“三表五餌以係單于”，顔師古注所引《賈誼書》，與今本同。又《文帝本紀》注引《賈誼書》“衛侯朝于周，周行人問其名”，亦與今本同。則今本即唐人所見，亦足爲顯證。然決無摘錄一段立一篇名之理，亦決無連綴十數篇合爲奏疏一篇上之朝廷之理。疑誼《過秦論》、《治安策》等本皆爲五十八篇之一。後原本散佚，好事者因取本傳所有諸篇，離析其文，各爲標目，以足五十八篇之數，故餖飣至此。其書不全真，亦不全僞。朱子以爲雜記之稿，固未核其實；陳氏以爲決非誼書，尤非篤論也。且其中爲《漢書》所不載者，雖往往類《說苑》、《新序》、《韓詩外傳》，然如《青史氏之記》，具載胎教之古禮；《修政語》上下兩篇，多帝王之遺訓；《保傅篇》、《容經篇》並敷陳古典，具有源本。其解《詩》之“騶虞”，《易》之“潛龍”、“亢龍”，亦深得經義。又安可盡以淺駁不粹目之哉！雖殘闕失次，要不能以斷爛棄之矣。

新纂門目五臣音注揚子法言十卷

(漢)揚雄撰,(晉)李軌,(唐)柳宗元,(宋)宋咸、吳秘、司馬光注,明嘉靖十二年顧春世德堂刻六子書本(清莫友之跋)。

是書前有重廣注揚子法言序景祐三年宋咸序、重廣注揚子法言序景祐三年宋咸表、元豐四年十一月己丑涑水司馬光序。《四庫總目》云:漢揚雄撰。宋司馬光集注。雄有《方言》,光有《易說》,皆已著錄。考《漢書·藝文志》,儒家揚雄所序三十八篇,注曰"《法言》十三"。雄本傳具列其目,曰學行第一,吾子第二,修身第三,問道第四,問神第五,問明第六,寡見第七,五百第八,先知第九,重黎第十,淵騫第十一,君子第十二,孝至第十三。凡所列漢人著述,未有若是之詳者,蓋當時甚重雄書也。自程子始謂其"曼衍而無斷,優柔而不決"。蘇軾始謂其"以艱深之詞,文淺易之說"。至朱子作《通鑑綱目》,始書"莽大夫揚雄死"。雄之人品著作,遂皆爲儒者所輕。若北宋之前,則大抵以爲孟、荀之亞。故光作《潛虛》以擬《太元》,而又採諸儒之說以注此書。考自漢以來,有侯芭注六卷,宋衷注十三卷,李軌解一卷,辛德源注二十三卷。又有柳宗元注、宋咸注、吳秘注。至光之時,惟李軌、柳宗元、宋咸、吳秘之注尚存。故光裒合四家,增以己意,原序稱:"各以其姓別之"。然今本獨李軌注不署名,餘則以宗元曰、咸曰、秘曰、光曰爲辨。蓋傳刻者所改題也。舊本十三篇之序列于書後,蓋自《書序》、《詩序》以來,體例如是。宋咸不知《書序》爲僞孔傳所移,《詩序》爲毛公所移,

以布星辰二者以考於天蓋密矣詳此則渾
天儀銅渾儀之外又有渾天象凡三器也由
是而言古人候天具此三器乃能盡妙云云
見新儀象法要

新纂門目五臣音注揚子法言十卷

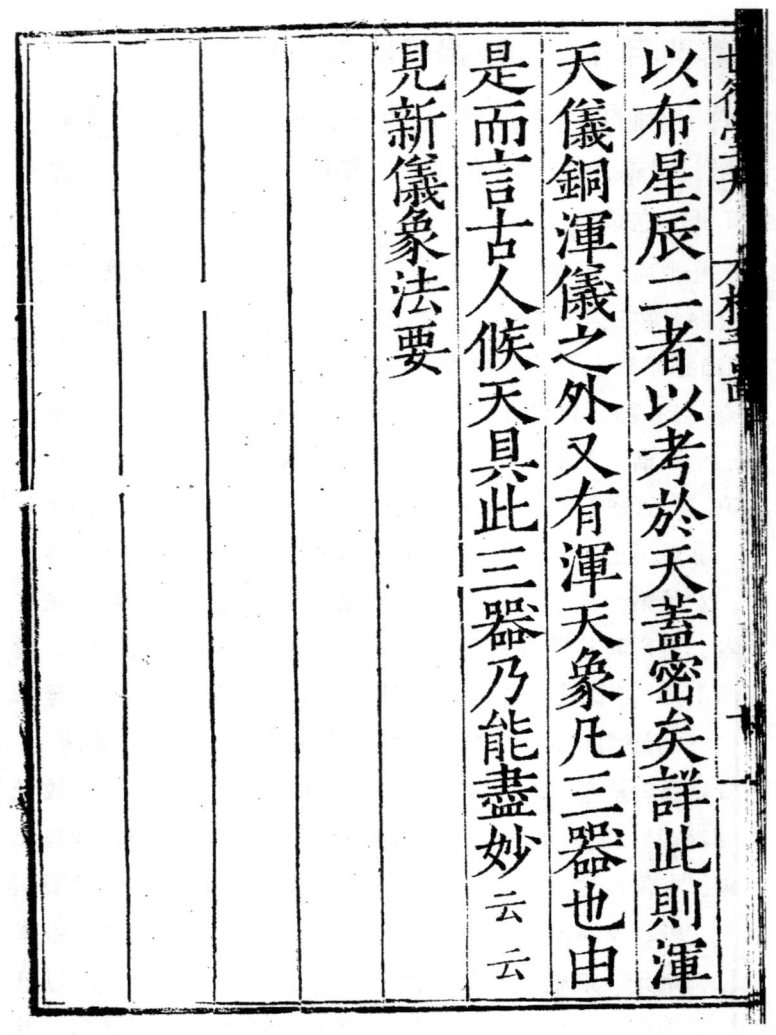

新纂門目五臣音註揚子法言卷一

李軌柳宗元註

宋咸吴祕司馬光重添註

雄見諸子各以其知舛馳顔師古曰舛相背大氐詆訾聖人即爲怪迂析辯詭辭以撓世事顔曰大氐大歸也詆訾毁也迂遠也析分也詭異也言諸子之書大歸皆非毁周孔之教爲巧辯異辭以攪亂時政也訾音紫迂音于撓火高反其字從乎○光曰光謂氐下脱不字雖小辯終破大道而惑衆使溺於所聞而不自

新纂門目五臣音注揚子法言十卷

乃謂："子云親旨反列卷末，甚非聖賢之旨。今升之章首，取合經義。"其説殊謬。然光本因而不改，今亦仍之焉。

中説十卷

題，（隋）王通撰，（宋）阮逸注，明敬忍居刻本（民國王獻唐跋並録清方功惠校跋）。

是書正文卷端題："中説卷第一/王道篇/阮逸注"。半頁八行，行十七字，小字雙行，字數同，雙欄，版心白口，單魚尾，上方記書名。《四庫總目》云：舊本題隋王通撰。《唐志》："文中子《中説》五卷"，《通考》及《玉海》則作十卷，與今本合。凡十篇。末附序文一篇及杜淹所撰《文中子世家》一篇，通子福畤録《唐太宗與房、魏論禮樂事》一篇，通弟績《與陳叔達書》一篇。又録《關子明事》一篇，卷末有阮逸序，又有福畤貞觀二十三年序。晁公武《郡齋讀書志》嘗辨通以開皇四年生，李德林以開皇十一年卒，通方八歲，而有"德林請見，歸援琴鼓蕩之什，門人皆沾襟"事；關朗以太和丁巳見魏孝文帝，至開皇四年通生已相隔一百七年，而有"問禮於朗"事；薛道衡以仁壽二年出爲襄州總管，至煬帝即位始召還，又《隋書》載道衡子收，初生即出繼族父儒，及長不識本生，而有"仁壽四年通在長安見道衡，道衡語其子收"事。洪邁《容齋隨筆》又辨《唐書》載薛收以大業十三年歸唐，而《世家》有"江都難作，通有疾，召薛收共語"事。王應麟《困學紀聞》亦辨《唐會要》載武德元年五月始改隋太興殿爲太極殿，而書中有"隋文帝召見太極殿"事。皆證以史傳，牴牾顯然。今考通以仁壽四年自長安東歸河汾，即不復出，故《世家》亦云："大業元年，一徵又不至"。而《周公篇》内乃云："子遊太樂，聞《龍舟五更》之曲"，阮逸注曰："太樂之署，煬帝將遊江都，作此曲。"《隋書·職官志》曰："太常寺有太樂署"，是通于大業末年復至長安矣。其依託謬妄，亦一明證。考《楊炯集》有《王勃集》序，稱："祖父通，隋秀才高第，蜀郡司户書佐，蜀王侍讀。大業末，退，講藝于龍門。其卒也，門人謚之曰文中子。"炯爲其孫作序，則記其祖事必不誤。杜牧《樊川集》首有其甥裴延翰序，亦引文中子曰："言文而不及理，王道何從而興乎"二語，亦與今本相合。知所謂文中子者實有其人。所謂《中說》者，其子福郊、福畤等纂述遺言，虚相夸飾，亦實有其書。第當有唐開國之初，明君碩輔不可以虚名動。又陸德明、孔穎達、賈公彦諸人老師宿儒，布列館閣，亦不可以空談惑。故其人其書皆不著於當時，而當時亦無斥其妄者。至中唐以後，漸遠無徵，乃稍稍得售其欺耳。宋咸必以爲實無其人，洪邁必以爲其書出阮逸所撰，誠爲過當。講學家或竟以爲接孔、顏之傳，則傎之甚矣。據其僞跡炳然，誠不足採。然大旨要不甚悖於理。且摹擬聖人之語言自揚雄始，猶未敢冒其名。摹擬聖人之事跡則自通始，乃併其名而僭之。後來聚徒講學，釀爲朋黨，以至禍延宗社者，通實爲之先驅。坤之初六"履霜堅冰"，姤之初六"繫于金柅"，錄而存之，亦足見儒風變古，其所由來者漸也。

大學衍義補一百六十卷前書一卷表一卷

(明) 丘濬撰，明弘治元年建寧府刻本（民國王貢忱跋)。

前有大學衍義補序。正文卷端題：大學衍義補卷第一。半頁十行，行二十字，注文小字雙行，字數同，雙欄，版心大黑口，雙黑魚尾，下方記補版刻工名："元貴（或作元、貴)、馬、堅、基、陸四（或作六四、四、六)、陸文進（或作文進)、保、山、陳珪、王進富、上、工、施永興、七、二、袁璉、謝元林、環、謝四、范升（或作升)、范朴、陳德祿、旺、王良、文、王榮、詹弟、余富一（或作富一)、起、陳五、王四、魯堅、袁、葉等"。《四庫總目》云：濬以宋真德秀《大學衍義》止於格致、誠正、修齊，而闕治國、平天下之事。雖所著《讀書乙記》採錄史事，稱爲是書之下編，然多錄名臣事跡，無與政典，又草創未完。乃採經傳子史，輯成是書，附以己見，分爲十有二目，於孝宗初奏上之。有詔嘉獎，命錄副本付書坊刊行。濬又自言"《衍義補》所載，皆可見之行事，請摘其要者下內閣議行。"帝亦報可。至神宗復命梓行，親爲製序。蓋皆甚重其書也。特濬聞見甚富，議論不能甚醇。故王鏊《震澤紀聞》稱其學問該洽，尤熟於國家掌故，議論高奇，務於矯俗，能以辨博濟其說。如譏范仲淹多事，秦檜有再造功，評騭皆乖正理。又力主舉行海運，平時屢以爲言，此書更力申其說。所列從前海運抵京之數，謂省內河挽運之資，即可抵洋面漂亡之粟，似乎言之成理。然一舟覆没，舟人不下百餘。糧可抵以轉輸之費，人命以何爲抵乎？其後萬恭著議，謂爲有大害而無微利，至以好事斥之，非苛論也。又明之中葉，正閹豎恣肆之時，濬既欲陳誨納忠，則此條尤屬書中要旨，乃獨無一語及宦寺。張志淳《南園漫錄》詆其有所避而不書，殆亦深窺其隱。以視真氏原書，殊未免瑕瑜互見。然治平之道，其理雖具於修齊，其事則各有制置。此猶土可生禾，禾可生穀，穀可爲米，米可爲飯，本屬相因。然土不耕則禾不長，禾不穫則穀不登，穀不舂則米不成，米不炊則飯不熟，不能遞溯其本，謂土可爲飯也。真氏原本實屬闕遺，濬博綜旁蒐，以補所未備，兼資體用，實足以羽翼而行。且濬學本淹通，又習知舊典，故所條列，元元本本，貫串古今，亦復具有根柢。其人雖不足重，其書要不爲無用也。

正學編二卷

（明）陳琛撰，明嘉靖刻本。

琛，字思獻，晉江人。明正德進士，初任刑部主事，後調南京吏部，欲委以要職，因意在學問，遂請歸故里。返鄉後潛心經學，時人稱紫華先生。嘉靖年間，朝廷累請其任貴州、江西等地提學僉事，皆堅辭不就。數十年閉門做學問，卓有成就，撰有《四書淺說》、《易經通典》、《正學編》及《紫峰編》等書。《四庫總目》云：是書已編入所著《紫峰集》中，此其别行之本。凡二十一篇，各立篇名，全擬《通書》、《正蒙》之體，未免刻畫之嫌。然依傍先儒，不敢出入，持論尚無疵謬。末附《秋夜感興》詩十絕句，亦力摹康節《擊壤》之派，其宗尚可知矣。

正學編上

濂溪周先生

太極圖

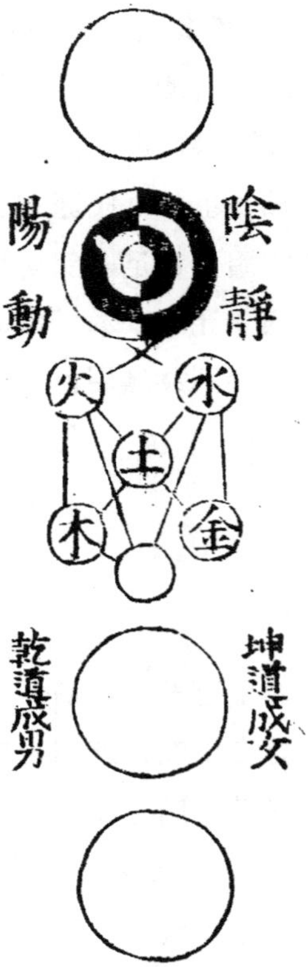

萬物化生

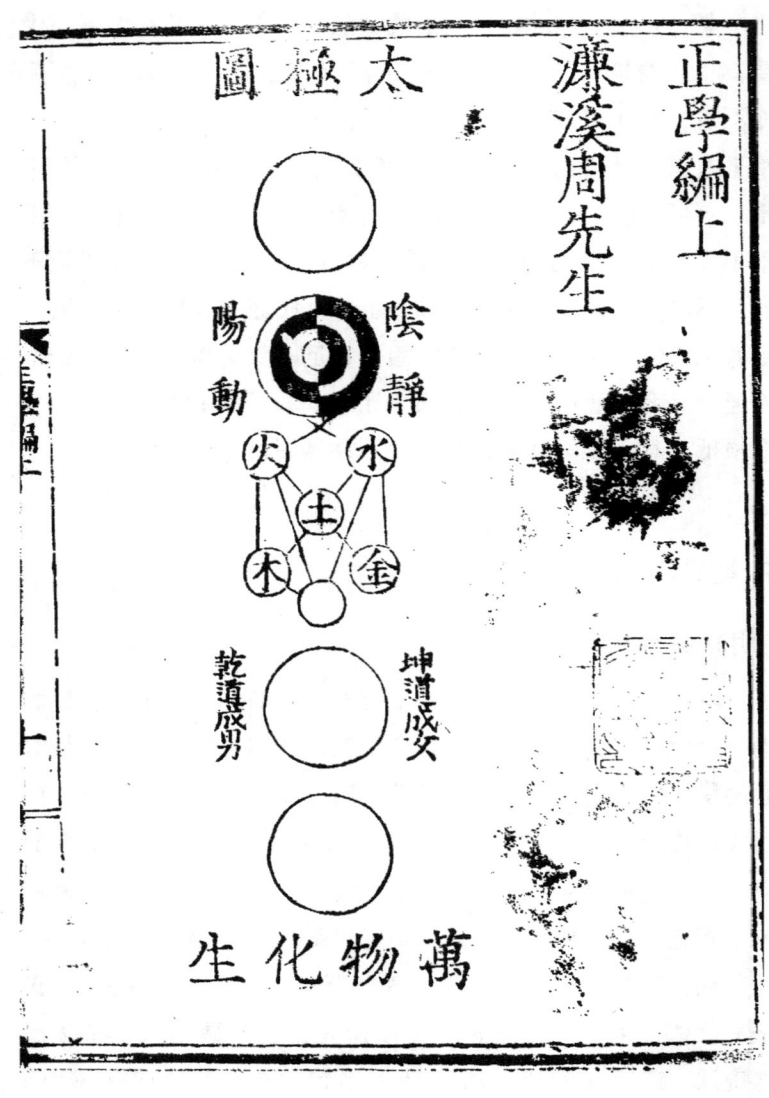

士翼三卷

(明)崔銑撰,(明)崔汲編,明萬曆九年崔氏家塾刻本(民國王獻唐跋)。

是書半頁九行,行十八字,白口,四周單邊,無魚尾。版心下鐫崔氏家塾。卷端題相臺洹野崔銑著,子汲編次。銑,字仲鳧,一字後渠,安陽人。弘治十八年進士,選庶起士,授編修,預修《孝宗實錄》。因忤劉瑾,出爲南京吏部主事。瑾敗,復故官,進侍讀,引疾歸。嘉靖初,擢南京國子監祭酒。嘉靖三年,疏劾張璁,桂萼,令致仕。居家十五載,起爲少詹事兼侍讀學士,擢南京禮部右侍郎。卒贈禮部尚書,謚文敏。見《明史》二八二。《士翼》四卷,《萬卷堂書目》三著錄。是書前三卷曰述言,皆語錄之類。後一卷日說象,則專論六十四卦象義。是書有明萬曆元年崔氏家塾本,《子書雜抄》本,清《四庫全書》本。今北京大學藏有嘉靖本,僅存《述言》三篇,爲其子汲編次。有自序和喻時序。《四庫總目》云:是書前三卷曰《述言》,皆語錄之類。後一卷曰《說象》,則專論六十四卦象義。自序謂:"退居相臺十祀,非聖人之志不存,非翼經之文不閱。乃劄記所明,稍修章句,名曰《士翼》,蓋以輔彝典也。"其中如論高宗夢傅說事,涉於怪誕。韓子《原道》,"蓋先乎養二氏之徒之繁,由君無以養而安之也。"又云:"談理至宋人而精,然而滋蔓;講學至宋人而切,然而即空。"又云:"漢、唐之小人易見,宋之小人難知;漢、唐之君子可信,宋之君子當考。"又曰:"去《序》而言《詩》,背《左氏》而言《春秋》,必荒謬矣。蓋道可以智窮,

士翼卷之一

相臺洹野崔銑著　子滚編次

山東省圖書館收藏

述言上

子曰弟子入則孝出則弟謹而信汎愛衆而親仁行有餘力則以學文子夏曰賢賢易色事父母能竭其力事君能致其身與朋友交言而有信雖曰未學吾必謂之學矣夫弟子專乎藝學者鶩乎遠故世之論賢曰射御畢給子貢之求仁曰博施濟衆孔門教以反本焉藝者文此也

士翼卷之一　一　崔氏家塾

士翼三卷

事必以實著，況千載之下乎？”其言皆講學家之所深諱，而侃侃鑿鑿，直抒無隱，可謂皎然不自誣其心矣。至於以蕭何之薦曹參爲克己歸仁，盧懷慎之讓姚崇爲一个臣之有容，雖意有所寓，然未免品題失當，謂之白璧微瑕可也。

古今治平略三十三卷

（明）朱健撰，明崇禎十二年刻本。

是書半頁九行，行二十字，白口，無魚尾，四周單邊。卷端題：豫章朱健子强父著，弟朱徽子美父訂，武林門人鍾鉉鳴父較。健，字子强，號蒼崖子。江西進賢人。舉人，與弟徽俱有名于時，同爲複社成員。南明唐王時，健官邵武推官，因事被誅。是書前有崇禎十二季歲在己卯仲春進賢遂初氏朱徽書於訂古軒序，崇禎戊寅孟秋月鍾陵朱健子强甫題序，雲間社弟陳子龍序，戊寅孟冬朔日武林門人鍾鉉霜鳴甫書於鹵湖之花溧序，戊寅長至日盟社弟熊人霖拜手書于稠川之敬事堂序。次凡例五則。本書據《周禮》、《通典》、《通志》、《文獻通考》等及歷代史書、會要、通紀等資料，分二十八類，記述歷代治國平天下的各種制度。是書又有《續修四庫全書》影印本。

南華經六卷

（明）楊起元注，明刻本。

是書半頁九行，行十八字，四周單邊，上單魚尾，白口。卷端題東粵復所楊起元注釋。起元，字貞復，號復所，廣東歸善人。萬曆五年進士，選庶起士，學于羅汝芳。時張居正方惡

南華經內篇上

東粵復所楊起元註釋

逍遙遊第一

遊謂心與天遊也。逍遥者，汗漫自適之義。夫人之心體，本自廣大，但以意見自小，橫生障礙。此篇極意形容，令人展拓胸次，空諸所有，一切不爲世故所累，然後可進於道。儒者或鳶飛戾天，魚躍于淵，與此意義無異。然鳶魚實，鯤鵬虛，事理所不載者，聖人不道也

北冥有魚，其名爲鯤。鯤之大，不知其幾千里也。化而爲鳥，其名爲鵬。鵬之背，不知其幾千里也。怒而飛，其翼若垂天之雲。是鳥也，海運則將徙

講學，汝芳被劾罷，而起元自如，累官吏部左侍郎。史稱王守仁傳王艮，艮傳徐樾，樾傳顏鈞，鈞傳羅汝芳，汝芳傳楊起元，故黄宗羲《明儒學案》將楊氏歸入《泰州學案》。楊起元以圈點方式讀《莊》，眉批點出全篇旨意，篇旨下有篇章要旨。對《讓王》一篇只論篇章旨爲："此篇歷引薄富貴而重生、安貧賤而樂志者"，最終以"高尚其志，不事王侯，此夷齊之行也"說明《讓王》之旨。文中雖有圈點，却無批論精妙或句法之言，全就文義、語義配合圈點、句式說明之。對篇章真僞與文字未作評騭。其中亦不乏以經解之，如《秋水》"不期精粗"，則言"然道無精粗，論精粗雖精亦粗矣，即《中庸》不顯之意"。亦即兼以儒家經典解《莊》。是書又有《無求備齋莊子集成》影印明刻本。

南華真經旁注五卷

(明) 方虛名撰，明金陵唐氏世德堂刻本。

虛名，字浮惰，安徽歙縣人。是書前有萬曆甲午夏歙浦方虛名序。次南華真經旁注凡例八條，卷端題歙浦方虛名浮惰輯注，海陽孫平仲次音校。半頁大字七行，行十七字。白口，左右雙邊，上白魚尾。是書又有《續修四庫全書》影印本。

武經直解十二卷

(明) 劉寅撰，(明) 張居正增補，明崇禎十年翁鴻業刻本。

《明史·藝文志》子部兵書類著録的第一部兵書就是：

南華眞經旁注目錄終

此篇直述體大小二字乃其眼目文字一頭二證一結奇崛不倫

內則卵醬讀作鯤國語亦云魚禁鯤鮞皆以鯤爲魚子莊子乃以至小爲至大便是滑稽之開端

只着一海字在中間便見北冥南冥

離明英華發揮道妙

南華眞經旁注卷之一

歙浦方虛名浮脩輯注

海陽孫平仲公次音校

窮神極化之言 汗漫自適 心與天遊

內篇逍遙遊第一

一部書從一樂字爲首卻並一樂字亦不說出如七層塔上又一層也

北海

北冥有魚其名爲鯤鯤之大不知其幾千里也化而爲鳥其名爲鵬鵬之背不知其幾千里也怒而飛其翼若垂天之雲是鳥也海運

字法 句法 字法

怒是爲氣所使不得不然非有憤激不平意 其翼若天雲之布於四垂者

海氣動

“劉寅《七書直解》二十六卷”（《明史·藝文志》只著錄本朝著作，其《藝文志》序文云：“故今第就二百七十年各家著述，稍爲釐次，勒成一志”）。此書現存有明成化二十二年趙英刻本（藏重慶市北碚區圖書館），明嘉靖刊本（藏軍事科學院軍事圖書館），明萬曆九年莫與齋刻本（藏南京圖書館）。另有民國二十二年軍用圖書社據明萬曆刻本影印本，前有楊言昌識文，後有柳詒徵跋文。《四庫全書》編修時只徵集到此書的一部《三略直解》。作者在《武經直解序》云：“洪武三十年歲在丁丑太祖高皇帝有旨：俾軍官子孫講讀武書，通曉者臨期試用。寅觀《孫武》舊注，數家矛盾不一，學者難於統會。《吳子》以下六書無注。市肆板行者，闕誤又多。雖嘗口授於人，而竟不能曉達其理。於是取其書删繁撮要，斷以經傳所載先儒之奥旨，質以平日所聞父師之格言，訛舛者稽而正之，脫誤者訂而增之，幽微者彰而顯之，傅會者辯而析之。越明年稿就，又明年書成，凡二十五卷、一百一十四篇，總若干萬言，題目《武經直解》。及取儒家諸書，先聖先賢之所著述，有切於兵法者編爲附錄，載之於前，以取童蒙講誦之便，非敢與識者道也。”末署“洪武戊寅律中無射望日戊戌，前辛亥科進士，太原劉寅序。”

孫子明解八卷附師卦解一卷

(明) 鄭二陽撰，明崇禎胡正言刻本。

卷首有作者自叙，孔貞運序和趙之琰序。在《孫子明解》正文前，附刻有作者所撰《師卦解題辭》、《師比禦眾圖》、《師比說》和《師卦解》。作者認爲：“人世間惟兵與醫所系最

孫子明解卷之一

中州鄭二陽敦次氏著
秣陵趙之琰　伯琬甫叅
海陽胡正心正言正行較

始計

管子曰、計先定於內、而後兵出境、晁錯曰、凡民守戰、至死而不降北者、以計為之也、故孫子以始計冠十三篇之首、卽孔子所

] 孫子明解八卷附師卦解一卷

重，吉凶同患，其效同存亡”，用兵打仗要“知彼知己，不容以毫髮假”。

管子通一卷

（清）周悦讓撰，稿本。

悦讓，字夢伯，萊陽人，道光丁未進士，官禮部主事。是書現存：稿本，山東圖藏，見《善目》、《山東目》、《諸子目》。

學山堂印譜五卷首一卷

（明）張灝輯並藏，明崇禎鈐印本。

灝，太倉人，字夷令，一名紊，字古民，又名休，字康侯，號長公，別號白於山人、夷山人、夷山樵叟、平陵居士、縟天主人。家本望族，所交亦一時名流，曾築學山園，占地二十畝許，頗具規模。此譜系集當時名家爲張氏所刻印鈐拓而成。計先後有五卷本（六册），八卷本（十册）兩種。五卷本成書於崇禎四年，首卷爲楊汝成、顧錫疇等序跋題詞二十四則，又李繼貞《學山堂記》一篇。二至六册爲諸家刻印，每頁二至四方，計收印一千一百九十二方，每印有釋文，但無刻者姓名。八卷本成書於崇禎七年，爲五卷本之增訂本。

倦游菴槧記

子集通

萊陽周悅讓撰

管子

管子之書不出自一人亦不出自一國並不出自一時故往往牴牾而不可據如第十五治國言中年畝二石一夫為粟二百石故輕重甲曰百畝之收不過二十鍾是矣而禁藏又言歲兼美惡畝取一石夫兼美惡即中年也而粟收減半一不合也言粟平四十則金賈四千十鍾四千也

第　冊第一葉

管子通一卷

墨子十六卷

(周) 墨翟撰，(清) 畢沅校，清乾隆四十九年畢氏靈嚴山館刻經訓堂叢書本 (清黃丕烈跋並錄惠士奇批校)。

沅，字纕蘅，亦字秋帆，因從沈德潛學於靈巖山，自號靈巖山人。江蘇鎮洋人。乾隆二十五年進士，廷試第一，狀元及第，授翰林院編修。乾隆五十年累官至河南巡撫，第二年擢湖廣總督。嘉慶元年賞輕車都尉世襲。病逝後，贈太子太保，賜祭葬。死後二年，因案牽連，被抄家，革世職。畢沅經史小學金石地理之學，無所不通，續司馬光書，成《續資治通鑑》，又有《傳經表》、《經典辨正》、《靈巖山人詩文集》等。《四庫全書總目》云：舊本題宋墨翟撰。考《漢書・藝文志》"《墨子》七十一篇"，注曰"名翟，宋大夫"。《隋書・經籍志》亦曰"宋大夫墨翟撰"。然其書中多稱"子墨子"，則門人之言，非所自著。又諸書多稱墨子名翟，《因樹屋書影》則曰："墨子姓翟，母夢烏而生，因名之曰烏，以墨爲道。今以姓爲名，以墨爲姓，是老子當姓老耶 1？"其說不著所出，未足爲據也。《宋館閣書目》稱："《墨子》十五卷，六十一篇"，此本篇數與《漢志》合，卷數與《館閣書目》合。惟七十一篇之中僅佚節用下第二十二，節葬上第二十三，節葬中第二十四，明鬼上第二十九，明鬼下第三十 2，非樂中第三十三，非樂下第三十四，非儒上第三十八，凡八篇，尚存六十三篇，與《館閣書目》不合。陳振孫《書錄解題》又稱有一本止存十三篇者，今不可見。或後人以兩本相校，互有存亡，增入二篇歟？抑傳寫者譌以“六十三”爲“六十一”也 3。墨家者流，史罕著錄，蓋以孟子所闢，無人肯居其名。然佛氏之教，其清淨取諸老，其慈悲則取諸墨。韓愈《送浮屠文暢序》稱：“儒名墨行，墨名儒行”，以佛爲墨，蓋得其真。而《讀墨子》一篇乃稱：“墨必用孔，孔必用墨”，開後人三教歸一之說，未爲篤論。特在彼法之中，能自嗇其身而時時利濟於物，亦有足以自立者。故其教得列於九流，而其書亦至今不泯耳。第五十二篇以下皆兵家言，其文古奥，或不可句讀，與全書爲不類。疑因五十一篇言公輸般九攻墨子九拒之事，其徒因採摭其術，附記其末。觀其稱：“弟子禽滑釐等三百人，已持守固之器在宋城上”，是能傳其術之徵矣。

意林五卷

(唐) 馬總輯，明嘉靖八年于敖刻本。

馬總，扶風人，字會元，官至户部尚書贈右僕射（《唐書》做如是說）；或曰字元會。官至大理評事（戴叔倫序、廖自顯刻本均作如是說）。戴叔倫序中說：“余元會之執友，故序而記之。”以他們二人之交情看來，馬總字“元會”的可能性較高。戴叔倫序云：“大理評事扶風馬總元會，家有子史，幼而集錄，探其旨趣，意必有歸，遂增損庾書，詳擇前體，裁成三軸，目曰意林。”柳伯存序云：“梁朝庾仲容抄成三帙，汰其沙石，簸其秕糠，而猶蘭蓀雜于蕭艾，璠璵隱于璞石，扶風馬總精好前志，務於簡要，又因庾仲容之抄略存爲六卷，題曰意林。”《四庫全書總目》云：唐馬總編。《唐書》總本傳但稱其系出扶風，不言爲何地人。其字《唐書》作會元，而此本則題曰元會，均莫能詳也。《傳》稱其歷任方鎮，終於户部尚書，贈右僕射，謚曰懿。陳振孫《書錄解題》稱總仕至大理評事，則考之未審矣1。初，梁庾仲容取周、秦以來諸家雜記凡一百七家，摘其要語爲三十卷，名曰《子抄》。總以其繁略失中，復增損以成此書。宋高似孫《子略》稱："仲容《子抄》每家或取數句，或一二百言。馬總《意林》一遵庾目，多者十餘句，少者一二言，比《子抄》更爲取之嚴，錄之精。"今觀所採諸子，今多不傳者，惟賴此僅存其概。其傳於今者，如老、莊、管、列諸家，亦多與今本不同，不特《孟子》之文如《容齋隨筆》所云也。前有唐戴叔倫、柳伯存二序，與《文獻通考》所載相同。《唐志》著錄作一卷，叔倫序云三軸，伯存序又云六卷。今世所行有二本，一爲范氏天一閣寫本，多所佚脱，是以御題詩有"《太元》以下竟亡之"之句。此本爲江蘇巡撫所續進，乃明嘉靖己丑廖自顯所刻，較范氏本少戴、柳二序，而首尾特完整。然考《子抄》原目凡一百七家，此本止七十一家。洪氏載總所引書尚有《蔣子》、《譙子》、《鍾子》、張儼《默記》、《裴氏新書》、《袁淮正書》、《袁子正論》、《蘇子》、張顯《析言》、《于子》、《顧子》、《諸葛子》、《陳子要言》、《符子》諸書，此本不載。又《通考》稱今本《相鶴經》自《意林》抄出，而《永樂大典》有《風俗通・姓氏篇》，題曰"出馬總《意林》"，此本亦並無之。合記卷帙，當已失其半，併非總之原本矣。然殘璋斷璧，益可寶貴也。

能改齋漫録十八卷

(宋）吳曾撰，明抄本（存卷一至十五）。

曾，字虎臣，江西撫州人，應試不第。紹興十一年獻所著書，補右迪功郎；秦檜當國，以議加九錫等相阿附，歷敘令所删定官、宗正寺主簿、太常遠、吏部郎官等，知嚴州，被劾致仕卒。此書屬筆記考證性著作，書末有其子吳復跋，稱所記共兩千餘條，釐爲十八卷。但自元初以來，傳本極爲罕見，今傳本系明人自秘閣中抄出，原缺首尾兩卷，後人遂以第二、第十七卷各分作二卷，以足舊本之數；不同傳本卷數不盡相同。全書分事始、辨誤、事實、沿襲、地理、議論、記詩、謹正、記事、記文、方物、樂府、神仙、鬼怪共十三類。書中的許多内容，都涉及到了經學問題或與經學有關的問題，如論《易》條，作者指出，“蓋《易》之書，其道有四：意、言、象、數是也。有數而後有象，有象而後有意，有意而後有言；今舍‘象數’而以‘言意’論《易》，是猶剪其根本而求枝葉繁，可乎?”據其考論，可見作者在《周易》研究上，既不專主“象數”派，亦不贊同“義理”派，而是主張兩派綜合並用，不可或缺。又如“箕子、易牙名”條，作者考證“箕子名胥，余見司馬彪注《莊子》，於他書不見。易牙名巫，易牙其字也，見孔穎達《左傳疏》”，所論既可爲經學研究所資，亦可爲歷史研究所參。如此之類；表明作者的經學觀點自成一家之説，故此書雖非爲經學專著，但歷代以來備受儒者所重；加之全書廣征博引，考據精審，後來注家亦多所取資。

能改齋漫録卷第一

臨川吳　虎臣

事始

樓羅

黄朝英緗素雜記論樓羅云酉陽雜俎云樓羅因天寶中進士有東西堋各有聲勢稍傖者多會於酒樓食畢羅故有此語予讀梁元帝風人辭云城頭網雀樓羅人着則知樓羅之言起已多時又蘇鶚演義云樓羅幹了之稱也俗云騾之大者曰樓羅騾樓聲相近非也又云婁敬耳羅亦非也蓋樓者攬也羅者綰也言人善當何幹辦於事者遂謂之樓羅摟字從手旁作婁爾雅云婁

能改齋漫錄十八卷

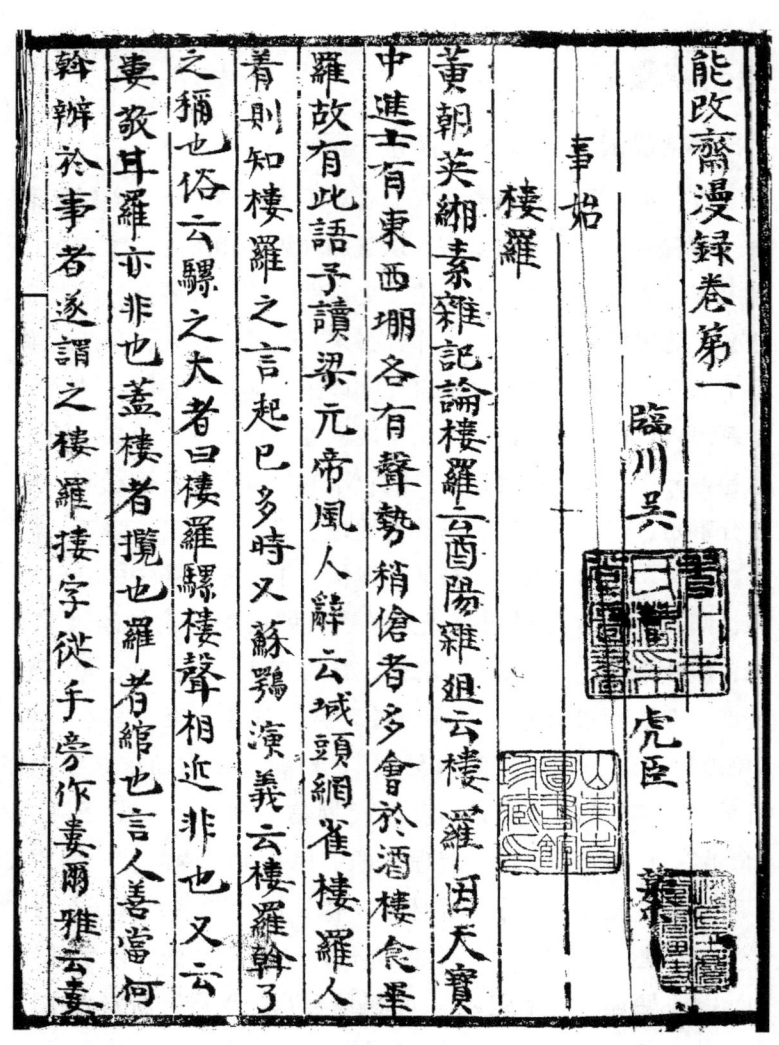

殿閣詞林記二十二卷

(明) 廖道南撰，明嘉靖刻本 (清汪文柏批校，存卷一至十三)。

《四庫全書總目》云：道南自正德辛巳改庶起士，由編修歷官侍講學士。在詞垣最久，嫺習掌故。因集詞林殿閣宮坊台省諸臣舊事，分類記載，以成是編。其例，凡仕至華蓋、武英諸殿者曰殿學，文淵、東閣者曰閣學，兼六館者曰館學，晉詹事者曰宮學，屬春坊者曰坊學，屬弘文者亦曰館學，典成均者曰雍學，升本院者曰卿學，有節義者曰贈學，擅書翰者曰藝學，終始本院者曰院學。大概仿列傳之例，悉載其官階恩遇，而事實亦附見焉。自卷九以下，標題皆作“國子監祭酒黃佐、侍講學士廖道南同編”。蓋道南采掇黃佐《翰林記》之文，不沒所自，猶有前輩篤實之遺。今亦仍從舊本，並存其名焉。

穀山筆麈十八卷

(明) 于慎行撰，明萬曆四十一年于緯刻本。

慎行，字可遠，一字無垢，東阿人，隆慶戊辰進士，歷官東閣大學士，謚文定。《四庫》入存目，《提要》曰：“此編乃其退居穀城山中時所著，凡分三十五類，所記多明代故典，亦頗及雜記。”按：《禁書總目》載是書云：“刪‘女直’一條。”又彭元瑞《知聖道齋讀書跋》云：“穀城于慎行《筆麈》中載：‘文淵閣書散佚，檢討彭肯亭典其事，多取以歸。’肯亭爲元瑞高伯祖，今子孫家無一卷，先人亦無言公藏書者。

《筆麈》蓋讏言。”

筆叢三十二卷續集十六卷

(明) 胡應麟撰，明萬曆四十二年趙世寵刻本。

筆叢甲部：經籍會通四卷，乙部：史書佔俾六卷，丙部：九流緒論三卷，丁部：四部正僞三卷，戊部：三墳補遺二卷，己部：二酉綴遺三卷，庚部：華陽博議二卷，辛部：莊岳委談二卷，壬部：玉壺遐覽四卷；癸部：雙樹紅抄三卷，續集甲部：丹鉛新錄八卷，乙部：藝林學山八卷

吕氏春秋二十六卷

(明) 李鳴春評，明天啓七年自刻本。

前有陳繼儒撰刻李蒼巖先生批點吕氏春秋叙，及李鳴春序，李序末記南亭李鳴春日含父書於吳關署中。卷端題洛下王鐸覺斯父訂，恒山李鳴春曰含父評，男李汝植閱，雲間陳繼儒仲醇父較。《澹生堂書目》著錄，云松江板七册，即此本也。中國國家圖書館、山東大學圖書館等亦藏有此本。

古源山人二論八卷

(明) 李呈祥撰，明李敬之、李謙然刻本。

呈祥，字其旋，一字古津，號木齋，霑化人，明崇禎癸未進士，入清官至詹事府少詹事。

廣東新語二十六卷

（清）屈大均撰，清康熙三十九年木天閣刻本。

是書半頁十一行，行十九字，白口，四周單邊，上單魚尾。卷端題番禺屈大均翁山撰。

篛園日札八卷

（清）成瓘撰，稿本（存卷一至四）。

瓘，字肅中，號篛園，晚號古稀迂叟，琅兄，嘉慶辛酉舉人。是書爲道光丁酉瓘重定寫本。第八册目錄後識語云："學考據四十餘年，道光己丑客江西，手定八册，其中一册皆核鄉邦水地也。甲午客濟南，别成《濟南四徵錄》兩大册，約十萬言。因芟除水地册，以近日新得者補其闕，命曰《春暉載筆》，以年七十有五也。右七篇，爲幅少長，故分爲上卷；其少短者，分中、下卷。"第一册首有廬陵王贈芳序略云："凡經史禮器、《讀三禮隨筆》中有《古嘉量考》、《木豆考》、《瓦豆瓦登考》、《疏匕亦木豆考》、《古人器鬼器考》等篇。天文、《讀三傳隨筆》中有《左傳昭公十七年六月朔日食義證》、《左傳昭公三十一年十二月朔日食義證》、《左傳所言星土事》、《左傳歲在指掌圖》、《左傳經文上六甲紀年之非古》等篇。地理，《讀尚書隨筆》中有《三江異義》、《西漢大河自貝邱南折考》等篇。《讀三傳隨筆》中有《春秋豫章考》。《讀三禮隨筆》中有《鄭注周禮鄉遂都鄙受地之算》、《鄭注王制東田及里步之算》等篇。《讀群書隨筆》中有《鄒平長白山考》、《縣

篛園日札一

成氏叢書

鄒平成瓘著
弟琅校本

山東省圖書館藏

讀易偶筆

乾南坤北方位攷

今易有乾南坤北震東北巽西南坎西離東艮西北兑東南列其方位爲圖不知所從出今攷之乃與律呂隔八相旋之術同出也試以相旋之術演之

律呂起於黄鍾黄鍾之位在子爲乾初九又左旋至八得林鍾未位爲坤初六又左旋至八得大蔟寅位爲乾九二又左旋至八得南呂酉位爲坤六二又左旋至八得姑洗辰位爲

篛園日札八卷

以鄒名考》、《左邱明墓考》、《伏徵君墓考》、《小清河考》等篇。以及方言俗說，《讀群書隨筆》中有《親屬相沿之呼》、《瑣語瑣事之沿》、《官府中瑣語瑣事之沿》等篇。一一折衷至當，無義不析。”是書一册爲《讀易偶筆》；二册爲《讀尚書偶筆》；三册爲《讀詩偶筆》；四册爲《讀三傳讀三禮隨筆》；五册爲《讀史隨筆》；六册、七册爲《讀群書隨筆》；八册即《春暉載筆》，除中卷《鄒平移今治後考》、《讀靈樞經本神篇》二條外，餘皆考群經及性理；末附《古稀迂叟廣自叙》，述生平爲學著書次第甚詳。又案：瓘說《易》深於象數；說《書》於古文、今文、僞古文考析最精；說《詩》申鄭黜王，兼考三家說；《四書》則兼明漢、宋；論朱、王異同，則以方苞之說爲得其平云。

雪巖翁集八卷

（清）成芸撰，清抄本。

芸，字季芷，號雪巖，鄒平人，康熙己卯舉人，歷官登州教授。子目：《雪巖翁集》一卷，《間居筆麈》三卷，《珠船錄》二卷，《四六餘話補》一卷，《雪巖雜錄》一卷。

野客叢書考證三十卷附錄一卷

（清）蕭應椿撰，稿本（佚名批校）。

昆明蕭公紹庭，諱應椿。前山東按察使質齋培元公之哲嗣，光緒癸巳舉人，癸卯登經濟特科。歷任山東商務局、礦務局、勸業道、東三省民政使。爭回膠濟、津浦鐵路兩旁礦權，

雪巖翁集

科貢題名碑云蒼松勁柏不産部婁之閒大澤名山乃吐雲霞之氣物華天寶光既燭乎斗牛人傑地靈名亦垂乎琬玉鄒平爲青齊孔道海岱名區山色排青眺會仙之嶭叢水光泛碧看滸濼之清澄伏子賤授經之邦周安惠藏書之地褒采金字劉狀頭以異品成名官是平章景相公用明經入仕高賢接踵自古已然吉羽爲儀于今更盛當我朝龍飛之日尤人文鵲起之時或躍延津之劍或攀林桂之枝或伯仲聯鑣或梓橋濟美或稱名士於濟南柳衣染緑或效

雪巖翁集八卷

野客叢書卷第二考證

揚興後作 進設動聲 遠動

聲二字據前漢書補

當時使事 戲除先帝舊約成律謹

釋貫尤害於禮者釋海本照抄本

減作寬 衷作釋 尤作先 據後漢書

異說踳駁 又釋海本作先害於治體

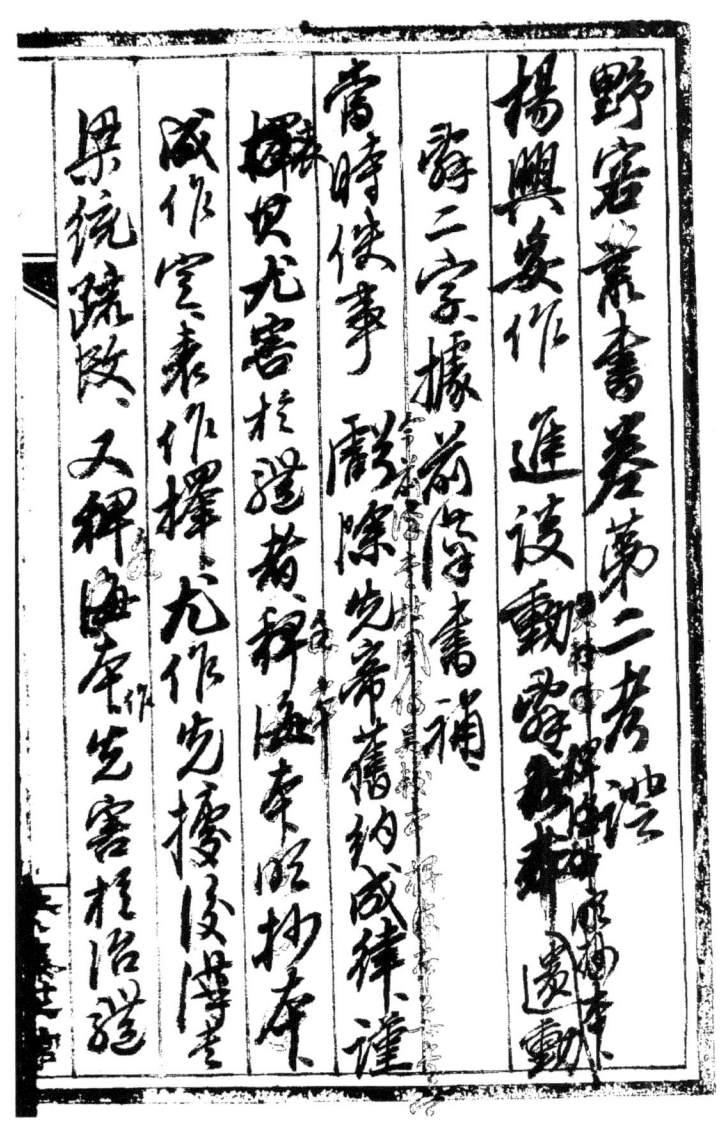

馳譽中外。精鑒别，喜讎校，與陳簠齋、張小蓬、林畏廬、姚士鳳、羅叔言、王靜庵諸名士友善，以保存文物、發揚正氣爲己任。長年研究，創見獨多，藏善本書、古碑帖、宋元字畫于紫藤花館，聲華遠播，僅次於海源閣。如明宋刊孤本《婚禮新編》二十卷、宋拓孤本《澄清堂帖》二卷及名人未刊書稿二百餘卷，尤爲士林所推重。所著《五洲述略》四卷、《校刊錢氏小兒藥證直訣》三卷，均行於世。又著有《野客叢書考證》三十卷。詩文稿若干卷、《清群籍書畫錄》若干卷及手校《劍南詩抄》、《能改齋漫錄》、《程史》等書，尚待刊行。平居作字，由歐、虞直追北海，好者爭求，散在人間。公生于咸豐丙辰，卒子民國壬戌，年六十七。

花隱庵隨筆一卷

(清) 牛坤撰，稿本。

是書半頁八行，行十八字，無格。如《清明郊行口占》一首云：二月清明楊柳天，平郊芳草漸如烟。踏青堤外歸來晚，笑撚花枝上渡船。

初學記三十卷

(唐) 徐堅等輯，明萬曆十五年徐守銘寧壽堂刻本。

是書正文卷端題：初學記卷第一/光祿大夫行右散騎常侍集賢院學士副知院事東海郡開國公徐堅等奉敕/三吳徐守銘校刊。前有茅坤重刻初學記叙、紹興四年劉本初學記序。半頁九

清明郊行口占

二月清明楊栁天平郊芳草漸如烟踏青堤外歸来晚笑撚花枝上渡船

和寄椽春夜元韻

小亭西畔綠楊枝棲鳥無聲向晚時遠寺鐘敲三鼓月間花人作早春詩海棠漠漠含嬌軟蝙蝠依依拂幔遲沽酒獨斟愁不寐惱人風物堪思

稿

行，行十八字，注文小字雙行，行二十四字，左右雙欄，版心白口，單魚尾，上方記：寧壽堂，下方記刻工名：尚、戴諭、戴序、周明等。《四庫全書總目》云：唐徐堅等奉敕撰。案《唐書·藝文志》載《元宗事類》一百三十卷，又《初學記》三十卷。注曰："張說類集要事，以教諸王，徐堅、韋述、余欽、施敬本、張烜、李鋭、孫季良等分撰。"似乎二書皆說總其事，而堅等分修。晁公武《讀書志》則曰："《初學記》三十卷，唐徐堅等撰。初，張說類集事要，以教諸王。開元中，詔堅與韋述等分門撰次。"又似乎《事類》爲說撰，而堅等又奉詔擇其精粹，編爲此書。考《南部新書》載："開元十三年五月，集賢學士徐堅等纂經史文章之要，以類相從，上制曰《初學記》。"則晁氏所言，當得其實。《唐志》所注，叙述未明，偶合兩書爲一耳。其書分二十三部，三百一十三子目，大致與諸類書相同。惟地部五岳之外載終南山，四瀆之外載洛水、渭水、涇水。又驪山湯泉、昆明池别出二條，則唐代兩都之故也。其例前爲叙事，次爲事對，末爲詩文。其叙事雖雜取群書，而次第若相連屬，與他類書獨殊。其詩文兼錄初唐，於諸臣附前代後，於太宗御製則升冠前代之首。較《玉臺新咏》以梁武帝詩雜置諸臣之中者，亦特有體例。其所採摭，皆隋以前古書，而去取謹嚴，多可應用。在唐人類書中，博不及《藝文類聚》，而精則勝之。若《北堂書抄》及《六帖》，則出此書下遠矣。《春明退朝錄》及《温公詩話》並稱中山劉子儀愛其書，曰："非止初學，可爲終身記。"李匡乂《資暇集》則曰："《初學記》月門以'吳牛'對'魏鵲'。'魏鵲'者引曹公歌行'月明星稀，烏鵲南飛'爲據，斯甚疏闊。漢武《秋風辭》云：'草木黄落兮雁南歸'，今月門既云'魏鵲'，則風事亦可用‘漢雁’矣。若是採掇文字，何所不可。東海徐公碩儒也，何乖之甚”云云，其說頗是。後李商隱詩因鮑照《代白頭吟》有“清如玉壺冰”句，遂以“鮑壺”對“王佩”，實沿堅之失。然不以一眚掩其全書也。

事物紀原集類十卷

(宋）高承輯，明弘治十八年魏氏仁實堂刻本（民國佚名跋)。

趙希弁《讀書附志》云：“《事物紀原》十卷，高承撰。承，開封人。自博弈嬉戲之微，魚蟲飛走之類，無不考其所自來。雙溪項彬爲之序。”陳振孫《書錄解題》亦云：“《中興書目》作十卷，高承撰。元豐中人。凡二百十七事。今此書多十卷，且多數百事，當是後人廣之耳”云云。則此書實出高承，敬序蓋未詳考。《四庫全書總目》云：惟檢此本所載凡一千七百六十五事，較振孫所見更數倍之。而仍作十卷，又無項彬原序，與陳、趙兩家之言俱不合。蓋後來又有所增益，非復宋本之舊。書凡分五十五部，名目頗爲冗碎。其所考論事始，亦間有未確。如引《秦本紀》，謂名縣始自秦孝公，而不知《左傳·宣公十一年》“楚子縣陳”，杜注已明言滅陳以爲縣。又謂：“諸葛亮始造木牛，即今小車之有前轅者，流馬即今獨推者，是民間謂之江州車子”，不知《三國志注》引亮文集，載所作木牛流馬之法甚詳，與今之獨輪車制度絕不相類。又如“祓禊”一條，不引《晉書·束皙傳》所云周公洛邑、秦昭王河曲之事，亦失之眉睫之前。然其他類多排比詳贍，足資核證。在宋代類書中，固猶有體要矣。

二酉匯删二十四卷

（清）王訓撰，清康熙三年王氏擇雅堂自刻本。

訓字敷彝，一字念泉，别號悔齋，安邱人，順治丁亥進士，官萬泉知縣。是書《四庫存目提要》曰：“分十六門，一百七十子目。大概爲科舉答策而設。有採自本書者，亦有轉相稗販，迷其出典者。如《敬稟篇》中‘闢龍逢冕危石履春冰’，語本出自《荷子》，乃漏去‘闢’字，但稱‘龍逢曰’，似一人姓龍名逢。而所著書名乃作‘諫桀’二字，又似龍逢所著之書名曰《諫桀》也。知其抄撮類書，非根柢之學矣。”

評訂紅樓夢六卷一百二十回

（清）張樅恒撰，稿本。

樅恒字子梁，安丘人。

佛祖歷代通載二十二卷

（元）釋念常撰，元刻本（民國王獻唐跋，存卷四至六，卷十四，卷二十九）。

是書半頁十行，行二十字，黑口，上下雙魚尾，左右雙邊。卷端題至正七年弟子玄印誦讀，嘉興路大中祥符禪寺主持華亭念常集。

釋念常字梅屋秉亨黄氏子至治癸亥雲來
驛赴都繕寫黄金佛經丹書于釋教之典
替禪宗之授受闡述無遺宗理明晰道家有
神僊通鑑體製與此相彷似論于格異矣
旅次四年每于歲暮得三二書重加葺爲壓歲清
供今年所得止此而諸蟻蓋墨竹堂賸平生結習未
空思之自笑向晚上燈家人所拚擋歲事爆響雜遝
長夜沉思通耽都忘方寸中自有樂地也
甲寅歲除夕前一日書于大明湖畔寓廬 戴唐

髡音坤　衎音[illegible]　悼音道　傷也　邯音含　鄲音丹

戊寅

佛祖歷代通載卷第四　至正七年弟子玄印誦讀

嘉興路大中祥符禪寺住持華亭念常集

韓魏趙　雷氏曰　魏趙韓齊燕楚及秦是為七雄

韓武子　其先與周同姓後事晉封于韓自武子至王安十二君一百九十六年

魏武子　畢公萬之後與周同姓武王克殷封于畢○時秦王嘗欲伐魏或曰文侯師田子方受子夏經義客段干木過其閭君礼人賢國民稱仁上下和合未可圖也有賢人孟軻卿衎淳于髡之徒矣○惠王時有女子化為丈夫○其先畢万事于晉晉獻公封于魏在河東郡至悼王在絳陽之武復魏自畢万至王假凡九世通計一百年至秦始皇滅之

趙武子　其先與秦同祖蜚廉二子惡来季勝季勝趙之先後造父為穆王御封于趙[illegible]趙氏至[illegible]都邯鄲自後至大王嘉[illegible]世計[illegible]百[illegible]

通載四卷[illegible]

集部

曹子建集十卷叙録一卷年譜一卷

（魏）曹植撰，（清）朱緒曾輯，清道光朱緒曾抄本。

書十卷，凡賦四十三篇，詩七十三篇，文九十二篇。按《隋書·經籍志》，植集三十卷。《唐書·藝文志》三十卷，又二十卷。《通志·藝文略》同陳振孫《書録解題》二十卷，惟文獻通考作十卷，與此本合，蓋宋末已有闕佚。《天禄琳琅書目》著録云："考《子建集》見於《隋志》者稱三十卷。見於《唐志》及《書録解題》者皆二十卷，見於《讀書志》及《宋史·藝文志》者則止十卷。此本前後俱無序跋，目録後有元豐五年萬玉堂刊木記，亦分十卷，與《讀書志》、《宋志》同。其書槧刻甚精，印紙有金粟山印記，古色可愛。惟目録末頁卷一首頁紙色不同，字體亦異，當是先有宋本，闕此二頁，因爲翻刻并以原書所闕，重寫補刊，或舊有序跋，俱經私汰，未可知也。"《四庫全書總目》著録十卷本，云"魏曹植撰。案《魏志》植本傳，景初中，撰録植所著賦頌、詩銘、雜論凡百餘篇，副藏内外。《隋書·經籍志》載《陳思王集》三十卷。《唐書·藝文志》作二十卷，然復曰"又三十卷"。蓋三十卷者，隋時舊本；二十卷者，爲後來合併重編，實無兩集。鄭樵作《通志略》，亦併載二本。焦竑作《國史經籍志》，遂合二本卷數爲一，稱植集爲五十卷，謬之甚矣。陳振孫《書録解題》亦作二十卷。然振孫謂其間頗有採取《御覽》、《書抄》、《類聚》中所有者，則捃摭而成，已非唐時二十卷之舊。《文獻通考》作十卷，又併非陳氏著録之舊。此本目録後有"嘉定六年癸酉"字，猶從宋寧宗時本翻雕，蓋即《通考》所載也。凡賦四十四篇，詩七十四篇，雜文九十二篇，合計之，得二百十篇。較《魏志》所稱百餘篇者，其數轉溢。然殘篇斷句，錯出其間。如《鷂雀》、《蝙蝠》二賦均採自《藝文類聚》。《藝文類聚》之例，皆標“某人某文曰”云云，編是集者遂以“曰”字爲正文，連於賦之首句，殊爲失考。又《七哀詩》晉人采以入樂，增減其詞，以就音律，見《宋書·樂志》中。此不載其本詞，而載其入樂之本，亦爲舛謬。《棄婦篇》見《玉臺新詠》，亦見《太平御覽》；《鏡銘》八字，反覆顛例，皆叶韻成文，實爲回文之祖，見《藝文類聚》，皆棄不載。而《善哉行》一篇，諸本皆作古辭，乃誤爲植作。不知其下所載“當來日大難”，即當此篇也。使此爲植作，將自作之而自擬之乎？至於王宋妻詩，《藝文類聚》作魏文帝，邢凱《坦齋通編》據舊本《玉臺新詠》，稱爲植作。今本《玉臺新詠》又作王宋自賦之詩。則眾說異同，亦宜附載，以備參考。乃竟遺漏，亦爲疏略，不得謂之善本。然唐以前舊本既佚，後來刻植集者率以是編爲祖，別無更古於斯者。錄而存之，亦不得已而思其次也。”

陶淵明集八卷總論一卷和陶詩一卷律陶一卷律陶纂一卷

（晉）陶潛撰，（明）張自烈評。和陶詩，（宋）蘇軾撰。律陶，（明）王思任輯次。律陶纂，（明）黃槐開編纂，明崇禎樂愚堂刻本。

按是集八卷總論一卷，和陶詩一卷，宋蘇軾撰。律陶一卷，明王思任輯次。律陶纂一卷，明黃槐開編纂。《天祿琳琅書目》著錄十卷本，云："晉陶潛撰，書十卷。前有北齊陽休之序錄，宋朝宋丞相私記，又治平三年思說書後，紹興十年無名氏書後，又補注陶淵明集總論一卷，廬陵李公煥集錄計二十三條，皆宋人語錄詩話，下及劉克莊已在南渡之季矣。思說，虎邱僧，見《七修類稿》。按陶集自昭明太子始編爲八卷，文列詩前，而無《五孝傳》及《聖賢群輔錄》，至陽休之始編十卷，以詩爲冠，而第九第十兩卷則四八目也。宋庠自云得江左舊本，最爲倫貫，今所行是也。"《四庫全書總目》著錄八卷本，提要云："晉陶潛撰。案北齊陽休之《序錄》，潛集行世凡三本。一本八卷，無序。一本六卷，有序目，而編比顛亂，兼復闕少。一本爲蕭統所撰，案古人編錄之書亦謂之"撰"，故《文選》舊本皆題"梁昭明太子撰"，而徐陵《玉臺新詠》序亦稱"撰錄豔歌，凡爲十卷"。休之稱潛集爲統撰，蓋沿當日之稱，今亦仍其舊文。亦八卷，而少《五孝傳》及《四八目》。《四八目》即《聖賢群輔錄》也。休之參合三本，定爲十卷，已非昭明之舊。又宋庠《私記》稱《隋經籍志》潛集九卷，又云"梁有五卷，錄一卷"。《唐志》作五卷。庠時所行，一爲蕭統八卷本，以文列詩前。一爲陽休之十卷本。其他又數十本，終不知何者爲是。晚乃得江左舊本，次第最若倫貫。今世所行，即庠稱江左本也。然昭明太子去潛世近，已不見《五孝傳》、《四八目》，不以入集，陽休之何由續得？且《五孝傳》及《四八目》所引《尚書》自相矛盾，決不出於一手，當必依託之文，休之誤信而增之。以後諸本，雖卷帙多少、次第先後，各有不同，其竄入僞作，則同一轍，實自休之所編始。庠《私記》但疑"八儒"、"三墨"二條之誤，亦考之不審矣。今《四八目》已經睿鑒指示，灼知其贋，別著錄於

瑯琊八王　大原王京光杜

八儒　三墨

附刻

蘇子瞻和陶

王季重律陶

黄子虚律陶纂

陶淵明集目錄終

陶淵明集八卷總論一卷和陶詩一卷律陶一卷律陶纂一卷

陶淵明集卷之一

晉　陶潛　著　　張自煕
明　張自烈　評　弟　張自勳　定

詩四言

劉後村曰。四言自曹氏父子王仲宣陸士衡後惟陶公最高。停雲榮木等篇。殆突過建安矣。又云四言尤難。以三百五篇在前故也。

停雲

停雲。思親友也。罇湛新醪。園列初榮。願言不從。歎息彌襟。

陶淵明集八卷總論一卷和陶詩一卷律陶一卷律陶纂一卷

子部類書而詳辨之。其《五孝傳》文義庸淺，決非潛作。既與《四八目》一時同出，其贋亦不待言。今並刪除。惟編潛詩文，仍從昭明太子爲八卷。雖梁時舊第今不可考，而黜僞存真，庶幾猶爲近古焉。”

分類補注李太白詩二十五卷

（唐）李白撰，（宋）楊齊賢集注，（元）蕭士贇補注。唐翰林李太白年譜一卷，（宋）薛仲邕撰，明嘉靖二十五年玉几山人刻本（李延之跋）。

是書半頁八行，行十七字，小字双行同，白口，上下白魚尾，四周雙邊。卷端題春陵楊齊賢子見集注，章貢蕭士贇粹可補注，大明嘉靖丙午玉几山人校刻。《四庫全書》著錄此書，提要云：“宋楊齊賢集注，而元蕭士贇所删補也。杜甫集自北宋以來注者不下數十家，李白集注宋、元人所撰輯者，今惟此本行世而已。康熙中，吴縣繆曰芑翻刻宋本《李翰林集》，前二十三卷爲歌詩，後六卷爲雜著。此本前二十五卷爲古賦、樂府、歌詩，後五卷爲雜文。且分標門類，與繆本目次不同。其爲齊賢改編，或士贇改編，原書無序跋，已不可考。惟所輯注文，則以“齊賢曰”、“士贇曰”互爲標題以別之，故猶可辨識。注中多徵引故實，兼及意義。卷帙浩博，不能無失。唐覲《延州筆記》嘗摘士贇注《寄遠》詩第七首“滅燭解羅衣”句，不知出《史記·滑稽傳》淳于髠語，乃泛引謝瞻、曹植諸詩。又如《臨江王節士歌》，齊賢以爲史失其名，士贇則引樂府《遊俠曲》證之。不知《漢書·藝文志》《臨江王》及《愁思節士歌》原各爲一篇，自南齊陸厥始併作《臨江王節士

分類補註李太白詩卷之一

春陵楊齊賢子見集註

古賦八首

章貢蕭士贇粹可補註

大明嘉靖丙午玉几山人校刻

大鵬賦并序

余昔於江陵見天台司馬子微士贇曰唐書司馬承禎字子微洛州人事潘師正傳辟穀導引術無不通徧遊名山廬天台不出睿宗召至問道開元中再被召卒年八十九沈玢續仙傳以尸解弟子葬其衣冠雲笈七籤天台赤城

歌》。後來庾信、杜甫俱承其誤，白詩亦屬沿譌。齊賢等不爲辨析，而轉以爲史失名。此類俱未爲精核。然其大致詳贍，足資檢閱。中如《廣武戰場懷古》一首，士贇謂非太白之詩，釐置卷末，亦具有所見，其於白集固不爲無功焉。齊賢字子見，舂陵人。士贇字粹可，寧都人，宋辰州通判立等之子，篤學工詩，與吳澄相友善。所著有《詩評》二十餘篇及《冰崖集》，俱已久佚，獨此本爲世所共傳云。”

杜工部集二十卷年譜一卷諸家詩話一卷唱酬題詠附錄一卷附錄一卷

（唐）杜甫撰，（清）錢謙益箋注，清康熙六年季氏靜思堂刻本（佚名錄清王士禛、何焯、查慎行批校）。

謙益，字受之，號牧齋，晚號蒙叟、東澗老人，常熟人，明萬曆進士，授翰林院編修。天啟時典試浙江，轉右春坊中允，參與修《神宗實錄》。後爲魏忠賢羅織東林黨案牽連，削籍歸里。崇禎初，起爲禮部右侍郎，兼翰林院侍讀學士。適值會推閣員，温體仁、周延儒爭權，謙益被抨擊，再次削籍返家。弘光時官禮部尚書，迎合馬士英、阮大鋮，擁立福王。清兵南下，授內秘書院學士兼禮部右侍郎，旋即稱病返里。傳與抗清復明志士有交往。順治初，因江陰黃毓祺起義案牽連，被逮入獄，次年獲釋。自是息影居家，築絳雲樓以藏書檢校著述。錢謙益箋注《杜工部集》二十卷，康熙靜思堂刻。十一行，二十字。上下黑口，雙邊。前有錢謙益序，康熙六年季振宜序，諸家詩話，唱酬題詠，注杜詩略例，舊序及傳，目錄。少陵先生年譜。卷尾各有泰興縣八十老人季寓庸因是氏及錢遵

杜工部集卷之一

虞山蒙叟錢謙益　箋註

古詩五十五首 天寶未亂時并陷賊中作

○奉贈韋左丞丈二十二韻

紈袴不餓死儒冠多誤身丈人試靜聽賤子請具陳甫昔少一作妙年日早充觀國賓讀書破萬卷下筆如有神賦料楊雄敵詩看子建親李邕求識面王翰願卜陳作爲鄰自謂頗挺出一作生立登要路津致君堯舜上再使風俗淳此意竟蕭條行歌非隱淪騎驢三十載旅食京華春朝扣富兒門暮隨肥馬塵殘杯與冷炙到處潛悲辛主上頃見徵欻然欲求伸青冥却垂翅蹭蹬

杜工部集二十卷年譜一卷諸家詩話一卷唱酬題詠附録一卷附録一卷

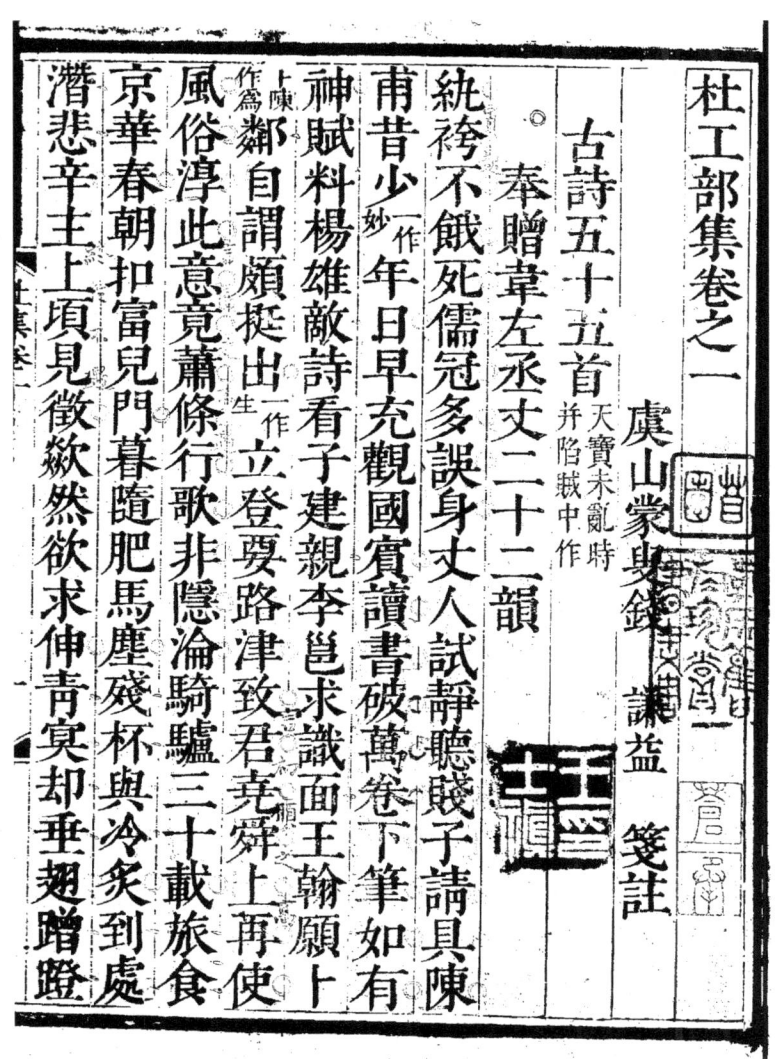

王等校記。王欣夫《蛾术軒篋存善本書錄》著録，云："杜陵號詩史，古今注者多矣。牧齋則特詳史事，間加考證，浩博精當，閻若璩《潛邱劄記》謂杜甫詩注亦只牧齋佳耳。蓋其家富藏書，多世間未見之秘，又有程孟陽、朱長孺等助其蒐討，宜西莊亦推爲從來注杜第一善本，牧翁生平著述之最佳者也。而袁枚《隨園詩話》卷十六指其於少陵'鄜州月'一首所云兒女者，自己之兒女也，錢以爲指肅宗與張後而言，則不特心術不端，而且與下文'雙照淚痕乾'之句亦不連貫，斥之爲小人。則不免苛論矣。義門遍校唐人集，于杜詩用功尤深，抉剔幽隱，分析章法，不但多得杜旨，亦于讀者大有啟發。録於此本，可謂二難並矣。李安谿《榕村語録續集》嘗謂義門就是學幾個字，看一首詩，也認真不苟。今讀其手評諸書而信。"

讀杜心解六卷首二卷

（清）浦起龍撰，清雍正二年浦氏寧我齋刻本（清李尚美批校並録李徵批校）。

是書半頁十行，行二十二字，白口，上單魚尾，左右雙邊。卷端題無錫前硎浦起龍二田講解，弟起麟三玉參讀。《四庫全書總目》著録，云："國朝浦起龍撰。起龍有《史通通釋》，已著録。其書雖總題六卷，而卷首分上、下二册，不入卷數，卷一分子卷六，卷二分子卷三，卷三分子卷六，卷四分子卷二，卷五分子卷五，卷六分子卷二，實二十六卷也。自昔注杜詩者，或分體，或編年。起龍是編則於分體之中又各自編年，殊爲繁碎。如《江頭五詠》，以二首編入五言古詩、三首

然誠慤氣志自然敦厚胸襟自然闊綽精神自然鼓舞讀

杜不顓是學作詩

姪芳體蘭潔校刊

卷首下

讀杜心解卷一

卷一之一 五古

計四十九首

讀杜心解卷一

無錫前磵浦起龍二田講解
弟起麟三玉參讀

卷一之一 五古

起玄宗開元間至肅宗至德二載（纂年譜）公生於睿宗先天元年至玄宗開元十九年遊吳越二十三年赴京兆貢舉不第二十五年年二十六遊齊趙詩起於是時二十九年至天寶三載在東都四載在齊州五載歸長安六載應詔獻下李林甫下之留長安八載間至東都九載在長安十載進三大禮賦命待制集賢院十一載召試文章參列選序十四載授河西尉不拜改右衛率府參軍秋往奉先是冬安祿山反十五載往白水又往鄜州七月肅宗即位改元至德自鄜出陷賊中二載脫賊謁上鳳翔拜左拾遺疏救房琯八月還鄜州省家

○○望嶽 按履歷公遊齊魯在開元二十五六年間公集當以是爲首

岱宗夫如何（前漢郊祀志）岱宗泰山也齊魯青未了造化鍾神秀陰陽割昏

編入五言律詩，尤割裂失倫。其賦及雜文，舊本皆繫卷末，起龍亦散附各詩之後。如《雜述》附《送孔巢父》詩後，《秋述》附《秋雨歎》後，《祭房琯文》附《别琯墓》詩後，《説旱》附《大雨》詩後，《封西岳賦》附《贈獻納使田舍人》詩後，事尚相屬。以《三大禮賦》附《贈崔國輔于休烈》詩後，因詩中有"謬稱三賦在"句；以《皇甫淑妃碑》附《宴鄭駙馬宅》詩後，因公主爲淑妃所生；以《華州試進士策問》附《洗兵馬》後，因所問乃中興之政，已爲牽合。至以《天狗賦》附《靈湫》詩後，以《雕賦》附《義鶻行》後，以《畫太乙天尊圖文》附《李道士松樹障子歌》後，則强綴之甚矣。自有别集以來，無此編次法也。其間考訂年月，印證時事，頗能正諸家之疏舛。而句下之注，漏略特甚，篇末之解，繳繞亦多。又詮釋之中每參以評語，近於點論時文，彌爲雜糅。與所撰《史通通釋》評與注釋夾雜成文者，同一有乖體例。殆好學深思之士而不善用所長者歟?"

孟東野先生詩集十卷

(唐) 孟郊撰，(宋) 國材評，明刻本。

郊，字東野，武康人，貞元中舉進士，官溧陽尉，事跡附載《新唐書·韓愈傳》。愈集中《貞曜先生墓誌銘》，即爲郊作也。是集前有宋敏求序，稱世傳其集編汴吳鏤本五卷一百二十四篇；周安惠本十卷三百三十一篇；蜀人蹇濬所纂凡二卷一百八十篇，取韓愈贈郊句，名之曰《咸池集》。自餘諸家所雜錄不爲編帙，諸本各異。敏求總括遺逸，删除重複，分十四類編集，得詩五百一十一篇。又以雜文二篇附於後，共爲十卷。

孟東野先生詩集卷第一

山南西道節度叅謀試大理評事平昌孟郊著
南京禮部右侍郎江左蘭嵎朱之蕃校

樂府上

列女操

梧桐相待老鴛鴦會雙死貞婦貴狥夫捨生亦如此波瀾誓不起妾心井中水

灞上輕薄行

此本卷數相符，蓋敏求所編也。《四庫全書總目》云："郊詩託興深微而結體古奥，唐人自韓愈以下莫不推之，自蘇軾"詩空螯小魚"之誚，始有異詞，元好問《論詩絕句》乃有"東野窮愁死不休，高天厚地一詩囚"之句。當以蘇尚俊邁，元尚高華，門徑不同，故是丹非素。究之郊詩品格，不以二人之論減價也。"

唐歐陽先生文集八卷附錄一卷

(唐) 歐陽詹撰，(明) 徐𤇍輯，明萬曆三十四年葉向高等金陵刻本。

詹字行周，泉州人，舉進士，官至四門助教，事跡具《新唐書·文藝傳》。其集有大中六年李貽孫序，稱："韓侍郎愈、李校書觀洎君，並數百歲傑出。"《四庫全書總目》著錄，云："今觀詹之文，與李觀相上下，去愈甚遠。蓋此三人同年舉進士，皆出陸贄之門，並有名聲。其優劣未經論定，故貽孫之言如此。然詹之文實有古格，在當時纂組排偶者上。韓愈爲《歐陽生哀辭》，稱許甚至，亦非過情也。太原贈妓一詩，陳振孫《書錄解題》力辨'函髻'之誣。考《閩川名士傳》載詹遊太原始末甚詳。所載孟簡一詩，乃同時之所作，亦必無舛誤。又考邵博《聞見後錄》載妓家至宋猶隸樂籍，珍藏詹之手跡，博嘗見之。則不可謂竟無其事。蓋唐、宋官妓，士大夫往往狎遊，不以爲訝。見於諸家詩集者甚多，亦其時風氣使然。固不必奬其風流，亦不必諱爲瑕垢也。惟王士禎《池北偶談》摘其《自誠明論》，謂'尹喜自明誠而長生，公孫弘自明誠而爲卿，張子房自明誠而輔劉，公孫鞅自明誠而佐嬴'

諸句，以爲離經畔道，則其說信然。然宋儒未出以前，學者論多駁雜，難以盡糾，亦存而不論可矣。”

唐李元賓文集五卷

（唐）李觀撰，清西圃蔣氏抄本（清王貢忱錄吳翌鳳批校）。

觀，字元賓，趙州贊皇人，李華之從子，貞元八年登進士第，九年復中博學宏詞科，官至太子校書郎，年二十九卒，事跡具《新唐書·文藝傳·李華傳》內。韓愈爲誌其墓，文載《昌黎集》中。《四庫全書總目》著錄，云：“是集前三卷爲大順元年給事中陸希聲所編，希聲自爲之序。後爲《外編》二卷，題曰蜀人趙昂編。希聲後至宰相，昂則未詳其仕履。晁公武《讀書志》稱昂所編凡十四篇。此本闕《帖經日上王侍御書》一篇，又時時有闕句闕字。蓋輾轉傳寫，脱佚久矣。觀與韓愈、歐陽詹爲同年，並以古文相砥礪。其後愈文雄視百世，而二人之集寥寥僅存。論者以元賓蚤世，其文未極，退之窮老不休，故能獨擅其名。希聲之序則謂：“文以理爲本，而詞質在所尚。元賓尚於詞，故詞勝於理；退之尚於質，故理勝其詞。退之雖窮老不休，終不能爲元賓之詞；假使元賓後退之死，亦不及退之之質。”今觀其文，大抵琱琢艱深，或格格不能自達其意。殆與劉蛻、孫樵同爲一格，而鎔鍊之功或不及。則不幸蚤凋，未卒其業之故也。然則當時之論，以較蛻、樵則可，以較於愈則不及。希聲之序爲有見，宜不以論者爲然也。顧當琱章繪句之時，方競以駢偶鬬工巧，而觀乃從事古文，以與愈相左右。雖所造不及愈，固非余子所及。王士禎《池北偶降于周漢自漢文帝後文體浸弱以至于魏晉宋齊梁陳隋嫣然華媚無復筋骨唐興猶襲隋故至天后朝陳伯玉始復古制當世高之雖博雅典質猶未能全去其諧靡至退之乃大革流弊落落有老成之風元賓則不古不今卓然作一體激揚超越若絲竹中有金石聲每篇得意處如健馬在御蹀蹀不能止其所長如此得不謂之雄文哉自廣明喪亂天下文集略盡予得元賓遺文于漢上惜其或復磨滅因條次為三編論其意以冠于首大順元年十月五日給事中陸希聲序

唐李元賓文集卷第一

隴西　李觀

郊天頌

郊祭古先之重禮復古之令主惟郊非我無以暢明
祀惟我非郊無以踵三五于是睿言下諏曰爾庸我
謀協不遠宫乃交修居天之陽崛起壺立于斯時
也歲在子月在子日短之宵漏未盡而皇帝翼翼吉
祀于丘之上先一日法駕致祭于丘之下天地之神
會于無閒陰陽之祇立于寂寞以觀我之儀以歆我
之饗八方之靈各以位焉祥光促明和氣解嚴石無

唐李元賓文集五卷

談》詆其與孟簡吏部、奚員外諸書如醉人使酒罵坐，抑之未免稍過矣。惟希聲之序稱其文“不古不今，卓然自作一體”，品題頗當。今併錄之，以弁於篇首焉。”

新刊五百家注音辯昌黎先生文集四十卷

（唐）韓愈撰，（宋）魏仲舉輯注，清乾隆四十九年觀樓氏刻本（清吳汝倫批校）。

仲舉，建安人。《四庫全書總目》著錄，云：“首列評論、詁訓、音釋諸儒名氏一篇，自唐燕山劉氏迄潁人王氏，共一百四十八家。又附以新添集注五十家、補注五十家、廣注五十家、釋事二十家、補音二十家、協音十家、正誤二十家、考異十家，統計祇三百六十八家，不足五百之數。而所云新添諸家，皆不著名氏。大抵虛構其目，務以炫博，非實有其書。即所列一百四十八家，如皇甫湜、孟郊、張籍等，皆同時唱和之人，劉昫、宋祁、范祖禹等，亦僅撰述唐史，均未嘗詮釋文集。乃引其片語，即列爲一家，亦殊牽合。蓋與所刊《五百家注柳集》均一書肆之習氣。然其間如洪興祖、朱子、程敦厚、朱廷玉、樊汝霖、蔣璨、任淵、孫汝聽、韓醇、劉崧、祝充、張敦頤、嚴有翼、方崧卿、李樗、鄭耕老、陳汝義、劉安世、謝無逸、李朴、周行己、蔡夢弼、高元之、陸九淵、陸九齡、郭忠孝、郭雍、程至道、許開、周必大、史深大等有考證音訓者，凡數十家。原書世多失傳，猶賴此以獲見一二，亦不可謂非仲舉之功也。朱彝尊稱此書尚有宋槧本在長洲文氏，後歸李日華家。正集之外，尚有《外集》十卷、《别集》一卷，附《論語筆解》十卷。此本止四十卷，而《外集》、《别集》

不與焉。蓋流傳既久，又有所闕佚矣。”

增廣注釋音辯唐柳先生集四十三卷別集二卷外集二卷附錄一卷

(唐) 柳宗元撰，(宋) 童宗說注釋，(宋) 張敦頤音辯，(宋) 潘緯音義，明刻本。

《四庫全書》據内府藏宋本抄錄，《提要》云：“舊本題宋童宗說注釋，張敦頤音辯，潘緯音義。宗說，南城人，始末未詳。敦頤有《六朝事跡》，已著錄。緯字仲寶，雲間人。據乾道三年吳郡陸之淵序，稱爲乙丑年甲科，官瀛山廣文，亦不知其終於何官也。之淵序但題《柳文音義》。序中所述，亦僅及韓仿、祝充《韓文音義傳》、《柳氏釋音》，不及宗說與敦頤。書中所注，各以“童云”、“張云”、“潘云”別之，亦不似緯自撰之體例。蓋宗說之《注釋》、敦頤之《音辯》，本各自爲書，坊賈合緯之《音義》，刊爲一編。故書首不以《柳文音義》標目，而別題曰《增廣注釋音辯唐柳先生集》也。其本以宗元本集、外集合而爲一，分類排次，已非劉禹錫所編之舊。而不收王銍僞《龍城錄》之類，則尚爲謹嚴。其音釋雖隨文詮解，無大考證。而於僻音難字，一一疏通，以云詳博則不足，以云簡明易曉，以省檢閱篇韻之煩，則於讀柳文者亦不爲無益矣。舊有明代刊本，頗多譌字。此本爲麻沙小字版，尚不失其真云。”

香奩集一卷韓内翰別集一卷

(唐) 韓偓撰，清初宋琬抄本 (清李觀軾跋)。

是書半頁八行，行十八字，無格。前有《新唐書》韓偓本傳。《四庫全書總目》著錄《韓内翰别集》一卷，云："《唐書》本傳謂偓字致光，計有功《唐詩紀事》作字致堯，胡仔《漁隱叢話》謂字致元。毛晉作是集跋，以爲未知孰是。案劉向《列仙傳》稱偓佺堯時仙人，堯從而問道。則偓字致堯，於義爲合。致光、致元皆以字形相近誤也。世爲京兆萬年人。父瞻，與李商隱同登開成四年進士第，又同爲王茂元婿。商隱集中所謂"留贈畏之同年"者，即瞻之字。偓十歲即能詩。商隱集中所謂"韓冬郎即席得句，有老成之風"者，即偓也。偓亦登龍紀元年進士第。昭宗時官至兵部侍郎、翰林學士承旨。忤朱全忠，貶濮州司馬，再貶榮懿尉，徙鄧州司馬。天祐二年復故官。偓惡全忠逆節，不肯入朝。避地入閩，依王審知以卒。偓爲學士時，内預秘謀，外争國是，屢觸逆臣之鋒。死生患難，百折不渝。晚節亦管寧之流亞，實爲唐末完人。其詩雖局於風氣，渾厚不及前人，而忠憤之氣時時溢於語外。性情既摯，風骨自遒，慷慨激昂，迥異當時靡靡之響。其在晚唐，亦可謂文筆之鳴鳳矣。變風變雅，聖人不廢，又何必定以一格繩之乎？《唐書・藝文志》載偓集一卷，《香奩集》一卷。晁氏《讀書志》云韓偓詩二卷，《香奩》不載卷數。陳振孫《書錄解題》云《香奩集》二卷，入内廷後《詩集》一卷，《别集》三卷。各家著錄，互有不同。今抄本既曰《别集》，又注曰"入内廷後詩"，而集中所載又不盡在内廷所作。

韓內翰香奩集

唐書本傳　　宋　宋祁撰

韓偓字致光京兆萬年人擢進士第佐河中幕府召拜左拾遺以疾解後累遷左諫議大夫宰相崔胤判度支表以自副王溥薦爲翰林學士遷中書舍人偓嘗與胤定策誅劉季述昭宗反正爲功臣帝疾宦人驕橫欲盡去之偓曰陛下誅季述時餘皆赦不問今又誅之誰不懼死含

疑爲後人裒集成書，按年編次，實非偓之全集也。”

河東先生集十五卷行狀一卷

(宋) 柳開撰，（宋）張景編，清初抄本（何焯批校並跋）。

開，字仲塗，大名人，開寶六年進士，歷典州郡，終於如京使，事跡具《宋史・文苑傳》。開少慕韓愈、柳宗元爲文，因名肩愈，字紹先。既又改名、改字，自以爲能開聖道之塗也。《四庫總目》著錄作《河東集》十五卷附錄一卷，云："集中《東郊野夫》、《補亡先生》二傳，自述甚詳。集十五卷，其門人張景所編，附以景所撰《行狀》一卷。蔡絛《鐵圍山叢談》記其在陝右爲刺史，喜生膾人肝，爲鄭文寶所按，賴徐鉉救之得免。則其人實酷暴之流。石介集有《過魏東郊》詩爲開而作，乃推重不遺餘力。絛説固多虛飾，介亦名心過重，好爲詭激，不合中庸。其説未知孰確。今第就其文而論，則宋朝變偶儷爲古文，實自開始。惟體近艱澀，是其所短耳。盛如梓《恕齋叢談》載開論文之語曰：'古文非在詞澀言苦，令人難讀。在於古其理，高其意。'王士禎《池北偶談》譏開能言而不能行，非過論也。又尊崇揚雄太過，至比之聖人，持論殊謬。要其轉移風氣，於文格實爲有功。謂之明而未融則可，王士禎以爲初無好處，則已甚之詞也。”

徂徠石先生全集二十卷

(宋）石介撰，（清）丁詠淇校訂，清康熙五十六年石鍵刻本（清徐子晉校)。

介，字守道，兗州奉符人，天聖八年進士，官國子監直講。是集文淵閣著錄，《四庫提要》曰："初，介嘗躬耕徂徠山下，人以徂徠先生稱之，因以名集。介深惡五季以後文格卑靡，故集中極推柳開之功，而復作怪說以排楊億。其文章宗旨，可以想見。雖主持太過，抑揚皆不得其平，要亦戛然自爲者。王士禎《池北偶談》稱其倔强勁質，有唐人風，較勝柳、穆二家，而終未脱草昧之氣，亦篤論也。歐陽修作介《墓志》，稱所爲文章曰'某集者若干卷'，又曰'某集者若干卷'。凡重言之，似原集當分爲二部。此本統名《徂徠集》，殆後人所合編歟？第四卷内《寄元均叔仁》、《讀易堂》、《永軒》、《暫憩》四詩，有錄無書。則傳寫脱佚，亦非盡其舊矣。介傳孫復之學，毅然以天下是非爲己任；然客氣太深，名心太重，不免流於詭激。王偁《東都事略》記仁宗時罷吕夷簡、夏竦，而進章得象、晏殊、賈昌朝、杜衍、范仲淹、韓琦、富弼、王素、歐陽修、余靖諸人。介時爲國子直講，因作《慶歷聖德詩》，以褒貶忠佞。其詩今在集中。蓋仿韓愈《元和聖德詩》。然唐憲宗削平淮、蔡，功在社稷，愈仿雅頌以紀功，是其職也。至於賢姦黜陟，權在朝廷，非儒官所應議。且其人見在，非蓋棺論定之時，跡涉嫌疑，尤不當播諸簡牘，以分恩怨。厥後歐陽修、司馬光朋黨之禍屢興，蘇軾、黄庭堅文字之獄迭起，實介有以先導其波。又若太學諸生挾持朝局，北宋之

聖武三章

明道十一章

慶曆聖德頌并序

徂徠石先生全集卷之一

後學錢塘丁詠淇衛瞻校訂

桐城張鴻聲自希　同校

仁和喬良槐庭三

宋頌九首 并序

詩序曰頌者美盛德之形容以其神功告於神明者也夫有盛德大業然後稱（缺二字）爲之文詞有粹文俊詞然後充見乎功業德與辭表裏功與文相埒然後奮爲宏休摛爲英聲昭爲烈光暐暐曄曄如日之華鏗鏗訇訇如雷之行暢於無前

末或至於衢割中使，南宋之末或至於驅逐宰執，由來者漸，亦介有以倡之。史稱孫復見詩，有‘子禍始此’之語，是猶爲一人言之，未及慮其大且遠者也。雖當時以此詩得名，而其事實不可以訓。故仍舊本存之，而特論其失如右。”

歐陽先生文粹二十卷遺粹十卷

(宋) 歐陽修撰，(宋) 陳亮輯。遺粹，(明) 郭雲鵬輯，明嘉靖二十六年郭雲鵬寶善堂刻本。

《四庫總目》云：“明郭雲鵬編。雲鵬爵里未詳。卷首有嘉靖丁未雲鵬自叙。以陳亮《歐陽文粹》僅錄一百三十篇，所收太隘，乃補錄八十三篇，附刻其後。然亮所錄持擇精審，與本集多有異同，宋人舊本，存之可以備參考。此則全從本集採出，字句既無可互證，又其精不及亮所錄，而其博又不及修所自定《居士集》。實兩無所取，故析出别存其目焉。”

公是集五十四卷

(宋) 劉敞撰，清乾隆四十六年王友亮抄本（王宷廷跋)。

是書乃四庫館臣自永樂大典中輯出者，《四庫全書》著錄。《提要》云：敞有《春秋傳》，已著錄。葉夢得《避暑錄話》稱敞集一百七十五卷。據其弟攽所作集序，稱《公是總集》七十五卷，叙爲五種。曰古詩二十卷，律詩十五卷，内集二十卷，外集十五卷，小集五卷。《文獻通考》亦作七十五卷。則夢得所記爲誤矣。原本不傳。今新喻所刻《三劉文集》，《公是集》僅四卷。大約採自《宋文鑑》者居多，而又以劉跂《趙氏〈金石錄〉序》、《泰山秦篆譜序》誤入集中。即攽所作《公是集》序，亦採自《文獻通考》而未見其全，故注云失名。其編次疏舛可知。又錢塘吳允嘉别編《公是集》六卷，亦殊闕略。考史有之序《春秋意林》曰："清江爲二劉、三孔之鄉，文獻宜徵而足。今《三孔集》故在，獨二劉所著毀於兵。"則其佚已久矣。惟《永樂大典》所載頗富，今裒輯排次，釐爲五十四卷。疑當時重其兄弟之文，全部收入，故所存獨多也。敞之談經，雖好與先儒立異，而淹通典籍，具由心得，究非南宋諸家遊談無根者比。故其文湛深經術，具有本原。攽序稱其"合衆美爲己用，超倫類而獨得，瓌偉奇特，放肆自若"，又稱其"考百子之雜博，《六經》可以折衷；極帝王之治功，今日可以案行。學聖人而得其道，所以優出於前人。"友于之情，雖未免推揚太過。然曾肇《曲阜集》有敞《贈特進制》曰："經術文章，追古作者。"朱子《晦菴集》有《墨莊記》曰："學士舍人兄弟，皆以文章大顯於時而名後世。"《語錄》曰："原父文才思極多，涌將出來。每作文，多法古，絕相似。有幾件文字學《禮記》，《春秋說》學《公》、《穀》。"又曰："劉侍讀氣平文緩，乃自經書中來。比之蘇公，有高古之趣"云云。則其文詞古雅，可以概見矣。晁公武《讀書志》謂歐陽修嘗短其文於韓琦。葉適《習學記言》亦謂："敞言經旨，間以譃語酬修，積不能平。復忤韓琦。遂不得爲翰林學士。"蓋祖公武之說。今考修草敞《知制誥詔》曰："議論宏博，詞章爛然。"又作其父立之墓誌曰："敞與攽皆賢而有文章。"又作《敞墓誌》曰："於學博，自《六經》百氏、古今傳記，下至天文地理、卜醫數術、浮屠老莊之說，無所不通。爲文章尤敏贍。嘗直紫薇閣，一日追封皇子、公主九人。方將下直，止馬却坐，一揮九制數千言。文辭典雅，各得其體。”其銘詞曰：“惟其文章燦日星，雖欲有毁知莫能。”則修亦雅重之。晁氏、葉氏所言，殆非其實歟？

臨川先生文集一百卷目録二卷

（宋）王安石撰，明嘉靖三十九年何迁刻本。

案《宋史·藝文志》載《王安石集》一百卷，陳振孫《書録解題》亦同，晁公武《讀書志》則作一百三十卷。焦竑《國史經籍志》亦作一百卷，而别出《後集》八十卷，並與史志參錯不合。今世所行本實止一百卷，乃紹興十年郡守桐廬詹大和校定重刻，而豫章黄次山爲之序。次山謂集原有閩、浙二本。殆刊版不一，著録者各據所見，故卷數互異歟？案蔡絛《西清詩話》載：“安石嘗云：‘李漢豈知韓退之，輯其文不擇美惡，有不可以示子孫者，況垂世乎？’以此語門弟子，意有在焉。而其文迄無善本。如‘春殘密葉花枝少’云云，皆王元之詩；《金陵獨酌》、《寄劉原甫》，皆王君玉詩；‘臨津豔豔花千樹’云云，皆王平甫詩。”陳善《捫蝨新話》所載亦大略相同。據二人所言，則安石詩文本出門弟子排比，非所自定。故當時已議其舛錯。而葉夢得《石林詩話》又稱：“蔡天啟稱荆公嘗作詩，得‘青山捫蝨坐，黄鳥挾書眠’，自謂不减杜詩。然不能舉全篇。薛肇明被旨編公集，遍求之，終莫之得。”肇明爲薛昂字，是昂亦曾奉詔編定其集。顧蔡絛與昂同時，而並未言及。次山序中亦祇舉閩、浙本而不稱别有敕定之書，其殆爲之而未成歟？又考吳曾《能改齋漫録》稱：“荆公嘗題一絕句於夏旼扇。本集不載，見《湟川集》。”又稱：“荆公嘗任鄞縣令，昔見一士人，收公親劄詩文一卷，有兩篇今世所刊文集無之。其一《馬上》，其一《書會别亭》”云云。是當時遺篇逸句，未經蒐輯者尚夥。其編訂之不審，有不僅如《西清詩話》所譏者。然此百卷之内，菁華具在。其波瀾法度，實足自傳不朽。朱子《楚辭後語》謂：“安石致位宰相，流毒四海。而其言與生平行事、心術，略無毫髮肖。夫子所以有‘於予改是’之歎。”斯誠千古之定評矣。又魏了翁《鶴山大全集》卷五一《臨川詩集序》云：“國朝列局修書……臣下之文，尠得列焉。惟臨川王公遺文，獲與編定，薛肇明諸人，實董其事。然肇明諸人所編者，卒以靖康多難，散落不存。”元刊本《臨川集》有安石曾孫珏紹興辛未題記云：“曾大父之文集，舊所刊行，率多舛誤。政和中，門下侍郎薛公、宣和中，先伯父大資，皆被旨編定。後罹兵火，是書不傳。”又吳澄幼清序云：“宋政和間，官局編書，諸臣之文，獨《臨川集》得預其列。靖康之禍，官書散失，私集竟無完善之本。”則敕定之書已成，特因兵燹失傳耳。

鄖溪集二十八卷

（宋）鄭獬撰，清抄本（清徐時棟跋）。

獬，字毅夫，安陸人，皇祐五年進士第一，通判陳州，入直集賢院，知制誥。英宗即位，數上疏論事，出知荆南，還判三班院。神宗初，召拜翰林學士，權知開封府。以不肯行新法忤王安石，出知杭州。徙青州，又力言青苗之害，引疾提舉鴻慶宫，卒。事跡具《宋史》本傳。初，獬以進士較試於廷，舍

鄖溪集目次

（缺）第二十八卷

五言絶句四首

七言絶句一百五十六首

詞一闋

鄖溪集卷一

宋　鄭獬　撰

制

觀文殿大學士富弼除依前尚書左僕射兼門下侍郎同中書門下平章事昭文館大學士兼譯經潤文使鄭國公制

門下秉籙膺圖将繼配天之大業銓時論道必資名世之元臣以言乎體貌則舊德之英以言乎望實則羣材

山東省圖書館藏

人劉敞得𫍯卷，曰："此文似皇甫湜"。𫍯嘗與敞書，亦言："韓退之時用文章雄立一世者，獨李翺、皇甫湜、張籍耳。然翺之文尚質而少工。湜之文務實而不肆，張籍歌行乃勝於詩。至於他文不少見，計亦在歌詩下。使之質而工，奇而肆，則退之作也"云云。觀其所言，知文章宗旨實源出韓門矣。按《四庫全書》著録之本，輯自《永樂大典》，爲卷三十，實亦二十八卷，此本亦來自庫本。《提要》云：《宋志》載《鄖谿集》五十卷，淳熙十三年秦焴嘗序而刊之。今已久佚。惟從《永樂大典》内裒輯編次，又以《宋文鑑》、《兩宋名賢小集》諸書所載，分類補入，勒爲三十卷。王得臣《麈史》稱："鄭内翰久遊場屋，詞藻振時。唱名之日，同試進士皆歡曰：'好狀元!'仁宗爲之慰悦。"《本傳》亦稱其文章"豪偉峭整，議論剴切，精練民事"。今以所存諸作核之，殆非虛美。秦焴序稱："於《論綏州》見其計深慮遠，於《論毀譽》見其居寵思危，《辨楊繪救祖無擇》則特立不詭隨。"今其文雖不盡傳，然大概亦可想見矣。民國八年張國淦據文津閣庫本校以他本刊之，刊本卷二十八後有補遺詩二首，又從《歷代名臣奏議》等書輯得文二篇、詩一首爲續補遺，最後爲校勘記。盧氏慎始基齋據張國淦刊本影印入《湖北先正遺書》。

洪龜父集二卷

（宋）洪朋撰，清抄本（鮑廷博批校）。

朋，字龜父，南昌人，黄庭堅之甥，兩舉進士不第，年僅三十八而卒，故事跡不傳。是本易傳録自四庫館臣自《永樂大典》輯録本也。清乾隆五十四年鮑廷博自沈淑埏處借録

《洪龜父集》二卷，次年四月重校，至六十年八月校正補詩，鮑有跋文記之。此跋又見《藝風藏書續記》卷六。《四庫提要》云：然其詩則最爲當代所推重。《豫章續志》載黄庭堅之言曰："龜父筆力扛鼎，他日不患無文章垂世。"及其没也，同郡黄君著裒其詩百篇爲集。庭堅在宜州，見其本，又稱爲篇篇可傳。吕本中作《江西宗派圖》，所列凡二十五人。首陳師道，次潘大臨，次謝逸，次即及朋。《紫微詩話》又盛推其《寫韻軒》詩。《王直方詩話》亦稱其"一朝厭蝸角，萬里騎鵬背"句。劉克莊《後村詩話》復稱其《遊梅仙觀》詩能以直節期乃弟，且稱"龜父警句，往往爲前人所未道，惜不多見"云云。則朋雖終於布衣，其名在宋代且居三洪上矣。陳振孫《書録解題》載有朋集一卷，久無傳本。故厲鶚作《宋詩紀事》，僅從《宋文鑑》、《聲畫集》諸書摭得遺詩數篇。即《江湖小集》所載，亦未爲完備。今採掇《永樂大典》，分體排比，釐爲上、下二卷。雖王直方、劉克莊所稱諸名句今悉不見全篇，未免尚有佚脱。然核黄氏所編僅一百首，今乃得一百七十八首；陳氏所載僅一卷，今乃溢爲二卷。疑《永樂大典》所據之本，别經後人輟輯，續有所增。約略大凡，其所闕誤亦無幾矣。

老圃集二卷遺文一卷

（宋）洪芻撰，清長洲顧氏抄本（佚名批校）。

芻，字駒父，南昌人，朋弟，宋紹聖元年進士，坐元符上書邪下，降兩官，監汀州酒稅。崇寧三年入黨籍，貶閩南。五年叙復宣德郎。靖康初爲諫議大夫，坐爲金人括財，除名勒停，長流沙門島，永不放還，卒。事跡見《玉照新志》卷四，又見《元祐黨人傳》。《四庫全書》本乃四庫館臣輯自《永樂大典》者，此本有《補遺》一卷，較四庫本爲多。咸豐中，仁和韓泰華《玉雨樓叢書》亦有《補遺》一卷。沈濤《洪老圃集跋》云："此本從《永樂大典》中採出，分爲上下二卷。然宋人詩話及《合璧事類》所載駒父詩不見此集者甚多。謝枋得《秘笈新書》言駒父平生爲詩千餘篇，著《老圃》前後集，而此僅一百七十首，則大典所收亦止吉光片羽耳。小亭女夫校勘是書，因綴數語于後，異日當採宋人說部中駒父逸詩爲《補逸》一卷，寄小亭續刻之。"沈氏補逸未知傳否，清光緒二年洪氏《晦木齋叢書》中除正文二卷補遺一卷外，又增遺文一卷，亦云備矣。《全宋詩》又新輯逸詩及斷句另編一卷，則爲今日較全之本。《四庫全書》本二卷，《提要》云："宋洪芻撰。芻字駒父，南昌人。紹聖元年進士，靖康中官至諫議大夫。後謫沙門島以卒。劉克莊《後村詩話》曰："三洪與徐師川皆山谷之甥。龜父警句，往往前人所未道。然早卒，惜不多見。駒父詩尤工。"陸遊《老學菴筆記》亦極稱其竄海島詩"煙波不隔還鄉夢，風月猶隨過海身"句。蓋當時文士頗重之。然芻之竄也，《楓窻小牘》謂坐爲金人括財太峻，頗稱其冤。今考王明清《玉照新志》所載，則芻實於根括金銀之時，入諸王邸中，以勢挾內人唱歌侍酒。得罪名教，殆不容誅。當時僅斥海濱，殊爲佚罰。其人如是，其詩本不足重輕。特其學有師承，深得豫章之格。但以文論，固不媿酷似其舅之稱。錄六朝人集者存沈約、范雲，錄唐人集者存沈佺期、宋之問，就詩言詩，片長節取，亦古來著錄之通例也。《宋史・藝文志》載《老圃集》一卷，久佚不傳。《宋詩紀事》僅從諸地志、類書中捃摭數篇，不及百分之一。惟《永樂大典》所載尚得一百七十首，殆當時全部收入歟？以篇帙稍多，謹釐爲上、下二卷，以便循覽焉。"

胡澹庵先生文集六卷傳一卷

（宋）胡銓撰，清乾隆抄本（四庫底本）。

銓，字邦衡，廬陵人，建炎二年進士甲科，紹興五年以薦除樞密院編修官。抗疏詆和議，謫吉陽軍。孝宗即位，特召還擢用，歷官權中書舍人兼國子祭酒，權兵部侍郎，以資政殿學士致仕，卒謚忠簡。事跡具楊萬里《胡公行狀》、周必大《胡忠簡公神道碑》，又見《宋史》本傳。《四庫全書》本六卷，已是收拾于殘缺之餘，按清乾隆二十二年胡氏練月樓刻有《胡澹菴先生文集》三十二卷，首有慶元五年其門人楊萬里序，又見於《四部叢刊》本《誠齋集》卷八二，云此集初刻爲七十卷。一百卷或其家藏稿本，未曾刊刻。民國二十六年劉峙輯《宋廬陵四忠集》收有《胡澹菴先生文集》三十二卷，又輯又附錄二卷。今日《全宋文》、《全宋詩》尚輯得逸文甚多，亦云備矣。《提要》云："銓師蕭楚，明於《春秋》。故集中嘉言讜論，多本《春秋》義例，於南渡大政多所補救。史但稱其高宗時請誅秦檜。今考集中《論撰賀金國啟》一篇，則於孝宗朝召還以後，更嘗請誅湯思退。又《孝宗本紀》：'隆興元年三月，金以書來索四州，未報。八月，又齎書兩省。'今考集中《玉音問答》一篇，知答金人書孝宗已與銓定於五月三日。遲至八月未遣，必湯思退有以持之。當時情勢，可以考見。史文疏漏，賴此集尚存其崖略也。《本傳》稱銓集凡百卷。今所存者僅文五卷、詩一卷，蓋得之散佚之餘。然《書錄解題》載銓集七十八卷，《宋志》載銓集七十卷，則在當時已非百卷之舊矣。羅大經《鶴林玉露》曰：‘胡澹菴十年貶海外，北歸，飲於湘潭胡氏園，題詩曰：君恩許歸此一醉，旁有梨頰生微渦。謂侍妓黎倩也。後朱文公見之，題詩曰：十年浮海一身輕，歸見梨渦却有情。世上無如人欲險，幾人到此誤平生。’云云。今本不載此詩，殆後人因朱子此語，諱而删之。然銓孤忠勁節，照映千秋，乃以偶遇歌筵，不能作陳烈踰牆之遁，遂坐以自誤平生，其操之爲已蹙矣。平心而論，是固不足以爲銓病也。”

盤洲文集八卷

（宋）洪適撰，清乾隆李平仲抄本（清李文藻批校）。

适，初名造，字温伯，一字景温，後改名适，字景伯，号盤洲，鄱陽人。用父皓出使金國，恩補修職郎、監南嶽廟，調嚴州錄事參軍，浙西提舉常平司幹辦公事。紹興十二年中博學宏詞科，除敕令所删定官，改左宣教郎，入爲秘書省正字。紹興二十八年除尚書户部郎中，總領淮東軍馬錢糧。隆興二年，召貳太常，兼權直學士院，又兼權禮部侍郎，除中書舍人，徙户部侍郎。乾道元年除翰林學士，簽書樞密院事。以左中大夫參知政事，拜尚書右僕射同中書門下平章事兼樞密使，在位三月，爲林安宅所功，家居十六年，起知紹興府浙東安撫使。事跡詳許及之撰《洪公行狀》，稱：“有文集一百卷，藏於家”。又見周必大撰《洪文惠公神道碑銘》，則稱其“論著爲四方傳誦，有《盤洲集》八十卷”，與《行狀》互異。《四庫全書》

本亦八卷，乃從毛氏汲古閣影宋本來。宋本今存，《四部叢刊》據以影印。《四庫提要》云："考陳振孫《書錄解題》、張萱《重編内閣書目》俱作八十卷。則及之所稱其家藏之舊稿，必大所稱乃其行世之刊本，其書流傳頗尠。王士禛《居易錄》謂朱彝尊所藏《盤洲集》，僅有其詩。則藏書家已罕睹全帙。此本爲毛氏汲古閣所藏，猶從宋刻影寫。惟末卷拾遺劄子第三篇，蠹損特甚。其餘雖字句間有脱落，而卷帙完好，亦古本之僅存者矣。适以詞科起家，工於儷偶。其弟邁嘗舉所草《張浚免相制》、《王大寶致仕制》、《浙東謝表》、《生日詩詞謝啟》諸聯，載於《容齋三筆》。然考适自撰《小傳》，自其少時擬《復得河南賀表》，即有"齊人歸鄆讙之田，宣王復文武之境"句，爲作者所稱。其内外諸制，亦皆長於潤色，藻思綺句，層見疊出，不但如邁之所舉也。至於記序志傳之文，亦尚存元祐之法度，尤南宋之錚錚者矣。所作《隸釋》、《隸續》，於史傳舛異考核特精。今觀此集，如《跋唐瑾傳》、《跋丹州刺史碑》、《跋皇甫誕碑》諸篇，皆能援據舊刻，訂《北史》、《唐書》之謬。蓋金石之學最所留意，即隋、唐碑志亦多能辨證異聞。又《宋史》本傳稱其父皓"謫英州，适往來嶺南省侍者九載。檜死皓還，服闋，起知荆門州軍。"今以集中自撰《小傳》及皓《行述》考之，則皓安置英州，居九年始復朝請郎，徙袁州。至南雄州卒。後一日秦檜亦死，非檜死而皓始還。足訂《宋史》之誤。其他表啟、疏狀諸篇，亦多足與《宋史》參稽，是又不僅取其文詞之工矣。"

石湖居士文集三十四卷

（宋）范成大撰，明抄本。

成大，字致能，號石湖居士，吳郡人。曾官處州知府，靜江知府兼廣南西道安撫使，四川制置使，參知政事。曾出使金，不屈而歸。晚年隱居石湖。蠶紙是本半頁十行，行二十字，四周雙邊，蘭格。鈐有“千頃堂圖書”、“閩中徐惟起藏書印”、“周亮工印”等。《四庫全書》所錄之本乃源自清康熙長洲顧嗣立秀野草堂刻本。《提要》云：“案陳振孫《書錄解題》成大有集一百三十六卷。《宋史·藝文志》亦載《石湖大全集》一百三十六卷，與陳氏著錄同。而又有《石湖別集》二十九卷，又有《石湖居士文集》亡其卷數。此本爲長洲顧嗣立等所訂，乃於全集之中獨摘其詩別行，而附以賦一卷。前有楊萬里、陸遊二序。然萬里所序者乃其全集，不專序詩。遊所序者乃其《西征小集》，亦非序全詩。以名人之筆，嗣立等姑取以弁首耳。據萬里序，集乃成大所自編。考十一卷末有自注云：“以下十五首，三十年前所作。續得殘稿，附此卷末。”其餘諸詩，亦皆注“以下某處作”。是亦手訂之明證矣。詩不分體，亦不分立名目，惟編年爲次。然送洪邁使金詩凡四首，其兩首在第八卷，列於《邁使還入境以詩迓之》之前；其兩首乃在第十卷，列於《何溥挽詞》之後。邁未嘗再使金，則送別之詩，不應前後兩見。又《南徐道中》詩下注曰：“以下赴金陵漕試作”。則是當在第二卷之首，不應孤贅第一卷之末。或後人亦有所竄亂割併歟？成大在南宋中葉，與尤袤、楊萬里、陸遊齊名。袤集久佚，今所傳者僅尤侗所輯之一卷，篇什寥寥，未足定其優劣。今以楊、陸二集相較，其才調之健不及萬里，而亦無萬里之粗豪；氣象之闊不及遊，而亦無遊之窠臼。初年吟詠，實沿溯中唐以下。觀第三卷《夜宴曲》下注曰："以下二首效李賀"，《樂神曲》下注曰："以下四首效王建"，已明明言之。其他如《西江有單鵠行》、《河豚歎》，則雜長慶之體。《嘲里人新婚》詩、《春晚》三首、《隆師四圖》諸作，則全爲晚唐五代之音。其門徑皆可覆案。自官新安掾以後，骨力乃以漸而遒。蓋追溯蘇、黃遺法，而約以婉峭。自爲一家，伯仲於楊、陸之間，固亦宜也。"

誠齋集一百三十三卷

（宋）楊萬里撰，（宋）楊長孺編，明末抄本（缺卷一至一百六）。

萬里，字廷秀，吉州吉水人。人稱楊誠齋。曾任國子博士，廣東提點刑獄，秘書監，江東轉運副使，晚年間居鄉里十五年。卒謚文節。《四部叢刊》影印日本影宋抄本，一百三十三卷，爲詩文合集本。《四庫》所錄亦一百三十三卷，《四庫提要》云："此集則嘉定元年其子長孺所編也。萬里立朝多大節。若乞留張栻、力爭呂頤浩等配享及裁變應詔諸奏，今具載集中，丰采猶可想見。然其生平乃特以詩擅名，有《江湖集》七卷、《荆谿集》五卷、《西歸集》二卷、《南海集》四卷、《朝天集》六卷、《江西道院集》二卷、《朝天續集》四卷、《江東集》五卷、《退休集》七卷，今併在集中。方回《瀛奎律髓》稱其一官一集，每集必變一格。雖沿江西詩派之末流，不免有頹唐粗俚之處，而才思健拔，包孕富有，自爲南宋一作手，非後來四靈、江湖諸派可得而並稱。周必大嘗跋其詩曰：誠齋大篇短章，七步而成，一字不改。皆掃千軍，倒三峽，穿天心，出月脅之語。至於狀物姿態，寫人情意，則鋪叙纖悉，曲盡其妙。筆端有口，句中有眼云云。是亦細大不捐，雅俗並陳之一證也。南宋詩集傳於今者，惟萬里及陸遊最富。遊晚年隳節，爲韓侂胄作《南園記》，得除從官。萬里寄詩規之，有不應李杜翻鯨海，更羨夔龍集鳳池句。羅大經《鶴林玉露》嘗記其事。以詩品論，萬里不及遊之鍛鍊工細；以人品論，則萬里倜乎遠矣。其集卷帙繁重，久無刻版，故傳寫往往譌脱。考岳珂《桯史》記《朝天續集》《韓信廟》詩淮陰未必滅文成句，麻沙刻本譌'文成'爲'宣成'。則當時已多誤本。今核正其可考者，凡疑不能明者則姑闕焉。"

陂門山人集八卷

(明) 馮惟健撰，明嘉靖三十五年馮惟訥刻本。

惟健，字汝强，一字冶泉（巡撫胡纘宗激賞之，爲更其字曰汝至)，裕長子，嘉靖七年舉人。首以詩及古文詞倡齊魯間。古詩宗騷選，近體宗開寶以上，雜文深厚爾雅，無文人浮薄氣。著有《陂門集》，書法尤古勁。（傅國《昌國艅艎》）《明史・藝文志》著錄是書，云："賦詩四卷、文四卷。"《中國古籍善本書目》、《山東文獻書目》著錄《陂門山人集》八卷。《明清民國山左學者著述知見錄》提要云："此編集賦詩四卷、文四卷。詩賦得之漢魏騷選，近體詩似初唐。其文，書、啟、誄、贊超軼峻整，至於叙記諸篇，命意深厚，敷言爾雅，尤能獨樹一幟。惟健懷才早世，而作述率厲，蔚起群從，

陂門山人

北海馮惟健著

賦二首

聖泉賦

泉在費竹城西北十里其泉倏盈忽虛莫測其機因謂之聖觀者異焉馮子為作賦以解其惑其辭曰

執徽子從玄化子飄颻翫世遨遊四極雄覽八埏至乎祝融少皥之墟憩乎卭笮蒼梧之間傍皇相羊息徒解裝言往觀乎聖泉於是披雲霞啓蕙路乘清風騁輕御振衣乎高岡馳情乎太素爾乃遙望其地則東接銅鼓西眺木菁

其功尤不可沒。按此書曾爲數名家舊藏，如聊城楊氏海源閣，益都李文藻，壽光趙愚軒所藏，有楊氏海源閣藏書、三景樓、素伯、壽光趙愚軒字東甫號仰古印等藏書章。卷首有陳鳳序。”陳鳳爲之序云：“予上京師，時其季氏駕部君汝言適免喪待次公車。會其叔氏汝行上南宮，自其家攜所遺稿授予，俾任後死之責，既定著爲如幹卷，爲詩若文總如幹首，駕部將刻梓以傳，屬予爲序。”

馮光祿詩集十卷

(明) 馮惟訥撰，明萬曆十四年馮琦、馮珣刻本。

惟訥，字汝言，號少洲，裕五子。少聰敏，“六齡就外傅誦書，聲琅琅如成人。”也因其“質問敢言”之性格，裕爲之名曰“惟訥”，取《論語》：“君子欲訥於言而敏於行”之意。與兄惟重同中嘉靖十七年進士。歷官宜興縣知事、魏縣知事、蒲州知州、松江知府、南京户部郎中、兵部車駕郎中、陝西按察僉事，後備兵隴右道，駐秦州，嘉靖三十九年升任山西布政司右參政，兩年後被降至浙江按察司副使，一年後又回任，歷三年，升山西按察使，不久，進陝西右布政使，再三年，調江西左布政使。隆慶五年以原職江西左布政使加光祿卿致仕。官至從二品。惟訥爲官剛正不阿，不諂媚權貴，不結黨營私。歷任官職，皆勤於政務，造福一方。他在江西任職時，因當地磁器頗負盛名，歷年要爲朝廷進貢，當地百姓出錢出力運輸，管事的人却大加盤剝。惟訥詳細核算進貢運輸的費用，下令將費用按照民間地畝攤派，每畝地攤一文錢，然後雇役運輸。這樣，民眾節省了費用，都非常高興，甚至都將惟訥的畫像供奉起來。由此可見，惟訥爲官之風。惟訥一生勤於著述，尤其是他的《古詩紀》更是蔚爲壯觀。其著作詳見《新編臨朐藝文志》。

葛端肅公文集十八卷

(明) 葛守禮撰，明萬曆十年刻清乾隆五十六年鐘大受重修本。

守禮，字與立，號與川，德平人，嘉靖己丑進士，歷官尚書、左都御史，贈太子太保，謚端肅。《四庫》入存目，《提要》曰："是集凡文九卷，詩一卷，邢侗爲之序。"《古夫于亭雜錄》云："其文如奏疏、序記，皆明白正大，不事雕飾，真大人君子之言。今節錄《東方先生祠記》一篇，以見梗概。"文多不錄。末云："此文在宋南渡後頗似陸務觀，後必有知之者。先生集凡十八卷。"按：守禮集今所見嘉慶間刊本亦十八卷。葛周玉《般上舊聞》卷三"先世著述"條云："《葛端肅公集》十八卷，初名《靜思齋稿》，萬曆十年壬午授梓，易今名，福山郭康介公宗皋序，安肅鄭大尹材後序，板存。又有十卷者，爲臨邑邢太僕公侗選刻，序即邢作，亦萬曆十年梓，板亡。"又《德平縣續志·藝文·著作》"《葛端肅公全集》"條云："刻於太宰汝泉趙公巡撫山東時，福山郭康介公宗皋爲序，計十八卷。再則臨邑邢太僕公侗手序，梓於懷慶者，爲十卷，當是選本。現邢刻尚存，後板缺七十餘頁，乾隆五十六年邑侯鍾公大受補刻，增補《明史》端肅公本傳，爲小記於後。今板仍不全。"前有萬曆壬午郭宗皋《葛端肅公文集叙》、鄭材序。卷十八尾題前鐫"濟南府知府仁和宋應昌編次，同知固始許際可、推官南樂魏允孚校正，儒學教授鄧州藍儀、寧陽縣儒學教諭新都程時言同校正”。是集前八卷爲奏疏、表議，卷九至十序，卷十一記，卷十二雜著，卷十三至十四書，卷十五祭文，卷十六誌銘，卷十七墓表、傳，卷十八詩。

滄溟先生集三十卷附錄一卷

(明) 李攀龍撰，明萬曆三十四年陳升刻本。

攀龍，字于鱗，號滄溟，歷城人，嘉靖甲辰進士，歷官河南按察使。是書文淵閣著錄。《四庫提要》曰："是集凡詩十四卷，文十六卷，附錄誌傳表誄之文一卷。明代文章自前後七子而大變，前七子以李夢陽爲冠，何景明附翼之，後七子以攀龍爲冠，王世貞應和之。後攀龍先逝，而世貞名位日昌，聲氣日廣，著述日富，壇坫遂躋攀龍上。然尊北地，排長沙，續前七子之焰者，攀龍實首倡也。殷士儋作攀龍墓誌，稱文自西漢以來，詩自天寶以下，若爲其毫素污者，輒不忍爲，故所作一字一句，摹擬古人。驟然讀之，斑駁陸離，如見秦漢間人，高華偉麗，如見開元、天寶間人也。至萬曆間，公安袁宏道兄弟始以贋古詆之。天啟中，臨川艾南英排之尤力。今觀其集，古樂府割剝字句，誠不免剽竊之譏；諸體詩亦亮節較多，微情差少；雜文更有意詰屈其詞，塗飾其字，誠不免如諸家所議。然攀龍資地本高，記誦亦博，其才力富健，淩轢一時，實有不可磨滅者。汰其膚廓，擷其英華，固亦豪傑之士。譽者過情，毀者亦太甚矣。”

滄溟先生集卷之一

濟南李攀龍于鱗撰

古樂府

胡寬營新豐士女老幼相攜路首各知其室放犬羊雞鶩於通塗亦競識其家此善用其擬者也至伯樂論天下之馬則若滅若沒若亡若失觀天機也得其精而忘其麤在其內而忘其外色物牝牡一弗敢知斯又當其無有擬之用矣古之為樂府者無慮數百家各與之爭片語之間使雖復起各厭其意是故必有以當其無有

滄溟先生集三十卷附錄一卷

歷下十六景十六卷

(明) 劉敕、陳升輯，明萬曆三十六年陳升刻本（存卷一至六)。

敕，字君授，歷城人，萬歷己卯舉人，官富平知縣，家居殉己卯之難。是書爲明萬曆三十六年陳升刻本，國圖藏，見《善目》、《山東目》。《善本提要》作《歷下十六景詩》二卷，提要云：“集取歷下名勝之地，標爲十六景，敕各爲詩傳以記之。又與邑文學李應聘採訪古今人題詠，分載各景下，都若干首，分爲二卷。”有陳陞序（萬曆三十六年)、自序。

濟南百詠一卷

(明) 王象春撰，明萬曆四十四年自刻本。

象春，字季木，萬曆三十八年進士，官南京考功郎中。是書一名《齊音》，乃王象春詠濟南風物之詩匯，詩後附考，于濟南名勝遷變之軌跡，人物行歷之大略，風俗傳聞之概貌，備書無遺，補志乘之未備，傳雅音于綿渺，可謂濟南之詩史也。《齊音序》略云：歲乙卯、丙辰，亂作，就濟上而居焉。往來問繹，有感輒書，大抵皆悽惋蕭騷之致。而其聲發則一歸於廉直，無肉好也。問山亭在百花洲上，即李攀龍白雪樓。象春以詩名萬曆間，與文光祿天瑞翔鳳齊名。錢牧齋論之曰：季木如西域婆羅門教，邪師外道，自有門庭，終難皈依正法。此雖戲論，其言自確然。按是書又有清抄本，藏山東省圖。

濟南百詠

稷下王象春季木甫著　男王山立先名與仁編次

門人姜剛子桑甫校　外孫徐二善重校

○初至濟

寥天一隺翔高瞑霜洗雲山待我來今古鋪成典

慨地幾人清夢月中田

舉世共圓一塵窖中熙〻攘〻大寐不覺居壤

接而蠻觸爭清濁分而鳶鴟嚇岆豈入畫愚扺

長馨軒集□□卷

（明）王雅量撰，清初刻本（民國唐仰杜跋）（存一卷）。

雅量，字有容，號左海，費縣人，萬歷甲辰進士，歷官光禄卿。是集《費邑藝文存》著録。是書又有舊抄本（一卷，鄒縣唐仰杜跋），山東圖藏，《山東目》著録（作清初抄本）；《山東文獻集成》影印。

沸園集一卷

（明）邢侗撰，明刻本。

是書半頁八行，行十九字，白口，上單魚尾，左右雙邊。卷端題泲南邢侗子愿著。前有《泲園吟小引》。侗，字子愿，一字知吾，臨邑人，萬歷甲戌進士，歷官陝西行太僕少卿。又有《泲園集》五卷本，現存：明天啟四年賜緋堂刻本（五册），國圖、日内閣文庫藏，見《善目》、《日藏漢籍》。明刻本（不分卷），南圖藏，見《存目標注》。南圖館藏數據誤作《泲圖集》。

金輿山房稿十四卷

（明）殷士儋撰，（明）于慎行編，明萬曆十七年邵陛刻本。

士儋，字正甫，號棠川，歷城人，嘉靖丁未進士，歷官武英殿大學士，謚文莊。《四庫》入存目，《提要》云："是集爲

沛園集

沛南　邢侗子愿著

沛園吟 小引

余家濟北善富以數世王父迨世父相沿邸店上田甲一邑而自余讀書解事則諸院謀爲秦人出分訐家侍御公適當戶一切部錄爪分率用河南卜式指多推美田宅而余兄弟凡三人猶鼎峙各支一足僅不覆折耳無奇羸也爰自勝冠仕性

沛園集一卷

其門人于慎行所編，凡詩、頌二卷，文十一卷，講義一卷。士儋與李攀龍遊，今觀其詩文，蓋直以鄉曲之誼相周旋耳，其投契不在文章也。”是書現存：明萬曆十七年邵陛刻本，山東博、國圖、北大等藏，見《善目》、《山東名錄一》；《四庫全書存目叢書》影印。卷端題“濟南殷士儋正夫著，門人東阿于慎行可遠編輯，餘姚邵陛世忠校正，紹興孫錝文秉、鄱陽劉應麒道徵同訂”。書末有萬曆己丑賜進士出身中憲大夫都察院左僉都御史協理院事門生邵陛《金輿山房稿後叙》。

册川先生集六卷

(明）于玭撰，明萬曆二十六年于慎行刻本。

玭，字子珍，號册川，東阿人，慎行父，嘉請戊子舉人，官平涼同知。《東阿縣志》載殷士儋撰《墓誌》云：“公自爲諸生時，即工古文詞。所著有《家藏集》六卷。”《穀城山館文集》卷三十四《先考遺集跋語》云：“往歲邢子願氏略取二卷，刻於南宫。李北山先生及中立王孫裒集海岱名家，皆有采摭。及同年張子陽氏來索全稿，刻于安州，始幸有成集矣。懸車之日，奉歸家塾，守舍不戒，烈於赤熛，每爲悵然念之。不忍手澤之復湮，家學之終鬱也，爰取安州舊本重加校定，鋟而藏諸祏，使子子孫孫永有遵奉云爾。”則慎行本之前，尚有安州刻本及邢侗選刻本。

冊川先生集卷四

東阿于玭著

五言古

苦寒行

龍山不可上道路阻且長俯身百丈谿仰陟千仞岡雨雪憯人肌烈風吹我裳羣鳥鳴高枝狐兔滿路旁車輪蹶且摧我馬玄以黃洪河流寒冰白日黯無光對此倚長嘆客心多所傷願飛既無翼欲濟亦無梁中路正裴回還顧思舊鄉

穀城山館詩集二十卷文集四十二卷

(明) 于慎行撰，明萬曆刻本。

慎行，字可遠，一字無垢，東阿人，隆慶戊辰進士，歷官東閣大學士，謚文定。是集文淵閣著錄，《四庫提要》曰："慎行於李攀龍爲鄉人，而不沿歷城之學。其《論古樂府》曰：'唐人不爲古樂府，是知古樂府也，不效其體，而特假其名以達所欲言。近世一二名家至乃逐句形模，以追遺響，則唐人所吐棄矣。'其論五言古詩曰：'魏晉之於五言，豈非神化，學之則迂矣。何者？意象空洞，樸而不敢琱。軌塗整嚴，制而不敢騁。少則難變，多則易窮，若原本性靈，極命物態，洪纖明滅，畢究精蘊，唐詎無五言古詩哉！'其生平宗旨可以概見。然其詩典雅和平，自饒清韻，又不似竟陵、公安之學，務反前規，橫開旁徑，逞聰明而偭古法，其矯枉而不過直，抑又難也。"《縣志》載葉向高序云："此文定公集也。歲甲辰，余過穀城，公出其所梓詩命余序之。余謂：'公文何以不傳？'公曰：'力不任梓耳。'余至白門以告太學生周時泰，時泰請任斯役。公乃裒其生平所著作，删定釐次，蓋又更兩歲而始寄余，時丁未初夏也。未幾而余與公同被綸扉之命，同入都，而公有末疾臥邸中，不旬日逝矣。逝之日，時泰適告成事，以公集來，并其詩合刻之。公猶反履繙閱，刊訛摘謬，仍以一帙示余。"又云："余嘗反覆讀而論之，以爲公之文，就一篇之中，則沈雄規之秦漢，流暢出之宋唐，乃其取材於《昭明文選》者爲多。若概其生平，則少年之作以宏富爲宗，故近六朝；中歲以後以骨力爲主，故參東西京；至於晚節，則陶洗鉛華，自生姿態，又若在昌黎、眉山之間。自非命世詞宗，人巧天工，合流騈出，何以有此？於乎信著作之大成，而熙朝之盛事也。"

峴山集十二卷

（明）趙秉忠撰，明刻本（清丁丙跋）。

秉忠字季卿，益都人，萬曆戊戌進士，歷官禮部尚書，贈太子太保。秉忠自序略云："迂拙之性，癖在山水，簪笏十一，巖棲十九，鳥語魚行，煙歌竹嘯，隨天籟所至，詠而成詩，聊以遣興而自適耳。"光州李嘉樂跋略云："公精忠大節，照耀古今。即以文論，剴切沖和，各臻勝境。然簡端不著人，序原刻亦出手書，如見嚴重孤高之概。"

松濤詩稿四卷

（明）周文漪撰，稿本（清孫象森、趙士隸跋，民國周幹庭跋）。

若水字文漪，以字行，安丘人，諸生。首行題注："共三百二十二首。"此書四册，每册封面均有周榦庭手書"明安邱周文漪公詩集"。考集中卷一有《哭馬玄居（并引）》云："萬曆甲午春三月，俱遊泮水。"又云："己卯孟秋念四日竟以疾不起。"則己卯當爲崇禎十二年，與萬曆甲午相距四十六年。同卷又有《覽史（有引）》："戊子春，災疫流行，余年七十餘，偶罹瘖痛。"戊子當爲順治五年。是若水爲明末清初人。

石隱園藏稿八卷首一卷

(明）畢自嚴撰，清康熙二十五年刻本。

自嚴，字景曾，號白陽，淄川人，萬曆壬辰進士，歷官户部尚書，事跡具《明史》本傳。方自嚴總國計時，外則遼沈連兵，封疆已蹙，而軍餉日增，內則東林、奄黨，水火紛呶，鬩然置社稷而爭門户。自嚴支拄其間，前後六年，綜核敏練，爲天下所推。孫廷銓爲作《墓誌》，稱其有《石隱藏稿》八卷，《奏議》一百三十六卷。其《奏議》今未見，獨此集存，凡詩一卷，文七卷。前有高珩序，稱其“官户部時，於天下大計，朗朗於胸，屈指兵食款目，如觀掌果。軍興旁午，中旨日數十下，即刻奏成手中。不似後來者止署紙尾，令司署具稿。每入署，輿後置書二寸餘。日晡事竣，必讀書。漏下數刻乃歸。鄭侯、劉晏遂抽鼂、賈之簟，實古來僅事。”又稱其七言近體分滄溟、華泉之座。又作第二序，擬其文於韓、蘇，擬其四六於徐、庾。雖鄉曲之言，未免稍溢，而以經濟兼文章，則自嚴要不媿也。珩所稱《雲間條議》十則、《冀寧大閱》十則、《災祲窾議》十三則，今皆不見集中，意其在《奏議》一百三十六卷中歟？是集文淵閣著錄，《四庫簡明目錄》曰：“自嚴擅會計之才，而鞅掌簿書，不廢典籍。高珩序擬其詩於邊貢、李攀龍，殆爲近之。擬其文於韓、蘇，擬其四六於徐、庾，則爲溢量。然謂以經濟兼文章，自嚴實無愧色，未可以名不甚著忽之也。”

瓊臺詩文會稿重編二十四卷

(明) 邱濬撰，明天啓元年邱氏家刻清康熙二十二年佟湘年補刻本。

濬字仲深，瓊山人。幼孤，母李氏教之讀書，過目成誦。家貧無書，嘗走數百里借書，必得乃已。舉鄉試第一，景泰五年成進士。改庶起士，授編修。濬既官翰林，見聞益廣，尤熟國家典故，以經濟自負。成化元年，兩廣用兵，濬奏記大學士李賢，指陳形勢，纚纚數千言。賢善其計，聞之帝，命錄示總兵官趙輔、巡撫都御史韓雍。雍等破賊，雖不盡用其策，而濬以此名重公卿間。秩滿，進侍講。與修《英宗實錄》，進侍講學士。《續通鑑綱目》成，擢學士，遷國子祭酒。時經生文尚險怪，濬主南畿鄉試，分考會試皆痛抑之。及是，課國學生尤諄切告誡，返文體於正。尋進禮部右侍郎，掌祭酒事。事具《明史》本傳。《四庫總目》云："其文集世不一本。初其門人蔣冕等刻其詩曰《吟稿》，續又裒其記序表奏曰《類稿》。嘉靖中，鄭廷鵠合二稿所載，益以所得寫本，釐爲十二卷，名曰《會稿》。天啟初，其裔孫爾穀遴《類稿》十之二，增《會稿》十之三，併《吟稿》合刻，曰《重編會稿》，即此本也。雖不及《類稿》、《會稿》之完備，而簡汰頗嚴，菁華具在，足以括濬之著作矣。濬相業無可稱，其立朝與葉盛不相能，又與莊昶相惡，具載《明史》盛、昶二人傳中。其"嗾御醫劉文泰陷王恕"一事，雖其妻亦知其非，具載《明史》恕傳。講學家以其力崇朱子，曲相回護，迄不能與公論爭也。其兩廣平賊之策，言之鑿鑿，然韓雍力駁其說，竟奏蕩平，具載《明史》

雍傳中。則其好論天下事，亦不過恃其博辨，非有實濟。然記誦淹洽，冠絕一時。故其文章爾雅，終勝於遊談無根者流。在有明一代，亦不得不置諸作者之列焉。”

馮琢庵先生北海集五十八卷

(明) 馮琦撰，明萬曆三十七年刻本。

琦，字用韞，號琢菴，益都人，萬歷丁丑進士，歷官禮部尚書，謚文敏。

交繡閣詩草四卷文一卷

(明) 張夢鯉撰，清抄本。

是書半頁九行，行二十三字，無格。夢鯉，字汝化，號龍池，萊陽人，嘉靖丙辰進士，歷官大理卿。《來禽館集》卷二十一有《通議大夫大理寺卿萊陽龍池張公碑》。詩皆近體，七律頗壯麗。《秋懷》八首，雖仿空同，亦雅健不腐。文衹四首，筆意詳贍。餘皆尺牘及官牒。

紅雨樓題跋一卷

(明) 徐㶿撰，清乾隆五十八年林佶蘭語堂抄本（清劉喜海跋）。

是書半頁九行，行二十四字，白口，左右雙邊。卷端題徐㶿興公。前有劉喜海跋。

雲從窩記 并頌

夫雲氣也彌宇宙出林岫依巖谷均之乎無心而舒卷變幻
倏忽莫測孰識其從又烏睹其窩顧安所昉而名茲予曰攷
諸易徵諸大理張公別業之石屋也公負霖雨蒼生之望養
重東山別業去郭北二里許西南有崖壁立數十仞躋其巔
則有蓬萊挹崑崙宛神京吳會于指顧之間茲邑之最勝景
也崖之半有巖窩狀即所稱石屋者高廣尋有尺且峻且曲
予嘗從公來飲其中山列畫屏水圍金鏡風敲翠柳烟抹綠
楊元機倒九天之銀河隔圃飛百尺之玉泉砥柱迴瀾屹然

交繡閣詩草四卷文一卷

紅雨樓題跋明萬歷間閩中布衣徐興公所著興公精鑒賞富收藏主晉安騷壇名振一時所居鼇峯牙籤四圍縹緗之富卿侯不能敵其紅雨樓集未梓世無傳本此題跋一卷為鹿泉林吉人鈔藏者末有吉人跋每葉格外有蘭話堂四字舊藏商邱宋氏蕭緯艸堂中道光丁亥夏日余鈔得興公書目後又得此冊於琉璃廠欣賞閣携歸手裝成冊挑鐙細讀數過內書籍各跋率多秘本是可藏也鈔

中秋後一日東武劉喜海燕庭氏識

紅雨樓題跋。

張騫乘槎圖　　徐𤊹興公

張華博物志謂有居於海上者每歲八月輒有浮槎至焉於是褁糧而汎之遂至天漢之上又按荊楚歲時記則以為博望侯張騫使大夏尋河源時事二說稍異蓋誠不可得而詳者矣此圖墨氣秀潤絹素縝密當為南宋時筆而題咏諸家又為國初宋藩名衲詩詞爾雅書法遒勁每一披覽真若陟崑崙涉河源遊于雲漢之表立子惟直雅好名墨此卷殆銕中錚錚者若夫

紅雨樓題跋一卷

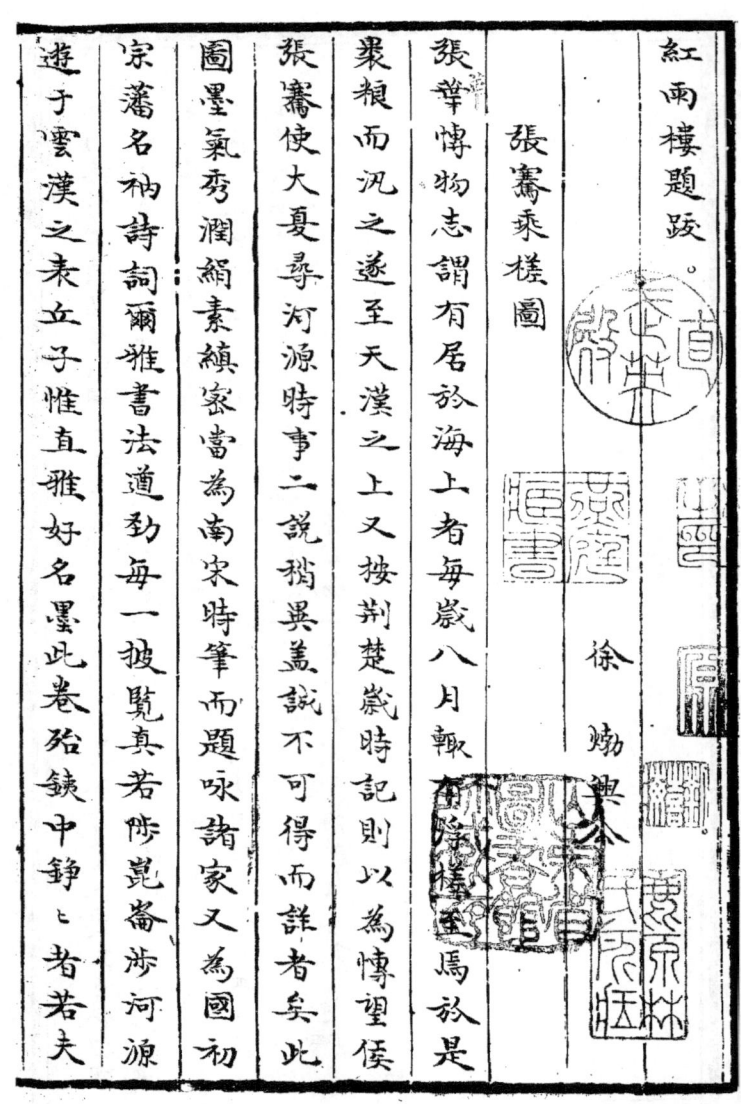

周季平先生青藜館集四卷

(明) 周如砥撰，明崇禎十五年周燝刻本。

如砥，字季平，號礪齋，即墨人，萬曆己丑進士，歷官國子祭酒，贈禮部右侍郎，謚文穆。《四庫》入存目，《提要》云："是集刊於崇禎壬午。詩不及一卷，餘皆雜文，多館課及應酬之作，如《太上感應篇序》之類，亦備錄不遺，編次殊爲蕪雜。前有王思任、公鼒二序，思任序多稱其制藝，鼒序多稱其德量，其微意可思矣。"此集爲公鼒所選。

四素山房集十九卷皇華集一卷

(明) 劉鴻訓撰，明崇禎十三年劉孔中刻清印本（缺：卷十九，《皇華集》）。

鴻訓，字默承，號青岳，一相子，萬曆癸丑進士，歷官太子太保、禮部尚書、文淵閣大學士。是集凡詩一卷，文十八卷，末一卷爲《皇華集》。按：集中詩文皆天啟辛酉奉使朝鮮時作，故別爲一編。章世純序略云："夫救焚者無善呼，拯溺者無雅步。今世獨以一節之事相求矣，而先生猶是爲包舉之辭；世徒以迫切之業相索矣，而先生猶是爲根本之云。如足兵饟、立紀綱、通壅閉等論，皆粹然王道蕩平之旨。不爲時之多艱，急在事而緩在道，而即相狥爲偏事之言。不爲緩治本而急治標，而即相狥爲末流之論。其隨事立言者亦有之，如誥敕、書啟之類。然言即偏而道皆全，說即處末而理自處本，與其大建白不復有異。其文章亦復宏人之致，無奇異之辭、過傚之論。”又《山左明詩抄》載其子孔和《庚辰先相國文集成感賦》一首，其序略云：“先相國詩文直披素心，不襲秦漢唐宋之跡。百敗而一戰勝垓，唾手而十行如綍。探奇箕子之墟，濯魄文殊之境。窮達齊致，哀樂不傷。蓋嘗自號四素主人，聊以明自得云爾。”

臥象山房詩集三十二卷文集二卷艮齋筆記八卷雜傳一卷

（清）李澄中撰，清抄本（王士禛批點）。

澄中，字渭清，號漁村，又號雷田，諸城人，康熙壬子拔貢。《國史文苑傳稿》云：“康熙十八年，召試博學鴻儒，授翰林院檢討，充《明史》纂修官，奮筆侃侃無所避。”

南阜山人詩集類稿二十八卷斅文存稿十五卷

（清）高鳳翰撰，清抄本（南阜山人詩集類稿存二十二卷，佚卷 2-7）。

鳳翰字西園，號南阜山人，膠州人，官歙縣丞。《四庫總目》入存目，提要曰：“鳳翰工於書畫，筆墨脫灑，不主故常。風痺後右臂已廢，乃以左臂揮灑，益疏野有天趣。間作詩歌，不甚研鍊，往往頹唐自放，亦不甚局於繩尺。然天分絕高，興之所至，亦時有清詞麗句。故少時以詩謁王士禎，極稱賞之。生平所作凡三千餘首，曰《擊林集》，曰《湖海集》，曰《岫雲集》，曰《鴻雪集》，曰《歸雲集》，曰《歸雲續集》，曰《青蓮集》。晚年貧病且死，自跋其後曰：‘盲子頑孫，

卧象山前集卷之一

琅邪李澄中漁村著

賦

感遇賦

晏歲華而不留兮佩長鋏而慨慷舉世皆放於肥汚兮媿獨醒而廻遑服雲綃之光曜兮瞽師病其無色嫉離婁之明眸兮詆繩墨之離餙將刓圓而易方兮既非心之所安寧若氷蘗之貞潔兮懼衆熱而獨寒吾方高馳於八紘兮世愈狹而不吾知詆文章之朧贅兮忌壯懷之多悲蕢菓不可以爲苙兮怪好醜之

臥象山房詩集三十二卷文集二卷艮齋筆記八卷雜傳一卷

篋笥誰付？不知後來所作尚復幾許，亦不知得成卷與册否？尚有人拾取於蛛絲蠹腹之餘，以少得流傳於人世否？露電茫茫，老病日篤，死且不知何時，而猶惓惓於此故紙窠中物。愚哉南阜，不直達人一笑矣。'其志亦可哀也。"

申椒集二卷繪心集二卷盟鷗草一卷炊香詞三卷紅萼詞二卷

（清）孔傳鐸撰，清康熙刻本。

傳鐸，字振路，號牖民，又號靜遠，別號紅萼主人，孔子六十八代孫，雍正元年襲封衍聖公。康熙十二年生，雍正十三年卒。《申椒集》前有孔尚任序，略云："此集較之《申椒》，真而不質，清而不空，立體命辭，無弗自然。"

東村集十卷附刊一卷

（清）李呈祥撰，清康熙刻本。

呈祥字其旋，一字古津，號木齋，霑化人，明崇禎癸未進士，入清官至詹事府少詹事。《四庫总目》入存目，提要曰："是編詩、文各五卷。詩分十集，曰《邸中稿》、《使程自删》、《木齋詩稿》、《遊中山草》、《唐城草》、《秋尋草》、《南遊詩》、《紀行詩》、《秋遊詩》、《東村詩》。集前各有小序。查慎行序稱其與李攀龍、王士禎前後鼎足。今觀所作，慎行非定評也。"

南疑詩集十一卷

(清) 王奪標撰，清康熙刻本。

奪標字赤城，自號南疑放客，單縣人，順治壬辰進士，以知縣謫蘄州州判。是集有康熙辛亥恒陽張�序略云："赤城徜徉吏隱嵩雒沅湘間，峨松呼月，一段忠君孝友懷抱，窅乎窈乎，洞洞屬屬，一一于言表遇之。"按：是編凡詩十卷，詩餘一卷。其曰"南疑"者，謂假指南事以袪疑也。考《縣志》奪標傳，稱其在蘄與沛縣閻爾梅、黃州王一翥唱和，著有《南疑詩文前後集》、《染翰堂稿》行於世。茲編特其前集之半耳，餘未見。

楓香集二卷

(清) 朱緗撰，清康熙刻本。

是書半頁十行，行十八字，黑口上單魚尾，左右雙邊。卷端題：濟南朱緗子青。緗，字子青，號橡村，歷城人，官候補主事。生於清康熙九年，卒於康熙四十六年，年三十八歲。少負逸才，詩學王士禛，士禛稱其詩"義兼騷雅，體備文質，幹之以風力，潤之以丹青，彬彬然近代一作手也"。是書《四庫》入存目，提要曰："緗字子青，號橡村，歷城人，候補主事。嘗學詩於王士禛，所作具有法程。而早年夭逝，故骨格未成。是集分四種：曰《楓香集》，曰《吳船書屋集》，曰《觀稼樓詩》，曰《雲根清壑集》。自《吳船書屋》以下，皆士禛之所評定也。"《潛州集》載《題觀稼樓詩》云："予以康熙甲

以奇者如山月當頭閶風吹袂怳然上下飛來
峰遊眺東海岍也誦其幽以峭者如踈柳鳴蟬
空山放溜怳然卧聽松風坐臨秋水也誦其芳
以潔者如新茶潑乳甘露沁心怳然共試金芽
獨餐沆瀣也平生境遇莫可追憶者眼底胸中
一時俱集不覺積痾頓蘇翕然而起造子青來
徵詩序既不獲辭遂書此應之康熙甲戌秋分
日安丘張貞

楓香集

濟南朱　緗子青

○登華不注

東風騎馬來出郭二三里取路入峆岈蒼翠拔地起濕嵐撲春衣小橋列雁齒巖邊看飛帛千尺溜雪髓天際螺髻青石上苔錢紫山境隨處佳誤到亦可喜小廟掩紅扉寂寞桃花裹扣門逢僧雛就坐施蒲椅山伴三五徒竹杯傾藍尾幽磬一聲來深林醒醉耳起視舜子城亂煙隔山背

戌讀橡邨《楓香集》，歎爲奇作，序而歸之。更七年，過綠玉堂，橡邨出《觀稼樓新詩》相示，又索弁言。予反覆誦之，意氣跌宕，筆墨馳騁，天風海雨之氣偪人，較作《楓香序》時，胸中腿底，另一意致。……歲在庚辰中元前三日杞田耕者張貞識於厚書菴。”

敬亭集十卷

（清）姜埰撰，清康熙刻本（卷一至二、卷六至十配清王懿榮抄本，清張鵬程跋）。

埰，字如農，萊陽人，崇禎辛未進士，歷官禮科給事中。是集《四庫存目提要》曰：“埰少以氣節著，自得罪流竄後，始學爲詩。朱彝尊《靜志居詩話》稱其風格一本杜陵。今觀所作，大抵才本清剛，氣尤激壯，故詩文皆直抒胸臆，自能落落不凡。然縱筆所如，不暇鍛鍊，故粗獷之語亦時時錯雜其間，蓋性情用事居多也。集本埰自定，分《敬亭》、《餺飥》二集。其子安節等刊行，乃併合爲一，統名《敬亭集》。後有《補遺》一卷，又埰歿後安節掇拾而成。其《揚州諸子燕集次韻》一首，已見第四卷，乃更收入，殆偶然失檢歟？”按：是集有光緒己丑山東書局重刊本。是書現存：①清康熙刻本，藏北大、山東圖（清王懿榮抄補，清張鵬程跋，無《補遺》），見《四庫存目標注》；《四庫全書存目叢書》影印。②清光緒十五年山東書局刻本（作《姜貞毅先生敬亭集》十卷《補遺》一卷《附錄》一卷），山東圖、南圖、南開等藏，見《四庫存目標注》、《山東文獻書目》。③清抄本（存十卷：一至十），山東圖藏。

直言極諫　嚴氣正性
埋骨敬亭　不忘君命
右贊見顧湘舟先生
吳郡名賢圖傳贊
光緒癸巳九月望日
福山後學王懿榮書

敬亭集目次

楚村詩集六卷文集六卷

（清）丘石常撰，丘日隆編，清康熙刻本（清李文藻跋）。

石常，字子廪，號海石，諸城人，順治乙酉歲貢，官夏津訓導，遷高要知縣，不赴。《山左詩抄》引李石臺《楚邨詩集序》云："海石先生生濟南之鄉，而不安於看書如顯處視月之習。當其挾筴著述，箕冠修劍，蓋有魯仲連、辛幼安之風焉。往來江淮吳越間，所交悉天下經奇男子，蓋以性情爲詩文，而非以詩文爲性情者，豈復勦竊初盛、吞剝秦漢、以詩言詩、以文言文者所同日而語哉。"又施閏章《學餘文集·楚邨詩集序》云："嗟乎！海石棄人間七年矣。憶其敦樸修謹，恂恂君子人也。今讀《楚村集》，又如有物磊磊喉舌間，嚼齧不下。其自稱曰'文嘗愛聱牙，詩不喜選體'，殆睥睨古今，不肯與世儒文士相沈浮。然則予向之知海石皮相耳，烏足以盡海石哉！"《續提要》著錄清道光抄本《楚邨詩集》六卷，提要略云："是集凡詩四百餘首，古今體均有之。……集中諸詩，如《送陳子瑜遊燕》云'北地知交少，天涯遊子多，相逢休涕淚，失意慎風波。昔我俘囚處，今君感慨過。區區千載事，松柏掛煙蘿'，又《雪夜懷子羽》云'海上客眠何處村，滿天風雪擁柴門。夢回孤枕驚寒柝，酒後狂歌動旅魂。到底不平寒士氣，最難消受故人恩。可憐四體空長大，咄咄中懷孰與論'等篇，讀之若有物磊磊喉舌間，嚼齧不下者，誠所謂以性情爲詩文者矣。王士禛《古夫于亭雜錄》謂其與丁耀亢友善，皆負氣，曾因論文不合，石常拔壁上劍擬丁，丁急亡去。是其瑰奇磊落之概，亦可知一班矣。"

取此居文集二卷

（清）周正撰，（清）李應薦評，清康熙刻本（清張謙宜批校並跋）。

是書半頁八行，行十九字，白口，上單魚尾，左右雙邊。卷端題萊陽周正方山氏著，日照李應廌諫臣氏評，臨清張東觀秘南氏校。正，字公端，號方山，萊陽人，康熙戊辰進士，官浦城知縣。《國朝山左詩抄》周正一條云："聞之黃北平夫子曰，先生與諸弟析產，盡讓所有，獨指其舊廬曰：'吾取此居也。'因以'取此'名其居。"有李應廌、張東觀、張增序。

志壑堂詩集十二卷文集十二卷後集□□卷

（清）唐夢賚撰，清康熙刻本（存二十一卷：詩集卷一至八，文集卷一至十二，後集卷一）。

夢賚，字濟武，號豹巖，淄川人，順治六年進士，官檢討。善詩文，兼工書。

湖海集十三卷

（清）孔尚任撰，清康熙孔氏介安堂刻本。

尚任，號東塘，又號云亭山人，曲阜人，歷官户部郎中。是書《四庫全書總目》入存目，提要曰："尚任官國子監博士時，隨侍郎孫在豐在淮陽疏濬海口，因輯其入淮以後詩文，自編此集，故以'湖海'爲名。"

取此居文集卷上

萊陽周　正方山氏著
日照李應鷹諫臣氏評
臨清張東觀秘南氏校

海市賦以諷與時人背心將靜者論爲韻

余家東牟實濱海嶠垂讓呂之綸賡萃胥之諏知海之有市也舊矣每心期而目拗爰望海若而揖之藉肴奠椒儲精致告莫余不聞宿諸其廟而聽

柯邨遺稿八卷

(清) 邱元武撰，清康熙自刻本。

元武，字慎清，號柯村，石常子，順治己亥進士，官施秉知縣。擢工部主事，未行，遇吳三桂之亂。亂定，始從間道歸。是集有刊本。《國朝山左詩抄》引鄧孝威曰："柯邨之詩，意險識高，才雄氣健。由其結綬以後閱歷蠻荒，遭罹兵火，故能奮鬱挺拔，以自見其奇。"是書另有邱氏家抄本（不分卷），《續提要》、《清集提要》著錄。

壯悔堂文集十卷

(清) 侯方域撰，清乾隆十四年陳履中、陳履平刻本（清李文藻批校）。

方域，字朝宗，河南商丘人。早年爲"復社"重要成員。入清後應鄉試中副榜，中年抑鬱而死。是集卷一、二序，卷三書，卷四奏議，卷五傳，卷六記，卷七論，卷八策，卷九表說書後，卷十墓誌銘、祭文、雜著，並附遺稿。侯氏頗有文名，與魏禧、汪琬號清初三大家"。李邁堂《國朝文錄》稱其文"旨遠詞文，耐人尋繹. 讀之如九霄鶴唳，蘭峽猿啼。"有康熙五十一年刻本，乾隆二十三年複有重刻本，《四部備要》本。

柯邨遺稿　目錄卷一

柯邨遺稿卷一

琅琊丘元武慎清甫著
弟元㞗霞標甫校
男藴隆
姪駿隆　仝録

重陽雜詩用王阮亭秦淮詩韻並序

五載姝鄉，三秋岐路。祇有青山之夢，誰傳白紵之歌。問君平於羊城，花埋錦字；弔老妓於馬耳，月冷奚囊。斯益阮生哭其途窮，而江郎悲其才盡者也。

山東省圖書館印

遠秀堂集八卷

（清）孔毓埏撰，清乾隆八年孔傳鏞刻本。

毓埏，字宏輿，興燮第二子，襲翰林院五經博士。工詩古文詞，康熙間御書遠秀匾賜之。著有《遠秀堂集》八卷《曲阜賦》一卷。

繌齋詩選二卷補遺一卷詩談八卷論文六卷

（清）張謙宜撰，清乾隆二十三至二十四年刻本。

謙宜，字稚松，一字山農，號繌齋、山南學究、山南書隱老人，懋煌子，膠州人，康熙丙戌進士。是書《四庫總目》入存目，提要曰："是集末有法輝祖跋，謂'全稿三千餘首，暮年自訂，存詩四百餘篇。自序凡千言，極述其苦吟之狀。'然其詩出入於香山、劍南之間，一吟一詠，亦足自娱。起而抗衡古人，則力尚不逮也。"是書又有《山東文獻集成》影印本。

蓼溪詩略二卷

（清）王中孚撰，清乾隆刻本。

是書九行，行二十一字，白口，四周單邊，上單魚尾。卷端題：諸城王中孚木舟著。中孚，字木舟，號蓼溪，諸城人，乾隆庚辰進士第一，官編修。《理堂文集·王木舟編修哀詞序》

蓼溪詩畧 卷上

諸城王中孚木舟著

山東省圖書館

送馬式柴旋里

迴飈振高柯，窈窕歲云暮。冉冉送歸人，悠悠過船去。望眼隔重城，離心逐前路。獨聽廣陵鐘，嚴宵墮寒露。

夜坐贈辛江峯

對酒當歌逼歲闌，由來吾道飽艱難。家門迴首憐同病，書劒依人愧盡懽。夜燭花催更鼓短，官梅影壓月窻寒。好開懷抱無佳句，博取詩翁帶笑看。

蓼溪詩略二卷

云："木舟少作雄肆不羈，甲子舉於鄉，學益醇，文益老，清真高古，進於昔之作者。余嘗品第：詩第一，古文辭次之。"

海右堂集抄一卷

（清）劉伍寬撰，清乾隆三十二年劉之垣抄本。

伍寬字蒲若，號此亭，歷城人，雍正己酉拔貢。桑調元《歷城三子詩序》云："劉氏善言情款，迭作商謳。中年涉歷哀樂，雅欲歸諸温克，不失正聲。晚似下邽灑落，幽趣騰湧，乃無意學楊朱矣。"《歷城縣志》伍寬傳云："爲詩力追眉山，敏捷不屬草。"

凝緒堂詩稿八卷

（清）孔憲培撰，清嘉慶刻本。

憲培字養元，號篤齋，孔子七十二代孫，乾隆四十八年襲封衍聖公。《續修曲阜縣志》本傳云："好爲古今體詩。袁枚序其集，以爲有三體：漢魏六朝得力於《風》，少陵得力於《雅》，昌黎得力於《頌》。憲培詩沖淡高曠，於《風》爲近，非僅與唐宋人爭伯仲者可想見其風度矣。著《凝緒堂詩稿》八卷。"

晚學集八卷未谷詩集四卷

（清）桂馥撰，清道光二十一年刻本。

馥字冬卉，號未谷，曲阜人，乾隆庚戌進士，官永平知縣。憲彝後序略云：“其論經史諸作，皆有闡明；《詩疏》、《爾雅》、《廣韻》諸篇，駁正尤見精核，惜才一論則自道學力，誘掖後進；傳、誌諸作，則氣體古茂，克見典則，非浸淫於三代兩漢，未易臻此也。”

攀古小廬文一卷補遺一卷

（清）許瀚撰，（清）楊鐸輯，清光緒元年商城楊氏函青閣刻本（民國周雲青跋）。

瀚字印林，致和子，道光乙未舉人，官嶧縣教諭。是編爲秀水高均儒所刊。咸豐丁巳山陽丁晏序云：“其論《說文》或體重文，深明洨長六書之指，融會貫通，不爲意必之說。論小徐《繫傳通釋》自宋尤延之、李仁父、王伯厚所見已無完本，其二十五卷全闕。今本或一一完具，核以鼎臣本及《韻會》，仍係後人補綴。此數語不刊之典，先得我心。傳不云乎：多聞闕疑。”又云：“吾猶及史之闕文也。闕本之真，不猶愈於完本之僞乎？若印林者，可謂實事求是矣。至埘識《唐子西集》‘强林父序“宣和元年與唐先生同寓京師”，閣本謂宣和元年，唐沒已九年，安得同寓？强序疑爲依託。’印林論强序‘子西卒於宣和庚子’實非依託，當據以正《宋史》之誤。其說至核。又論吾鄉張力臣先生《瘞鶴銘》，辨閣本引顧起元爲顧元慶之誤，皆確不可易。其他考異訂譌，於吉金、貞石之文，鉤稽亦極精審。印林邃於小學，殫心許書，鑽研既久，發撝至多。此特虬龍之一鱗片甲耳，安得好學如伯平者求其全稿栞版以行？余雖不敏，猶樂得而盡讀之。”案：卷中讀書附識凡十七條，皆駁正《四庫提要》之誤。丁序所謂“坿識”即讀書坿識，所謂“閣本”即《四庫提要》也。

挹翠堂詩稿不分卷

（清）畢所讜撰，稿本。

所讜字正言，號直軒，別號蕖塘，文登人，乾隆己亥副貢，歷官漳州知府。

靖侯詩草一卷

（清）郭綏之撰，稿本。

綏之，字靖侯，一字耳餘，夢齡子，諸生，江蘇候補知縣。綏之又有《滄江精華錄》，張昭潛序云：“郭君靖侯爲方伯公小房先生哲嗣，少年遊泮即以能詩稱，甫弱冠則有《畹香村集》行世。同治初，捻匪東擾，肅毅伯延至軍中，委以東方轉運之事。君不動聲色，軍賴以濟。事平敘功，以知縣用。自是需次江南，則有《滄江集》行世。大抵君之爲詩，博涉諸家，而以少陵爲大宗。世人學杜，每仿佛其音節而止。君獨得其舉止步伐、天真爛熳處。故其格律高標，如太華芙蓉，聳出雲表，又如幽燕老將，感喟邊關，而步驟天然，絕非由鑱削揉戾而成。殆其性情之所鍾然與？其刊《滄江集》也，

挹翠堂詩藳

卜居 乾隆乙未六月移居前門西城根高井胡同署東

卜宅京華已再經身安更顧此心寧樹張清蔭形如蓋城對書窓狀似屏曉看遊魚羣喋落晚邀涼月透疎櫺籬邊饒有園林趣灌溉殷勤蒔芥青

夏日山村 戊戌五月

挹翠堂詩稿不分卷

定遠惠充芳潘益拜讀一過

靖侯詩草一卷

無眠

荷衣不自惜奈此青琅玕江樹催潮落樓燈照雨寒雁
飛秋向盡僕話夜將闌何事吹笳者無眠尚倚欄

寄丁翰卿

折梅何處寄江上渺烟波欲逐孤帆去其如暮節何風
雲幾鳥道湖海一漁蓑水檻闌吹笛哀音為爾多

[redacted]

遥送葉太守四兄自杭返粵東

廿載交期金石堅萍流南北阻風烟再開東閣知何日
小别西湖是去年誰折梅花逢驛使亂飄楓葉入江船

以同治己巳冬，越四年，癸酉秋八月年三十八歲而歿，又得遺集若干首。今距其歿二十年矣。君之兄子蓉汀裒其前後諸集，删其不經意之作，合爲一編，名之曰《滄江菁華錄》，而問序於余。余讀之竊有感也。君投筆從戎，既彰明效，以强壯之年，登仕版，渡大江，攬山川古跡之勝，得與吳越荆楚諸英彦主盟騷壇，憑藉百里之地，赫赫建功勛，豈不豪甚！今讀其遺詩，顧時時有無聊思歸之感，則何也？豈以軒冕爲不足榮與？抑以宦遊之遽倦與？亦以如集中所詠孤鶴鬱鬱居此有違其本性者與？千百年後，君子讀其詩，可以見其爲人已。"《天根文抄·靖侯墓誌》云："靖侯之詩，自言由陸入杜，最愛其七言，謂可與柯五言配。"按：柯謂柯蘅。

藤梧館詩草一卷

（清）孔廣栻撰，稿本。

廣栻，字伯誠，號一齋，繼涵子，乾隆己亥舉人。《續提要》著錄是書八卷本，云收詩一千一百五十餘首。

紅櫚書屋詩集九卷

（清）孔繼涵撰，（清）孔繼涵改定，清抄本。

繼涵，字體生，號誧孟，曲阜人，乾隆辛卯進士，官户部主事。《越縵堂日記抄》曰："《文稿》多考證之作，而好持高論。其第七卷爲《孝感熊文端公年譜》，所纂文端事極詳，足資參考。詩學宋體，而善用經疏中冷典僻字。"

藤梧館詩草

昌平山人孔廣栻 伯誠 一齋

古歌

嶧陽生孤桐琅玕挺其旁鳳皇鳴且啄斤斸徒徬徨斲彼枯桐枝絙以五色絲一彈弄魚水再彈遊皇羲皎皎山上月皚皚澗底雪位置宜自高衆情紛慕悦張琴復抱琴瑶軫輝繁星游目薄高鳥直舉青冥冥

觀趵突泉

此泉渴馬來伏流常不見滙奇成趵突滿眼馳飛霰萬派（渴）明珠三窟噴冰練初疑舞神虬虬特兀騰如線線塵埃萬斛清心跡融一片層軒繞曲渚山色窻楹遍疏鑿固人

述耐堂詩集八卷

（清）孔繼熥撰，稿本。

繼熥，字茝亭，曲阜人，孔子六十九代孫，乾隆二年生，嘉慶十四年後卒。

韓齋稿四卷

（清）孔憲彝撰，稿本。

憲彝，字叙仲，號繡山，昭辰子，道光丁酉舉人，官內閣中書。《山左詩彙抄》云："余聞繡山詩名者甚悉，比輯此抄，始由周二南處寄到《對嶽樓詩錄》，閱之激宕駿逸，卓絕時流。葉筠潭先生稱其'才華發越，天骨開張，而情韻又復清婉，真曠代軼才'，洵屬公論。"

杞園吟稿八卷

（清）孔昭珩撰，稿本。

昭珩，字蕙佩，號玉峰，德平人，道光甲辰進士。德州吳華年撰《墓誌》云："雜體等作，磊落風嶔崎，光燄萬丈。詩以超渾勝，未嘗規唐摹宋，而太白之雄奇、少陵之真摯，蓋兼而有之。"

六言詩十六首
卷七
七言截詩一百八十首
卷八
詩餘三十六首
共八卷計詩一千一百三
十三首

述耐堂詩集卷一

莒亭孔繼熥刪存

獨酌

閒倚暮雲亭亭中聊獨酌簷前噪宿鳥弦月張花萼倏忘物外情辭兮詩還作俗吏獄風塵不若斯時樂

爲友人言吏治

春及園蟲鳴草四卷

(清) 孔昭恢撰，稿本。

昭恢，字景度，號鴻軒，曲阜人，嘉慶庚午舉人，候選布政司理問。《續提要》著錄家抄本（不分卷），提要云："是集計古近體詩四百餘首，而古長歌行頗多，皆分體編次之。集中長歌行，如《新秋言懷用皮陸唱和韻》、《辟暑犀效昌黎體用城南聯句韻》、《答客慰》及《雜感》諸篇，真有悲壯慷慨之情溢於楮墨。又如《詠秋海棠》云：'一把酸紅淚，西風吹不香。可憐當日恨，獨斷後人腸。命薄原秋草，名嬌奪海棠。那堪明月夜，根下咽寒蛩。'亦極哀感可誦。"昭恢，廣栻子。

春及園蟲鳴草選抄一卷

(清) 孔昭恢撰，稿本（清慕宗懿跋並題詩，方世振題詩）。

李南澗先生古文三卷

(清) 李文藻撰，(清) 閻湘蕙輯，稿本（民國王獻唐跋）。

文藻，字素伯，號茝畹，又號南澗，益都人，乾隆庚辰進士，官桂林同知。閻湘蕙序曰："南澗先生古文無定本，惟自刻《四松記》一篇，濰陽劉次白抄山左古文，抄其《重修魯仲連祠墓記》、《吏部左侍郎俞公傳》二篇而已。當其病中瀕危時，口授其甥蔣器書遺命一册有云：‘文章抄成清本者有六七册，但未分類，且可删者多，非羅臺山定之不可。亦有許多刻在人家集者，未嘗録也，工夫淺，不足惜。’蕙謂文能載道，亦可紀舊事、傳舊人，無論工拙，皆當珍之，況文本工邪？所謂‘工夫淺，不足惜’者，是自謙也。玆彙輯其文三卷，共九十一篇。自揣能薄材譾，不克淘汰參訂，俟有能選刻其文者，當敬以遺之。”

惜陰書屋詩集四集

（清）李毓恒撰，（清）李繼章輯，稿本。

毓恒，字冬涵，號勉齋，别號縉雲山人，濟寧人，咸同間庠生。《濟寧直隸州續志》本傳云：“幼嗜學，就傅佔畢，輒自携《四庫書目》潛閲，具知古今學術派别、門徑塗軌。因有志存書，購書六七萬卷，部分類析，略述梗概，並輯諸家藏書之約，成《惜陰書屋書目》六卷。又仿《郡齋讀書志》例，每書抉摘要義，辨正異聞，著《勉齋讀書記》。”《續提要》著録膠西柯氏藏殘抄本，提要云：“此帙僅存卷三，爲未刊之本。毓恒爲咸同間人，邑庠生，謝情科舉，以詩酒終其身。蓋篤於潛修，而不求聞達者，於其詩可以見之。造句不尚鎚鍊，爲其集中疵瑕。魯西人文，多蹈此弊。集中如《瘞芳亭詠》爲邑烈婦侯杜氏作，《濟邑論詩絶句》、《大飢吟》各首，描寫情實，不失正始，俱可備邑乘文獻之選也。”

惜陰書屋詩集卷一

濟寧李毓恒冬涵著　　男繼瑄璋校輯

柳綫

以下為同治戊午午至丁卯年詩

垂柳千條古渡通飄零弱縷自西東臨風淚灑漢南樹落日魂銷扶荔宮客舍多情縈旅夢長亭無力繫青驄三眠三起尋常事舊殿靈和景不同

松

屈曲蒼髯認古松盤龍棲鳳最高峯雪霜加我平生

東武高士劉翼明詩稿一卷

（清）劉翼明撰，稿本。

翼明字子羽，號鏡庵，諸城人，歲貢，官利津訓導。

鑄雪齋集十四卷年譜一卷

（清）張希傑撰，稿本。

希傑字漢張，號東山，别號練塘。是書有《山東文獻集成》影印本。

求是齋文集一卷

（清）劉暉撰，清抄本（清柯劭忞跋）。

是書半頁十行，行二十八字，無格。暉，字寶輪，號霞浦，晚號蠖庵居士，毅孫。是書《山東文獻集成》影印。

蓼園詩抄五卷

柯劭忞撰，民國十三年上海中華書局排印本（民國王國維校注並跋，趙萬里校）。

是書半頁十三行，行十八字，黑口上單魚尾左右雙邊。卷端題：膠縣柯劭忞撰，無錫廉泉編。

鑄雪齋集

練塘張希傑漢張著

男倫敬五

叔仲煇

嘉元倩

昭德圖分校

賦

○日月合璧五星聯珠賦

皇上御極之三年祥當興國瑞應昌期剛柔悉協健順攸宜璿樞夜朗上燭紫微北斗宵澄昌氣如珠迢迢閶

鑄雪齋集十四卷年譜一卷

求是齋文集序

劉先生諱宇霞浦晚年蒦叟弇居士單縣人曾祖父天眷刑部郎中祖父毅池州府同知父汝霖工部候補員外郎三世俱有名績為衣冠望族先生幼通敏以縣学生屢試高等為廩膳生又以年資貢太学為歲貢生及應鄉舉同考官屢薦之輒為主考所擯趙鹿泉侍郎翁覃溪学士皆推重先生以為必躋於通顯無疑也然先生卒不得志於有司道光八年二八十有三卒於家先是諸城劉文清公與工部君友善尤亟稱先生之文文清視学順天名先生襄試事而先生已應族父姪恰簡公之命聘授徒家塾謝不往由是恰簡益敬禮先生以為不輕於去就者先生晚歲家居河決其田廬皆圮於水家中落然以文学自娛不戚戚於生計也先生

蓼園詩鈔目錄

蓼園詩抄五卷

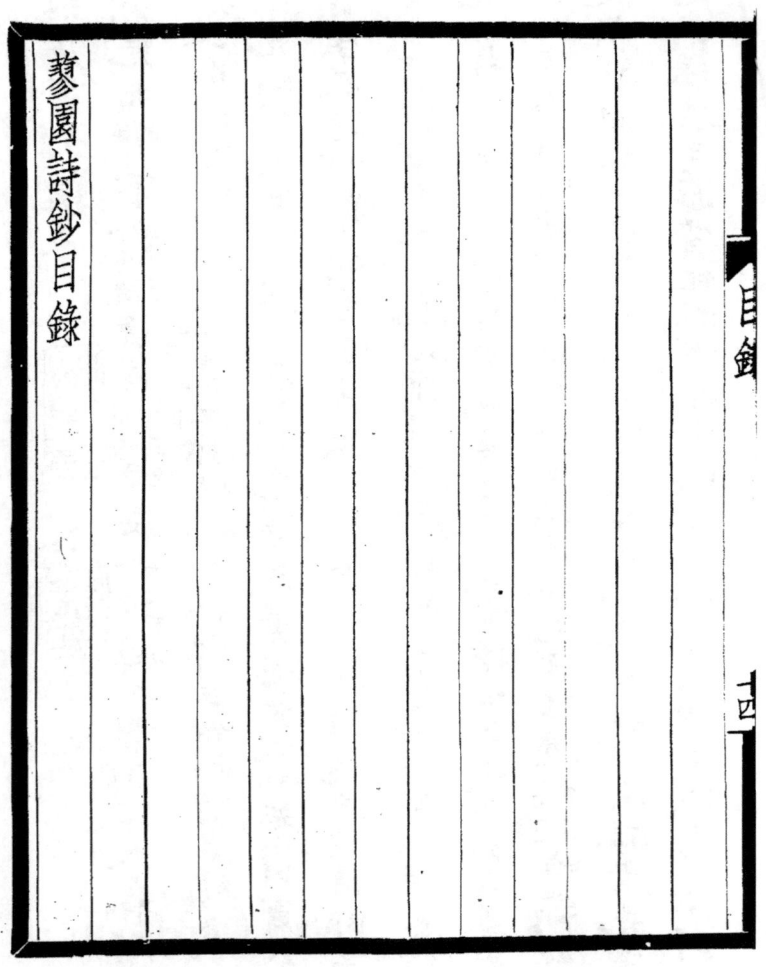

蓼園詩鈔卷第一

膠縣柯劭忞撰
無錫廉　泉編

五言古

程符山閣韓兩先生祠

尋山紆近賞杖策登雲岫僧藍架匣巖俯挹西澗溜考槃留逸躅林壑增天秀井甃汙蒼苔地尚茅茨舊乾嘉全盛日才俊咸輻輳考功既自免來安亦解綬真儒鏟名迹推分任所受寧知德不孤相期百年後翰墨猶彷彿樵蘇時逕遛我投祠下宿再拜觴新酎堂前兩梧桐離立覆修霤向晚席其間清風滿襟袖

偕蔣甥友善游程符山

山左明詩抄三十五卷

(清) 宋弼輯，清乾隆三十六年刻本。

弼，字仲良，號蒙泉，德州人，乾隆十年進士，改庶吉士，歷官編修、《續文獻通考》纂修官、甘肅按察使等。著有《蒙泉詩集》、《思永堂文稿》、《州乘餘聞》，編有《廣川詩抄》和《山左明詩抄》等。《四庫存目提要》曰："是集輯明代山東一省之詩，所錄凡四百三十一人。其體例全仿朱彝尊之《明詩綜》。其去取之間，則僅守王士禛之門徑，纖毫不肯異同也。" 按：是集乃乾隆辛卯李文藻所刊。據本書文藻序，乾隆癸未宋以全稿畀盧見曾，盧以所輯未備，未即付刊。戊子，盧得罪籍家，宋以甘肅按察使入覲，道卒。文藻走德州，從官購得其稿，惟小傳一册佚去。會宋柩歸，文藻迎哭啟笈，得宋手錄小傳。乃攜至廣東恩平刊之。時李謁選得恩平也。集中吳孟祺、孟秋、李中行皆有目無詩。

安德詩蒐一卷

(清) 程先貞輯，稿本 (清石璨跋)。

先貞，字正夫，號葸庵，泰子，以祖紹蔭歷官工部員外郎，入清家居不出。

馮氏五先生集五卷

（明）馮琦編，明刻本。

子目：

方伯集一卷（明）馮裕撰；

陂門集一卷（明）馮惟健撰；

大行集一卷（明）馮惟重撰；

石門集一卷（明）馮惟敏撰；

光祿集一卷（明）馮惟訥撰。

琦，字用韞，號琢庵，萬曆五年進士，累官禮部尚書、太子少保，謚文敏。在任爲官時，心系天下蒼生，忠君愛國，終至積勞成疾，“卒之前一日，上遺書皆天下大事也。”明文自四傑首辟、七子横騖，平涼、晉江、昆陵、新都，並操蝥弧，雄踞藝苑。關中、成都僅當一隊，論者遂謂内翰無文章。公以仙才海學，起中秘，與王文肅先後振之。詩清逸有致，酷似王右丞。文以邱明之句法，兼子長之章法，風行水上，備及眾妙。四六以歐宋之神，寫徐虞之色。論策尤爲獨步，如黃河一派從天上來。涵穀萬象，貫穿千古。子瞻以後，無可儗者。自是斯文之柄，復歸内翰。

海浮山堂詞稿四卷

（明）馮惟敏撰，明嘉靖刻本。

是書半頁九行，行十七字，白口，上白魚尾，左右雙邊。惟敏，字汝行，號海浮，又號石門，裕三子。爲文宏肆，萬言立就。惜時運不濟，自嘉靖十六年鄉試中舉後，屢試不第。直至嘉靖四十一年進京謁選，筮仕淶水令。詩文雅麗，不喜爲刻削，語情事若指掌上。纂輯《保定志》，條其利病十六。始輯《臨朐縣志》，著大害三，皆鑿鑿遠猷。有《山堂詞稿》四卷，《擊節餘音》四卷，各行世。其著作詳見《新編臨朐藝文志》。是書卷首有作者自序曰：'山人與老農語，或共野客遊，不復及文字，亦不説詩，乃間以近調自寓，取足目前，意興而止。而好事者喜聞之，傳至名流鉅公，亦未始不粲然擊節之。壬戌春，余策款段出山中，遂浪跡風塵雲水間，每有知遇，尚論古文辭，亦或及此，輒徵稿不止，然稿不恒留。余弟往在秦州刻《詩紀》，以其羨刻石門樂府。余今刻《山堂輯稿》於潤州，既迄工，乃别輯此卷刻之，亦惜其羨耳。第不欲以序辱作者，漫筆是語於簡端'云云。此集卷一曰《大令》，録散曲凡三十二套；卷二曰《歸田小令》，録小令都一百二十二闋，又《十自由》耍孩兒散曲一套；卷三曰《擊節餘音》，亦録小令十一闋，别附雜曲四十一闋；卷四曰《附録》，又載散曲五套，並附《玉殿傳臚》雜劇及《僧尼共犯》傳奇。此書編次，混亂如此。頗疑當時《大令》、《歸田小令》等集，俱係分别刊行者；此四卷合集，乃各集刊後，又輯得《附録》一卷而彙刻之，書中前三卷之名，固仍其舊也。惟敏散曲，爲明代僅有之豪放派，最有生氣，最有魄力。惟王世貞、王驥德輩，以爲本色過多，北音太繁，多侯寡訓。殊不知惟敏長處與曲體之長處，正在本色與寡訓耳。"

海浮山堂詞稿小令

仙呂點絳唇　李中麓歸田

書備五訓簡贍可知易更四聖質文易睹此非往牘少文後聖寡要推移不禦惟世為然昔也盤庚誥之愚民曲禮行之鄉鄙今也祈句詰字老儒困之豈惟民哉若夫文字之變詩又甚焉三百篇中變居其二既又變為騷為五七言為律為今樂府嗟乎變極矣詩由性出存乎其人聲與政通

庚戌水災傳鼓兒辭一卷

（清）馬益著撰，清抄本。

益著，字錫朋，一字梅谿。邑南湖梅澗人，乾隆間歲貢，賦性聰穎，十歲能屬文，長老異之，及長，博學多聞兼習雜家藝事無不精妙，年逾八旬日勤著作不輟，遺稿甚富，刊行者有《四書聲韻編》、《無牙詩解》、《詩韻撮要》（光緒《臨朐縣志》卷十四先正下）。民國《臨朐續志·藝文志》著錄抄本。云："記雍正七年邑境水災。"

叢书

雪泥書屋全書二卷

(清) 牟庭撰，清嘉慶自刻本。

子目：周公年表一卷，投壺算草一卷。

庭初名廷相，字陌人，棲霞人，乾隆乙卯優貢，官觀城縣教諭。牟庭又有《雪泥屋遺書》五十一種，據《雪泥屋遺書目錄》錄其子目：《學易錄》、《校正崔氏易林》、《同文尚書》、《尚書百篇序證案》、《周公年表》、《詩切》、《校正韓詩外傳》、《左傳評注》、《春秋算草》、《國語評注》、《禮記投壺算草》、《古今年表》、《更定漢書王莽傳》、《明史論》、《名士年譜》、《繹老》、《道德經釋文》、《校正晏子春秋》、《校正墨子》、《校正吕氏春秋》、《校正韓非子》、《校正淮南子》、《揚子太元注》、《繹參同契》、《楚詞述芳》、《十二賦箋》、《校正龍文四十篇》、《神仙集》、《删定唐人試律說》、《雪泥屋文集》、《雪泥屋詩存》、《夜雨傷神錄》、《嚶鳴草》、《雪泥屋賦存》、《雪泥屋策存》、《雪泥屋文存》、《雪泥屋文稿》、《雪泥屋定餘文存》、《雪泥屋試帖序》、《擬我法集》、《校正說文》、《方雅福書》、《勾股重差圖》、《兩勾和與兩股弦較算草》、《帶縱和數立方算草》、《算學定本》、《風星正源》、《校郭璞葬書》、《雪泥屋秘書》、《凡翁丹訣》、《雪泥屋志》。

雅雨堂叢書十三種一百三十五卷

(清)盧見曾編，清乾隆二十一年至二十五年盧氏雅雨堂刻本(傅增湘校並跋)。

見曾字抱孫，號雅雨，德州人，康熙辛丑進士，歷官兩淮鹽運使。是書凡《李氏易傳》十七卷，《鄭注周易》三卷，《易釋文》一卷，《尚書大傳》四卷，《易乾鑿度》二卷，《大戴禮記》十三卷(别行後併入叢書)，《戰國策》三十三卷，《匡謬正俗》八卷，《封氏聞見記》十卷，《唐摭言》十五卷，《北夢瑣言》三十卷，《文昌雜錄》六卷，《鄭司農集》一卷，共十三種。見曾所刻又有《金石錄》三十卷，乃别行之本，不在叢書中。

然脂百一編五種五卷

(清)王士祿編，傅以禮重編，清光緒八年傅以禮家抄本(清傅以禮校注並跋，蔣鳳藻跋)。

士祿字子底，號西樵，山東新城人，順治壬辰乙未進士，官吏部考功司員外郎。《香祖筆記》云："先兄西樵先生撰古今閨閣詩文爲《然脂集》，多至二百卷。《分甘餘話》載是編，卷同。詩部不必言，文部至五十餘卷。自《廿一史》已下，瀏覽采摭，可稱宏博精核。而說部尤搠獲，爲古人所未有。其全書今藏篋笥，無力刻行也。"按：《漁洋文略·西樵年譜書後》云："先生著書惟《然脂集》二百三十餘卷條目粗就。"所言卷數與《香祖筆記》、《分甘餘話》不同。《四庫全書》詩文評存目《然脂集例》條提要，據“條目粗就”一語，以爲未成之書。然《香祖筆記》稱全書今藏篋笥，則又確爲完書矣。《白雲山房文集·答雨樵第二書》云：“《然脂集》亦爲山人與西樵同訂之書。”然則是編或士禄歿時草創未定，歿後士禎又爲之删定而藏之，故先言二百三十餘卷，後又言二百卷歟？今依《筆記》、《餘話》二書標目題卷，以俟知者考焉。

參考文獻

四庫全書總目二百卷，（清）紀昀等撰，1965 年中華書局影印乾隆六十年浙江刻本。

增訂四庫簡明目錄標注二十卷，（清）邵懿辰撰，邵章續錄，邵友誠整理，1979 年上海古籍出版社排印本。

藏園訂補郘亭知見傳本書目十六卷，（清）莫友芝撰，傅增湘訂補，傅熹年整理，1993 年中華書局寫印本。

四庫存目標注六十卷，杜澤遜撰，2007 年上海古籍出版社排印本。

續修四庫全書總目提要（稿本），東方文化事業總委員會編，1996 年齊魯書社影印本。

四庫系列叢書目錄索引，吳格主編，2007 年上海古籍出版社排印本。

中國善本書提要，王重民撰，1983 年上海古籍出版社排印本。

中國善本書提要補編，王重民撰，1991 年書目文獻出版社排印本。

中國古籍善本書目徵求意見稿，顧廷龍主編，冀淑英、潘天禎副主編，2003 年齊魯書社據油印本影印本。

中國古籍善本書目，顧廷龍主編，冀淑英、潘天禎副主編，1985 至 1998 年上海古籍出版社排印本。

北京圖書館古籍善本書目，北京圖書館編，1987 年書目文獻出版社排印本。

北京圖書館普通古籍總目，北京圖書館編，1990 年起書目文獻出版社排印本。

山東省圖書館館藏古籍書目（文學藝術門、天算術數門），山東省圖書館編，1958 至 1959 年排印本。

山東省圖書館館藏海源閣書目，山東省圖書館編，1999 年齊魯書社排印本。

山東大學圖書館古籍善本書目，山東大學圖書館編，2004 年齊魯書社排印本。

國家圖書館善本書志初稿，臺灣“國家”圖書館特藏組編著，1996年至2000年臺灣“國家”圖書館排印本。

文選樓藏書記六卷，題（清）阮元撰，2009年上海古籍出版社排印王愛亭、趙嫄整理本。

鄭堂讀書記七十一卷補逸三十卷，（清）周中孚撰，1958年商務印書館排印本。

木樨軒藏書題記及書錄，李盛鐸撰，張玉範整理，1985年北京大學出版社排印本。

雙行精舍書跋輯存，王獻唐撰，山東省博物館輯，1983年齊魯書社排印本。

雙行精舍書跋輯存續編，王獻唐撰，駱偉等輯，1986年齊魯書社排印本。

蛾術軒篋存善本書錄，王欣夫撰，2002年上海古籍出版社排印本。

大清畿輔書徵四十一卷，徐世昌撰，民國天津徐氏排印本。

［宣統］《山東通志·藝文志订补》二十卷，（清）孫葆田、法偉堂、宋書升等撰，徐詠订补，2016年山东人民出版社排印本。

山東省圖書館藏山東省地方史志資料目錄（古籍部分），山東省圖書館編，1982年排印本。

青島市圖書館藏明清兩代山東人著作簡目青島圖書館編1956年排印本。［青島山東］

山東文獻書目，王紹曾主編，1993年齊魯書社排印本。

山東文獻集成總目圖錄，山東文獻集成編纂委員會編，2011年山東大學出版社印本。

孔子故里著述考，周洪才撰，2004年齊魯書社排印本。

易廬易學書目，盧松安藏並編，山東省圖書館油印本，1999年齊魯書社排印本。

易學書目，任寶禎主編，1993年齊魯書社排印本。

中國地方志聯合目錄，中國科學院北京天文臺主編，1985年中華書局排印本。

中國地方志總目提要，金恩輝、胡述兆總編，1996 年臺灣漢美圖書有限公司排印本。

中國叢書綜錄，顧廷龍主編，1959 年中華書局上海編輯所排印本。